山东乾丰生物肥料科技有限公司对外业务人员培训项目.
项目编号：2019- 社科 -50

跨文化商务沟通：英语翻译技巧与策略

李荣菊 著

天津出版传媒集团
天津科学技术出版社

图书在版编目(CIP)数据

跨文化商务沟通：英语翻译技巧与策略 / 李荣菊著
. -- 天津：天津科学技术出版社, 2023.11
ISBN 978-7-5742-1663-1

Ⅰ. ①跨… Ⅱ. ①李… Ⅲ. ①商务 – 英语 – 翻译
Ⅳ. ①F7

中国国家版本馆CIP数据核字(2023)第208458号

跨文化商务沟通：英语翻译技巧与策略
KUA WENHUA SHANGWU GOUTONG : YINGYU FANYI JIQIAO YU CELÜE

责任编辑：刘 鸫
责任印制：兰 毅
出 版：天津出版传媒集团
天津科学技术出版社
地 址：天津市西康路35号
邮 编：300051
电 话：（022）23332399
网 址：www.tjkjcbs.com.cn
发 行：新华书店经销
印 刷：河北万卷印刷有限公司

开本 710×1000 1/16 印张 16.25 字数 230 000
2023年11月第1版第1次印刷
定价：98.00元

前　言

我们正处于一个全球化日趋紧密，跨文化交流更为频繁的时代。在这样的背景下，良好的跨文化商务沟通成为各个组织、企业和个人成功的关键要素。商务英语作为一种国际化的商务交流语言，其重要性不言而喻。然而，由于文化差异，语言的直接翻译往往不能准确地传达意思，这就使得商务英语翻译在跨文化商务沟通中起到了至关重要的作用。因此，对商务英语翻译的研究和学习就显得尤为重要。

在全球化的浪潮下，商务活动的主体从传统的企业扩展到了个体，如自由职业者、远程工作者、数字游民等，他们在全球范围内开展业务，需要跨越地域和文化的障碍。这就使得商务英语翻译的应用场景大大拓宽，它不再仅仅局限于商务谈判、商务报告等传统场景，而是延伸到了电子邮件、社交媒体、在线会议等各种新兴的商务交流场景。这种趋势对商务英语翻译提出了新的挑战，同时也带来了新的机遇。因此，我们希望本书可以满足这一市场的新需求，为读者提供具有时代感的、现实的商务英语翻译策略与技巧。

本书的内容涵盖了商务英语翻译的多个方面，从基本的翻译概念、理论，到跨文化沟通与翻译的特点，以及具体的翻译策略和技巧，包括词汇、句式、修辞和语篇的翻译策略。我们采用了实际的翻译实例，以实践的角度出发，深入分析了商务谈判、商务写作、商务英语口译等场合的翻译技巧和策略。而在跨文化的商务沟通中，误译的问题是无法避免的，因此本书也提供了诊断、修正和预防误译的策略。

本书的目的是帮助读者更好地应对现代商务环境中的挑战，提升他们的跨文化商务沟通能力。我们希望读者通过本书，能够更深入地理解商务英语翻译的理论和实践，掌握在不同商务环境中有效的翻译策略和技巧，从而提升他们的商务沟通效率，实现更好的跨文化商务交流。我们相信，这样的能力将对他们的职业发展大有裨益，也将为全球化的商务环境带来更大的价值。

目 录

第一章　商务英语翻译概述

第一节　商务英语的定义与特点

一、商务英语的定义

商务英语是一种具有强烈专业性和特殊用途的英语，以国际商务活动为背景，旨在实现商业利益。随着全球经济的快速发展和国际贸易的增加，越来越多的人涉足涉外经济贸易领域，而英语作为一种国际通用语言，在商务活动中扮演着重要角色。然而，由于英汉两种语言之间的差异，从事商务活动的人可能会面临一些障碍和挑战。

商务英语与普通英语之间存在明显的区别。商务英语更加专业化，语言更加简练，传递信息时要求客观、严谨和准确。尽管有这些区别，但商务英语仍然保留了普通英语的语言学特征。实际上，商务英语是普通英语与商务知识的完美结合。

理解和掌握商务英语的定义及其规律对于提高翻译者的实践能力至关重要。由于商务英语具有较强的专业性，译者必须熟悉商务知识，善于发现和总结翻译的技巧和方法，并掌握一定的翻译理论和规律。只有通过深入了解商务英语的特点和要求，译者才能在翻译实践中更好地应对各种挑战。

商务英语的特殊性决定了商务英语翻译的特殊性和复杂性。成功的商务英语翻译不仅需要广博的知识，还需要专业翻译理论的指导。纽马克的交际翻译理论为商务英语翻译提供了重要的启示。交际翻译理论要求成功的译者必须具备广博的知识和原语与译入语的深厚文化底蕴，同时还要具备灵活的应变能力。

准确性是商务英语翻译的首要要求。商务英语的专业特性决定了词汇的准确性在翻译中至关重要。译者在翻译商务英语时不能只停留在表层意义和文本形式的对应上，更需要深入理解原文的意义和精髓，并准确传达到译文中。商务英语使用了大量的专业术语和缩

略语，对保持商务用语的经济性和提高工作效率起着重要的作用。然而，如果译者不了解商务英语语言表达的特点，采取机械直译的方式，就可能导致与原文意义大相径庭的结果。因此，在商务英语翻译中保持高度的准确性是非常必要的。

文化因素在商务英语翻译中也起着重要作用。不同民族文化之间存在巨大差异，译者需要了解这些差异，并根据需要进行适当的调整。译者应根据译入语读者的文化背景和习惯，选择恰当的翻译策略，避免译文对读者造成不良影响。例如，某个品牌的名称在一个文化背景中可能非常受欢迎，但在另一个文化背景中可能带有负面含义。译者需要注意这些文化差异，以确保翻译的准确性和适应性。

在商务英语翻译中，除了基本的翻译技能，译者还需要不断充实商务专业知识。商务英语涵盖了多个领域的知识，翻译比普通英语翻译更具挑战性。为了准确翻译商务英语，译者需要具备相关领域的专业知识，并能理解商务英语所要表达的内涵。除了掌握基本的翻译技巧外，成功的商务英语翻译者还必须不断积累和学习。

在商务英语翻译中，保持原文与译文之间的语义信息对等是至关重要的。翻译的主要目的是准确传达信息，译者需要确保译文与原文的意义一致。然而，在商务英语翻译中，由于语言和文化的差异，译者可能会遇到信息不对等的问题。译者需要通过适当的处理和调整，确保译文与原文之间的语义信息保持对等。例如，某个企业被评为“国家二级企业”，但将其直译为“State Second-class Enterprise”可能会给人留下质量低下、不合标准的印象。因此，在翻译中，译者必须慎重选择词语，避免信息不对等的错误。

尽管切斯特曼的翻译伦理模式在商务英语翻译中具有一定的指导意

义，但也存在一些局限性。商务英语的专业性和特殊用途决定了商务英语翻译的复杂性，不同于其他领域的翻译。因此，在商务英语翻译中，译者需要综合运用翻译理论、语言技巧和专业知识，以确保准确传达信息，满足各方的需求。

二、商务英语的特点

商务英语的特点可以概括为图 1-1。

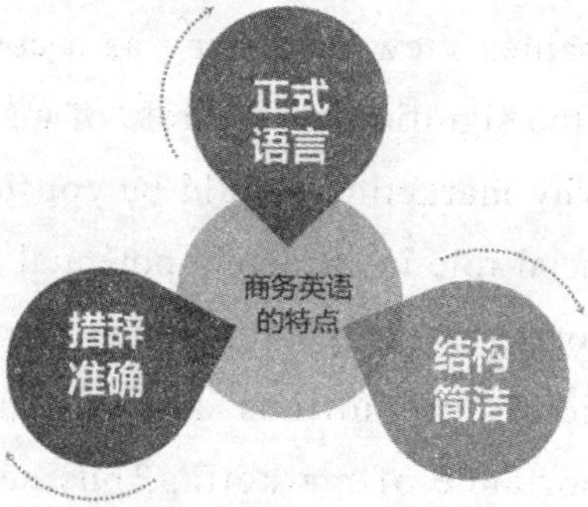

图 1-1 商务英语的特点

（一）正式语言

商务英语使用正式的语言和文体风格，注重准确表达和遣词造句。在商务语境中，文字的正式性与场景环境和文化因素紧密相关。商务英语注重准确传达信息，避免过度华丽的修辞。以下是一些例子，展示商务英语中的正式表达方式：

（1）If you are engaged in business, customer service is an integral part of your role and should not be regarded as an extension of it. The customers are the most valuable asset of a company. Without them, we would not exist in the business world.

译文：如果你从事商业活动，客户服务是你工作的重要组成部分，而不是它的延伸。客户是公司最宝贵的资产，没有他们，我们就无法在商业世界中存在。

（2）In the fierce competition for customers, a strong brand is of immense value. It is crucial to invest time in research to define and establish your brand. Your brand represents a promise to your consumers. It is a fundamental element in your marketing communication that you cannot afford to overlook.

译文：在激烈的客户竞争中，强大的品牌具有巨大的价值。投入时间进行研究，以明确和建立你的品牌非常重要。你的品牌代表着对消费者的承诺，是营销传播中不可或缺的基础要素。

（3）Many companies view marketing as a cost. However, when a business understands the significance and role of marketing in its growth, it becomes evident why marketing should be considered an investment. Marketing plays a crucial role in attracting potential customers, generating demand for products or services, and converting prospects into customers. It impacts sales, pricing, promotions, and advertising strategies. By recognizing the importance of marketing, businesses can effectively promote their services and products to consumers, leading to success.

译文：许多公司将营销视为一种成本。然而，当企业理解营销在其发展中的重要性和作用时，就会明白为何应将其视为一项投资。营销在吸引潜在客户、创造产品或服务需求以及将潜在客户转化为顾客方面发挥着至关重要的作用。它对销售、定价、促销和广告策略产生影响。通过认识到营销的重要性，企业可以有效地向消费者推广其服务和产品，从而取得成功。

商务英语的正式特点要求译者能够准确把握语言的规范与风格，确保译文的专业性、准确性和与原文的一致性。在商务英语翻译过程中，译者需要注意语言的正式性，避免使用口语化表达，以确保信息的准确传达和专业形象的展示。

（二）措辞准确

商务英语的特点之一是使用准确的措辞。商务文本的目的是传达商务信息，因此必须避免歧义和误解，消除专业术语的模糊性和多义性。

商务英语追求语言的准确性、措辞的严谨和明确。下面是一些新的例子，展示商务英语中准确措辞的特点：

（1）To ensure effective project management, it is essential to establish clear communication channels between team members and stakeholders. This will facilitate timely updates, feedback, and collaboration throughout the project lifecycle.

译文： 为确保项目管理的有效性，必须在团队成员和利益相关者之间建立清晰的沟通管道。这将有助于在项目生命周期中及时更新、反馈和合作。

（2）The company's competitive advantage lies in its ability to leverage cutting-edge technology and innovation to deliver superior products and services. By continuously investing in research and development, we stay at the forefront of the industry, meeting the evolving needs of our customers.

译文： 公司的竞争优势在于利用先进技术和创新能力提供优质的产品和服务。通过持续投资于研发，我们始终处于行业的前沿，满足客户不断变化的需求。

（3）In order to achieve sustainable growth, it is imperative for organizations to embrace corporate social responsibility. By integrating ethical practices into our business operations, we contribute to the well-being of society while enhancing our reputation and long-term viability.

译文： 为实现可持续发展，组织必须拥抱企业社会责任。通过将道德实践融入我们的业务运营中，我们既为社会福祉做出贡献，又提升了我们的声誉和长期可持续性。

通过以上例子，我们可以看到商务英语文本中注重准确的措辞，确保信息的准确传达和专业性的展示。译者在商务英语翻译中应该注重使用准确的词汇和表达方式，以确保译文的专业性和与原文的一致性。

（三）结构简洁

商务英语句子结构简洁，层次分明，避免冗长和含糊不清的表达。下面是一些全新的例子，展示商务英语中简洁结构的特点：

（1）To maximize profitability, businesses must streamline their operations, optimize resource allocation, and capitalize on market opportunities. This requires efficient processes, effective cost management, and agile decision-making.

译文：为了最大化盈利能力，企业必须精简运营，优化资源分配，并抓住市场机遇。这需要高效的流程、有效的成本管理和灵活的决策。

（2）By fostering a culture of innovation and fostering cross-functional collaboration, organizations can drive sustainable growth and gain a competitive edge in the market. This entails encouraging creativity, embracing change, and fostering a learning mindset throughout the company.

译文：通过培育创新文化和促进跨职能合作，组织可以推动可持续增长，并在市场上获得竞争优势。这意味着在整个公司范围内鼓励创造力，接纳变革，培养学习思维。

（3）Successful negotiations require effective communication, mutual understanding, and a win-win mindset. By actively listening, asking probing questions, and seeking common ground, negotiators can reach agreements that satisfy the interests of all parties involved.

译文：成功的谈判需要有效的沟通、相互理解和双赢的思维方式。通过积极倾听、提问深入和寻求共同点，谈判者可以达成满足所有相关方利益的协议。

通过以上例子，我们可以看到商务英语注重简洁的句子结构，以清晰、精炼的方式表达商务信息。译者在商务英语翻译中应该注意避免冗长和含糊不清的表达，使译文简洁明了，与原文一致。

第二节　商务英语翻译的特点

商务英语的翻译具有其独特的特点。优秀的商务译者不仅需要具备出色的语言表达能力，还需熟悉专业知识，了解商务活动中的术语和行话。在遵循一般翻译原则和标准的基础上，译者还应根据不同商务函件的类型，灵活运用翻译技巧，突显商务用语的特色，使用符合商界表达习惯的措辞和句式，确保译文严谨、规范、通顺，达到专业水平，实现准确的沟通和交流作用。

一、专业术语的翻译

商务英语的翻译涉及特定的专业术语，这些术语具有自己的表达方式和行业内的特定含义。因此，在翻译商务英语档时，译者需要具备一定的商务专业知识。例如，在翻译商务信函时，译者应了解价格术语如FOB、CIF、CFR等的含义。同时，对于商品的品名、质量、包装、价格、装运、保险、支付、商检、合同、索赔、不可抗力、谈判、仲裁等术语要有清晰的概念，以避免在翻译过程中出现术语不准确的情况。缺乏相关专业知识，即使对每个单词都理解，也无法确保翻译的准确性。

（1）The project is on hold due to force majeure circumstances.

译文：由于不可抗力的原因，该项目暂停进行。

（2）We need to provide a comprehensive feasibility study before proceeding with the investment.

译文：在进行投资之前，我们需要提供一份全面的可行性研究报告。

（3）Please prepare the invoice in accordance with the agreed payment terms.

译文：请按照约定的付款条件准备发票。

二、普通单词的外贸词义

在商务英语函件中，除了许多涉及商贸活动的专业词汇之外，还有一些常见词汇在商务英语中有特定的意义和用法。译者在翻译这些词汇时需要特别注意以下几点：

（1）Cover：在商业信函中，特别是在保险业务中，“cover”的意思是“对……投保”。例如，“We wish to cover the goods against All Risks”的译文为“我们希望对货物进行全险投保”。

（2）Establish：与信用证（L/C）连用时，“establish”的意思是“开

出”，而不是其一般意义上的“建立”。例如，“We insist that you should keep your word by establishing the relevant L/C on time”的译文为“我们坚持要求您按时开出相关的信用证以兑现承诺”。

（3）Claim：在商务索赔函件中，“claim”的意思是“索赔”，而不是“理由”。例如，“Your claim should be supported by sufficient evidence”的译文为“您的索赔申请必须有充分的证据支持”。

三、同一个词语出现在不同的专业领域内，具有不同的概念意义

在商务英语翻译中，译者需要特别注意同一个词语在不同专业领域内的不同概念意义。以下是一些示例：

（1）Margin。在金融领域，“margin”指的是保证金或差额。例如，“You need to deposit a margin of 10% for this transaction”的译文可以是“您需要为这笔交易支付10%的保证金”。

而在制造业中，“margin”则是指利润率或毛利率。例如，“Our profit margin has increased by 5% this year”的译文可以是“今年我们的利润率增长了5%”。

（2）Trade。在国际贸易领域，“trade”通常指的是商品的买卖活动。例如，“We engage in international trade”的译文可以是“我们从事国际贸易”。

而在金融领域，“trade”则指的是交易或交易行为。例如，“He executed a large trade in the stock market”的译文可以是“他在股市进行了一笔大交易”。

（3）Bill。在商业领域中，“bill”可以指发票或账单。例如，“Please send me the bill for the goods”的译文可以是“请把商品的发票寄给我”。

而在金融领域，“bill”也可以指票据，如汇票或支票。例如，“He issued a bill to pay for the services”的译文可以是“他开出一张票据来支付服务费用”。

四、数字的翻译

在商务英语翻译中，数字的准确翻译至关重要。以下是一些关于数

字翻译的注意事项和示例：

（一）数字单位的换算

在英汉两种语言中，数字单位存在不同的表达方式。例如，汉语中有“万”和“亿”，而英语中分别是“ten thousand”和“hundred million”。在翻译时需要准确地进行换算，避免出现错误。例如：

250,000 可以翻译为“two hundred and fifty thousand”，而不是“two and a half million”。

5,000,000 可以翻译为“five million”，而不是“fifty hundred thousand”。

（二）动词、介词、形容词和副词与数字的搭配

数字在商务英语中常与动词、介词、形容词和副词搭配使用，需要注意它们之间的搭配准确性。例如：

“增加到……倍”翻译为“increase by a factor of”，而不是“increase to... times”。例如，“The price increased by a factor of three”可以翻译为“价格增加了三倍”。

“是……的几倍”翻译为“several times as...”，而不是“be... times”。例如，“It is several times as expensive as the previous model”可以翻译为“它比之前的型号贵几倍”。

（三）数字的书写方式

在商务英语中，通常使用单词形式书写 1 至 10 的数字，而使用阿拉伯数字书写 11 及以上的数字。例如：

“We have received nine orders today”可以翻译为“今天我们收到了 9 个订单”。

“There were 15 participants in the conference”可以翻译为“会议上有 15 位参与者”。

五、行业套语的翻译

在商务英语中，存在许多常用的行业套语和习用语，这些短语具有特定的商务背景和约定俗成的表达方式。在翻译时，译者应力求使译文在风格上与商务文体相符，并易于商务人员理解和接受。

例子：

（1）Thank you for your prompt attention to this matter.

译文：感谢您对此事的迅速关注。

（2）Please provide us with full details regarding prices, quality, and available quantity.

译文：请向我们提供关于价格、质量和可供数量的详细信息。

（3）We appreciate your cooperation and look forward to further collaboration.

译文：感谢您的合作，期待进一步的合作。

（4）Your proposal is under careful consideration.

译文：我们正在仔细考虑您的提案。

（5）We regret to inform you that your application has been declined.

译文：很遗憾地通知您，您的申请被拒绝了。

（6）We appreciate your prompt response to our inquiry.

译文：感谢您对我们的询问的迅速回复。

（7）We are pleased to inform you that your order has been successfully processed.

译文：我们很高兴地通知您，您的订单已成功处理。

（8）Please find attached the requested documents for your reference.

译文：附件中是您要求的档供您参考。

第三节　商务英语翻译的原则

商务英语翻译的原则简单概括为图 1–2。

图 1–2　商务英语翻译的三个原则

一、准确性原则

商务英语翻译的准确性原则是其首要原则，这涵盖了语言结构的准确性和风格的准确性。

首先，语言结构的准确性要求译者在翻译过程中准确选词，保证文章流畅且语言规范。这涉及物品名称、数字、计量单位等的精确翻译，不能有任何随意性。例如，我们来看一个例子：

原文：

通常在销售合同中，保险额通常是合同货价加上 10%。

译文：

Generally in a sales contract, the insured amount is 110% of the contracted prices of consignment.

在这个例子中，译者没有简单地将“加上 10%”翻译成“plus 10%”，而是选择了更准确的表达方式“110% of the contracted prices”，这样的翻译方式消除了原文的歧义，提高了准确性。

其次，风格的准确性要求译者规范地使用术语和行业套语，使译文在风格、内容和形式上都最大限度地与原文相符。例如，我们来看另一个例子：

原文：

Letter of credit No.6666 issued by the Bank of China，has duly arrived. On observation，we find that transshipment and partial shipment are not allowed.

原译文：由中国银行开出的第 6666 号信用证已按时送达，经过详细审查后，我们发现信用证不允许转船运输和部分装运。

修正译文：由中国银行开出的第 6666 号信用证已按时送达，经过详细审查后，我们发现信用证不允许转运和分批装运。

在这个例子中，译者将“partial shipments”准确地翻译为“分批装运”，而不是“部分装运”或“分批装船”。这是因为装运方式可以是航空（空运），而所谓的“分批装运”是指一笔成交的货物，分若干批装运。这样的翻译更符合商务英语的风格和规范。

拓展案例：雪碧

雪碧作为全球知名的碳酸饮料品牌，在进入中国市场时，巧妙地将品牌名翻译为“雪碧”，成功地融入了中国的消费市场。在中文中，“雪碧”这个名字具有“清爽”和“提神”的含义，非常符合该款碳酸饮料的特性。这种成功的市场推广策略不仅在语言文化层面上与消费者产生共鸣，而且也在产品特性和品牌形象之间建立了紧密的联系。

雪碧的产品特性是清新、活力、年轻和轻松。这些特性在“雪碧”这个中文名字中得到了完美的体现。“雪”字可以让人联想到清凉的雪花，寓意产品能带给消费者清凉的感觉；“碧”字则让人想到蔚蓝的天空和海洋，象征着活力和年轻。这两个字组合在一起，非常贴切地传达出雪碧这款饮料的主要特性和品牌形象。

除了名字上的独特之处，雪碧在进入中国市场时，也针对中国的消费者进行了有针对性的市场调研和营销策略。例如，雪碧将其产品定位为“解渴、提神”的饮料，专门为中国炎热的夏季和辛辣的饮食习惯提供解决方案。这种精准的市场定位让雪碧在中国市场取得了显著的成功。

二、专业性原则

商务英语翻译的专业性原则要求译者具备一定的商务知识和专业背景，能够准确理解和处理各种复杂的商务语境和术语。

首先，译者需要对商务领域的基本知识和常用术语有深入的了解，只有这样才能准确地理解并翻译原文。例如，对于像“letter of credit”（信用证）、“insurance premium”（保险额）和“partial shipment”（分批装运）这样的专业术语，译者必须清楚它们在商务环境中的具体含义和使用情境。

其次，译者还需要了解不同的商务文化和礼仪。在翻译过程中，译者需要灵活地处理源文和目标文的文化差异，以避免产生文化冲突或误解。

以下是一些例子来说明专业性原则的重要性：

原文：

The buyer is required to open an irrevocable letter of credit in our favor through a bank acceptable to us.

译文：买方需通过我们接受的银行，以我们为受益人开立一份不可撤销的信用证。

在这个例子中，“irrevocable letter of credit”（不可撤销的信用证）是一个专业术语，它在国际贸易中是一个常见的支付方式。如果译者不清楚这个术语的具体含义，可能会误译为“不能撤销的信用证”，这样的翻译就不符合专业性原则，无法准确地传达原文的含义。

同一个英文术语在不同的商务环境和行业中可能有不同的翻译。例如，“quotation”在商贸领域中常被翻译为“报价”，而在外汇交易中则常被翻译为“牌价”。下面再看两个例子：

(1) **原文：**We usually only discount accepted trade and commercial bills.

译文：我们通常只对已被接受的贸易和商业票据进行贴现。

(2) **原文：**All bills that are paid promptly will be discounted at two percent.

译文：所有及时支付的账单都将享有 2% 的折扣。

在上述两个例子中，“discount”在第一个例子中被翻译为“贴现”，而在第二个例子中则被翻译为“折扣”。这就反映了同一个英文术语在不同的商务环境中可能有不同的翻译。只有深入了解相关商务知识和专业背景，译者才能准确地翻译这样的术语。

三、文化调适原则

商务英语翻译的文化调适原则强调的是在翻译过程中，译者需要充分考虑源语言和目标语言的文化差异，使译文在目标语言中能够被理解和接受。

首先，译者需要了解源语言和目标语言的文化背景，包括商务礼仪、商务习俗、商务法规等。这样才能在翻译过程中避免文化冲突，确保译文的文化适应性。

其次，译者需要在翻译过程中进行文化调适，即在保证信息传递准确的同时，尽可能地使译文符合目标语言的文化习惯。这可能需要译者对原文进行一定的修改或者添加，以使译文更符合目标语言的文化习惯。

下面是一个例子来说明文化调适原则：

原文：Time is money.

直译：时间就是金钱。

译文：一寸光阴一寸金。

在这个例子中，“Time is money”是一个常见的英文习语，直译为“时间就是金钱”。然而，在中文中，我们有一个相似的说法：“一寸光阴一寸金”。这个译文既保留了原文的意思，又符合中文的习惯表达，体现了文化调适原则的应用。

拓展案例：百事可乐的口号翻译

在20世纪80年代，百事可乐公司使用的广告口号是“Come alive with the Pepsi Generation”，在该广告进入中国市场时，这个口号被错误地翻译为“喝了百事你死去的祖先将重返于人世”，显然，这种翻译在文化上完全出了问题，给中国消费者带来了极大的困扰和恐惧。经过改正，最终该广告口号在中国被翻译为“百事新一代（产品）带给你活力”。

第四节　商务英语翻译对译者的要求

商务英语翻译不仅要求译者有高水平的语言能力，还需要具备扎实的商务知识基础和优秀的跨文化交际技巧。在全球化的商务环境中，商务英语翻译的重要性不容忽视，对译者的要求也相应提高。以下是我们对商务英语翻译者的基本要求（图 1–3）：

图 1–3 商务英语翻译对译者的要求

一、语言能力

商务英语翻译者作为商务沟通的关键中介，语言能力的精湛性是其基础素质之一。他们必须熟练掌握至少两种语言，通常为英语和目标翻译语言。这里所说的熟练，不仅指在语法、句型、词汇等基础语言规则上的娴熟运用，而且还包括对各种商务文档和口头表达的深入理解和准确翻译的能力。

首先，翻译者需要具备扎实的语法知识。这包括对句子结构的理解，比如主语、谓语、宾语的关系，短语和从句的使用等；对各种时态的掌握，比如一般过去时、现在完成时、被动语态等的应用；以及对语气、语态等语言现象的准确把握。只有对语法有深入的理解，译者才能在读到一个句子时迅速分析出其结构，进而准确理解其含义，做到精准翻译。

其次，商务英语翻译者需要掌握丰富的词汇。在商务领域中，有很多专门的术语和习语，比如“blue chip stocks”（蓝筹股），“bear market”（熊市）等。这些词汇如果没有足够的了解，就可能无法准确翻译。因此，译者需要积累大量的商务英语词汇，以便在遇到这些专业术语时能做到游刃有余。

再次，理解和翻译商务文档和口头表达的能力也是非常重要的。商务沟通包括各种形式，如商务报告、合同、广告、演讲、会议等。每种形式都有其特定的语言风格和表达方式，译者需要熟悉这些风格和方式，以便在翻译时能够保持原文的风格和语气。

最后，译者还需要具备出色的写作技巧。在商务英语翻译中，一个重要的目标是让译文读起来像原语言直接写出的一样。为了达到这个目标，译者需要有流畅的写作技巧，能够用目标语言准确、生动地表达出原文的含义。这不仅需要良好的语言功底，还需要对目标语言文化的深入了解。

二、商务知识

商务英语翻译的目标不只是语言的转化，更关键的是将商务信息准确无误地传达给目标读者。因此，译者在掌握语言能力的同时，还需要具备广泛而深入的商务知识。这涵盖了对商业术语的理解、对商业实践的熟悉、对各类商务档的解读技巧、对全球商业环境的认知以及对商务谈判等交流情境的把握等多个层面。

对商务术语的理解能力对于商务英语翻译者至关重要。商务英语中充满了各种专有术语，这些术语常常代表了特定的商业概念或实践，对它们的理解将直接影响翻译的准确性。例如，“mergers and acquisitions”（并购）、“supply chain”（供应链）或“capital expenditure”（资本支出）等术语，翻译者需要深入理解这些术语所代表的具体商务活动，才能在翻译过程中准确传达其含义。

商务实践的了解同样关键。商务英语翻译并不是孤立的语言活动，而是需要在商务实践的背景中进行。因此，译者需要了解商业运作的全过程，如产品开发、市场调研、销售推广、客户服务等各个环节，才能全面准确地理解和翻译商务英语文本。例如，当翻译一份销售报告时，译者需要了解产品销售的整个过程，包括市场分析、销售策略、销售管道等方面的内容，这样才能对报告中的信息进行正确理解和翻译。

对商务档的解读技巧也是译者需要掌握的重要能力。商务文档种类繁多，包括商业计划书、年报、合同、财务报告等，每一种档都有其独特的结构和语言特点。译者需要熟悉这些特点，才能在翻译过程中正确把握原文的信息并准确传达。再者，对全球商业环境的认知也对商务英语翻译者至关重要。在全球化背景下，商务交流的跨文化、跨国性日益明显，译者需要对全球商业环境有深入的了解，才能在翻译过程中准确传达商务信息。这包括了解不同地区的商业习惯、法规、经济环境，以及全球经济的发展趋势等。

商务交流常常发生在特定的交流情境中，如商务会议、谈判、演讲等，译者需要对这些情境有深入的理解，才能在翻译过程中准确地传达信息。这包括了解商务沟通的基本规则，以及在不同情境下可能出现的语言现象。

三、跨文化交际技巧

跨文化交际技巧对商务英语翻译者至关重要。由于文化差异的存在，商务英语翻译者不仅要能理解和掌握不同文化的商务习惯和礼节，而且要了解如何在尊重目标文化的同时，精准地翻译出原文的含义，避免因文化冲突和误解而产生的信息失真。

首先，译者需要了解文化对语言的影响。文化和语言是密切相关的，不同的文化会赋予语言以特殊的含义和用法。例如，在某些文化中，直接的语言可能被视为粗鲁和不尊重，而在其他文化中，这可能被视为坦诚和真实。译者需要了解这些文化差异，以便在翻译过程中准确传达原文的语境和含义。

其次，译者需要掌握跨文化的商务礼节。在国际商务交往中，礼节是至关重要的。它不仅涉及如何礼貌地与他人交流，还涉及如何尊重他人的文化习俗。译者需要了解这些礼节，以便在翻译过程中正确传达商务信息，避免因不恰当的语言使用而引发文化冲突。

再次，译者还需要具备跨文化沟通的技巧。这包括了解如何调整自己的语言和行为，以适应不同的文化环境，如何处理文化冲突和误解，以及如何建立有效的跨文化沟通。译者需要具备这些技巧，以便在翻译过程中准确传达商务信息，同时尊重各种文化差异。

最后，译者需要具备文化敏感性，这意味着能够察觉和理解文化差异，以及它们对商务交流的影响。具备文化敏感性的译者能够避免文化冲突，更准确地翻译商务英语。

四、研究和学习能力

在日新月异、瞬息万变的商务环境中，商务英语翻译者必须具备高度的研究和学习能力，以便及时掌握最新的商务概念和实践。这需要译者具有敏锐的洞察力和高度的专业研究能力，以便在第一时间发现并理解新的商务趋势和变化，从而更新他们的知识库，适应商务环境的变化。

学习和研究能力可以帮助译者更好地理解和翻译商务文本，同时也可以提高他们的翻译质量和效率。例如，对新的商务概念和实践的深入理解，可以帮助译者更准确地翻译相关内容，避免因为对新概念和实践的不理解而产生的误译。同时，持续的学习和研究也可以帮助译者提高他们的专业素养，增强他们的翻译能力。

学习和研究能力并不是一蹴而就的，而是需要译者在长期的学习和实践中不断提高和完善的。这就需要译者具有强烈的求知欲和持久的学习动力，以便在繁重的工作和学习中坚持不懈，不断提升自己的学习和研究能力。

在学习和研究过程中，译者需要运用多种学习和研究方法，如阅读专业书籍和文章、参加学术研讨会、进行在线学习等，以便从不同的角度和层面了解和掌握新的商务概念和实践。这就需要译者具有高度的学习策略和研究方法，以便有效地进行学习和研究。

另外，译者还需要具有良好的批判性思维和分析能力，以便在学习和研究过程中对新的商务概念和实践进行深入的分析和评价，从而形成自己的理解和见解。这就需要译者具有高度的思考能力和分析能力，以便进行深入地学习和研究。

研究和学习能力是商务英语翻译者在现代商务环境中不可或缺的能力。只有具备了这种能力，译者才能在快速变化的商务环境中保持领先，提供高质量的翻译服务。

五、专业道德

在商务英语翻译过程中，专业道德是至关重要的一个方面。商务英语翻译者需要遵守一系列的专业道德规范，以确保翻译的公正性、准确性，以及客户的利益和隐私。

商务英语翻译者在翻译过程中经常会接触到客户的商业秘密和敏感信息。这就要求译者必须保守商业秘密，不得泄露任何敏感信息，无论是对内还是对外。这一点在现代商务环境中尤为重要，因为信息安全和隐私保护已经成为企业和个人非常重视的问题。译者的职业道德行为将直接影响到客户的信任度和业务关系，甚至可能影响到整个翻译行业的形象和声誉。

公正客观地翻译是商务英语翻译者的另一个重要职责。译者必须保证翻译的公正性和准确性，不能因为个人的观点、情感、价值观或利益而偏袒任何一方，或者对原文进行任何形式的修改、添加或省略。这也是尊重原作者的权益和维护翻译的公正性的重要方式。

在遵守专业道德的同时，商务英语翻译者还需要对自己的翻译质量和服务质量负责。他们需要确保翻译的准确性和完整性，提供高质量的翻译服务。如果出现任何错误或问题，译者应立即采取措施进行改正和补救，而不是推卸责任或逃避责任。

译者还应该尊重和保护客户的权益。他们应该诚实地对待客户，不应欺骗或误导客户。他们还应该尊重客户的选择和决定，不应强迫或引导客户做出对他们不利的决定。

专业道德不仅是商务英语翻译者应有的素质，也是他们职业成功的关键因素。只有遵守专业道德，才能赢得客户的信任和尊重，提升自己的职业形象和声誉，从而在竞争激烈的商务英语翻译市场中取得成功。

第二章　多元化商务英语翻译理论

第一节　目的论

目的论是20世纪70年代由弗米尔提出的一种翻译理论，其核心概念是关注翻译的目的。这一理论引入了希腊语词汇“Skopos”，意为“目的”，并将其应用于翻译领域的研究中。

目的论认为翻译行为的最主要决定因素是整体的翻译目的。根据该理论，不同的翻译任务可能具有不同的目的。弗米尔提出了三种可能的翻译目的：翻译过程中译者的基本目的、译文在目标语环境中的交际目的，以及使用特定翻译策略或程序的目的。这些目的对于决定翻译过程中的具体手段和策略至关重要。

除了Skopos，弗米尔还使用了其他相关的术语如aim、purpose、intention和function等，以描述翻译行为的目标和功能。为了避免概念混淆，诺德将这些术语归类为“意图”和“功能”，分别从发送者和接收者的角度来定义。然而，弗米尔认为这些术语都可以纳入Skopos的总体概念之下，强调它们在目的论中的相等性。

目的论的最高原则是“目的准则”，即翻译行为由其目的决定，目的决定手段。根据这一原则，每个文本都是为特定目的而产生的，翻译行为应根据使用环境和目标受众的期望来进行，以最大限度地满足他们的需求。

在目的论框架中，文化背景是决定翻译目的最重要的因素之一。译文的目标受众是由译者设想的接收者，他们具有自己的文化背景知识和交际需求。因此，每种翻译任务都是在目标语环境中为特定目的和目标受众生成的文本。

相对于等值论而言，目的论相对较少关注原文的地位。弗米尔认为原文只是为目标受众提供信息的源泉。在目的论的观点下，译者需要根据特定原则进行翻译，具体原则取决于具体情况。例如，在翻译法律档或新闻报道时，可能需要直译甚至逐字翻译；而在处理操作说明或广告等实用文献时，译者可能会采用替换、释义、省略或扩充等方法，以增加译文的可理解性和可接受性。

目的论中还涉及一个重要概念，即“翻译纲要”。翻译纲要是通过“指派任务”的方式来完成翻译工作。参与者包括翻译的发起人、委托人和译者。发起人或委托人出于特定目的需要一份文本，他们会详细说明翻译的目的、目标读者、使用环境和预期功能等要求，形成明确的翻译纲要。

然而，翻译纲要并不会告诉译者如何进行翻译工作、选择何种翻译策略或文本类型。译者需要依靠自己的经验和判断力来做出决策。如果委托人和译者对译文功能存在分歧，译者可以选择拒绝翻译任务或仅完成委托人要求的工作，而不承担译文功能的责任。当然，在很多情况下，有经验的译者可以从翻译情境中推断出目的和目标。

目的论自问世以来，得到了广泛的认同，但也受到了一些批评。诺德总结并详细分析了人们提出的十条批评，包括翻译并非都有目的、功能理论超越了翻译本身的局限、目的论并非独创、功能理论并非基于经验结论、功能理论导致唯利是图的译者产生、功能理论并不尊重原文、功能理论是编译理论、功能理论不能适用于文学翻译以及功能翻译理论有文化相对论的特征等。这些批评为进一步研究和发展目的论提供了有益的启示。

综上所述，目的论是弗米尔提出的翻译理论，关注翻译的目的，强调翻译行为是由目的决定的。在目的论的框架下，译者需要根据特定的目的、目标受众和文化背景来进行翻译决策。然而，目的论也面临一些批评和挑战，需要进一步的研究和完善。

第二节　功能对等理论

一、奈达的“功能对等”翻译理论

奈达是美国著名的翻译理论家，他提出了一种关于翻译的理论，强调翻译应该从语义到文体，在译语中使用最贴切而自然的对等语来再现原语的信息。他在《翻译理论与实践》一书中详细解释了这一理论。奈达认为，所谓最贴切而自然的对等，主要指的是意义和语体两个方面。他强调动态对等是指在翻译过程中，通过使用接受语言来复制原语信息，实现意义和语体上与原文最为接近的自然对等。他指出，译文接受者对译文的反应应该基本上与原文接受者对原文的反应相同。因此，翻译是一个分析、转换和综合的过程，在意义和风格上应尽可能地使用译语产生出与原文信息等值的内容，从而实现原语语篇和译语语篇之间的动态等值。尽管“最贴切而自然的对等”的概念比 1964 年提出的概念更为完善和科学，但是“首先是意义对等，其次是文体对等”的说法有时容易让人误解为“内容对等优先于形式对等”。

在 20 世纪 80 年代末，奈达进一步将动态对等理论扩展为功能对等。功能对等理论的核心观点是译文读者对译文的反应应与原文读者对原文的反应基本一致。奈达将翻译定义为使用最贴近、最自然的对等语在译语中再现原语的信息，首先是在意义上实现对等，其次是在风格上实现对等。不论是动态对等翻译原则还是功能对等原则，它们的共同点在于追求对等。奈达提出的“四个对等”概念包括：原文语义信息与译文语义信息的对等、原文文体风格信息与译文文体风格信息的对等、原文文化信息与译文文化信息的对等，以及原文读者反映与译文读者反映的对等。

在功能对等理论中，奈达将对等分为“形式对等”和“动态对等”。形式对等以原文为中心，尽可能地保留原文的形式和内容，要求译文的信息与原语的各个因素相对应。奈达对形式对等要求严格地再现原语的形式，这其实就是“逐字翻译”或“死译”。然而，奈达本人并不主张形式对等的翻译，他认为严格遵守形式会破坏内容的传达。动态对等包括词汇对等、句法对等、篇章对等和文体对等四个方面。奈达认为，在翻译过程中，译者应该以最自然、最贴切的方式实现原文与译文的对等，首先是在意义上实现对等，其次是在文体上实现对等，而不是机械地生搬硬套。此外，功能对等理论也强调重视文化因素，译者应尽可能消除原文与译文之间的文化差异。奈达还提出了一个新的翻译评价标准，即通过比较译文读者的反应与原文读者的反应来评价翻译的质量。

奈达的研究成果对现代翻译学的发展具有重要意义。他提出的动态对等和功能对等理论为翻译研究提供了有益的思路和方法。通过追求意义和风格上的对等，译者可以更好地传达原文的信息。然而，奈达的理论也受到了一些质疑和批评，需要在实践中进一步验证和完善。

二、功能对等翻译理论内涵

奈达，作为一位重要的翻译理论家，强调了翻译中资讯内容的重要性，即翻译原文的意思。他认为，在翻译中，语言信息或语义信息的传递占据了首要地位。当语言在形式上存在差异时，为了保留原语的内容，必然需要改变其形式。因此，奈达关注的焦点是读者的反应以及信息的传递问题。

奈达提出的“信息”包括原文所传达的语义、文体、意境和心理效果等各种信息。当原文的信息传递给读者时，译者充当了原文的读者，然后将获取的信息通过译文以资讯的形式传递给译文读者。这样就产生了两种信息。功能对等理论强调了读者的反应，追求用最贴切、最自然的对等语言再现原文信息，以使译文读者能够达到和原文读者一样的理解和欣赏原文的程度。

奈达所强调的是“对等”“信息”“意义”和“风格”，他的理论基于语义学和信息论，并强调翻译的交际功能。他认为翻译是一种语际交际，即以交际学的观点来看待翻译问题。他常常鼓励译者设想一位典型的译文读者坐在写字台的对面，听译者口述译文或者在计算机显示屏上阅读译文。这样，翻译就不仅仅是简单的词汇和句法对应，而是包含了译文读者对原文的理解和评价。

奈达的“功能对等”理论对翻译学研究做出了重要贡献。首先，他提出了一个新的翻译评价标准，即将译文读者的反应与原文读者的反应进行对照，看两者是否达到最大限度的对等。其次，他的“最贴切、最自然的对等”标准与传统的“忠实”标准不同，对译者的要求更高。他认为翻译过程不仅仅是原文一译者一译文的单向直线过程，还应包括译文读者对原文的理解和评价。

然而，奈达的理论也存在一些值得探讨的问题。首先，他的翻译论主要基于对《圣经》的翻译经验，因此他所提出的翻译标准不一定适用于所有文本。对于文学翻译而言，译者很难或者没有必要总是以读者反映作为评价译文优劣的唯一标准。其次，他的功能对等论在一定程度上排斥了文化交流。保留原语的某些表达方式有助于读者了解外国文化，丰富本国语言。

三、“功能对等”翻译理论在商务英语翻译中的应用

（一）语义对等优先论

在商务英语翻译中，奈达的功能对等理论具有重要的应用价值。该理论强调在翻译过程中优先考虑语义对等，即确保译文传达与原文相同的意思。商务英语领域涉及广泛的专业术语，包括国际贸易、金融、营销、保险、货运和法律等方面。译者在翻译这些术语时需要确保准确性，并根据具体语境和情景选择适当的翻译方法。

举个例子来说，商务英语中常见的术语如“blank endorsement”（空白背书）、“real estate”（房地产）、“standby credit”（备用信用证）、“market share”（市场份额）、“letter of guarantee”（保函）等，在翻译过程中需要准确传达其专业含义，以确保信息的准确传递。

此外，商务英语中存在一些词汇，其在经贸英语中与日常英语中的含义完全不同。译者需要使用对等的语言信息进行准确翻译。例如，在句子“The company has raised its joint venture equity to 70% to gain management control, which has tripled its initial investment and is now expanding its product range and manufacturing capacity to meet growing demands.”中，译者需要将“equity”译为“股份”，而非其在日常英语中的含义“公正，公平”。同样，“initial investment”也不能直译为“一开始的投资”，而应译为“初始投资”或“最初投资”。通过使用对等的语言信息进行准确翻译，译者能够确保译文传达与原文相同的信息。

在商务英语翻译中，无论是直译还是部分直译，关键是确保译文能够准确传达原文的意思。译者需要灵活运用翻译方法，根据具体情况选择最合适的表达方式，以满足商务领域的专业要求。奈达的功能对等理论为商务英语翻译提供了指导原则，注重实现语义对等，使得译文在交际中能够与原文产生相同的效果。因此，商务英语翻译中的语义对等是奈达功能对等理论的核心应用之一，有助于确保翻译的准确性和专业性。

（二）文体风格对等论

在商务英语翻译中，文体风格的对等是至关重要的。商务英语涵盖了各种不同的文体，如函电、法律档、广告等，译者需要深入研究这些文体的语言特点，并进行恰当的翻译。确保原文的文体风格信息与译文相对应是非常重要的。

举个例子来说，在商务英语函电中，常见的开头是“Dear Sirs”，这需要根据对等翻译原则恰当翻译为“敬启者 / 先生”。函电的结尾通常是“Yours faithfully/Your faithfully/Yours sincerely”，可以翻译为“……启”。由于中英文函电格式相似，一些套用的表达可以采用套译的方法，以确保原文的文体风格信息与译文一致。

例如，“The shipping documents for the consignment are now with us and we shall be glad if you will arrange to collect them.”

译文：“货运单据现存我方，如能安排提货，不胜感激。”

商务信函通常采用简单句、简短并列句和简短复合句，翻译时要保持简洁明快的风格。而在翻译法律档时，应该严谨用词，形成法律档所特有的保守性和稳定性。为了体现法律的严肃性，译文应该保留原文中严谨、简明扼要的风格。同时，还要符合中文法律条文的表达习惯。在翻译法律英语时，译者特别要遵循文体风格的对等原则，避免随意添加华丽辞藻，这样反而会适得其反。

因此，在商务英语翻译中，译者需要根据具体文体的要求，灵活运用翻译方法，以确保译文的文体风格与原文相对应。奈达的功能对等理论在商务英语翻译中的应用，强调了文体风格的对等性，有助于确保翻译的准确性和专业性。通过在翻译过程中注重文体风格的对等，译者能够更好地传达原文的意思和风格，使译文与原文在交际中产生相同的效果。

（三）文化信息对等论

在商务英语翻译中，文化信息的对等至关重要。随着全球化的进程，文化因素对于翻译过程有着重要影响。奈达提出的功能对等理论强调了文化信息的传递和对等性。在商务英语翻译中，我们应该遵循这一原则，并根据具体语境采用相应的翻译方法。

举个例子来说，不同文化中的特定文化成分可能无法直接转移到目标语言中。有时候，为了确保交流的目的，我们需要在目标语言中加入一些信息。在这种情况下，我们可以运用奈达的功能对等原则，实现近似的对等。这里的对等并不是严格的数学意义上的相等，而是基于功能对等接近程度的近似。

首先，如果直译会导致误解，我们需要对译文进行适当的变通，并在译文中加入脚注来解释可能产生的误解。其次，如果形式上的对等可能导致对原文的联想意义误解，或者对原文的风格理解造成损失，我们需要进行必要的调整，以反映原文的联想价值。例如，将中国传统饮品"龙井茶"直译为"Dragon Well Tea"，虽然形式上保持了对等，但西方读者可能无法理解其文化背景和特殊含义。因此，我们可以选择更加贴近西方文化的译名，如"Longjing Green Tea"，以更好地传达文化信息。

此外，翻译涉及不同层面的调整，包括音位、词汇、句法和语篇等。例如，在商务英语中，一些产品或品牌名称可能在不同文化中产生不同的联想。考虑到文化因素，译者需要选择合适的词语，以反映目标语言受众的文化背景。例如，中国品牌"洁丽雅"在西方市场可能被翻译为"Elegance"，以符合西方消费者对于优雅和高质量的期待。

在国际商务英语翻译中，东西方文化传统存在差异，因此我们必须特别注意这些差异，并通过适当的调整在翻译中找到文化的契合点。译者需要遵循一定的标准和奈达先生的翻译原则，努力使文化差异在传译过程中消失，并在译文中准确再现异国文化。通过这样的努力，我们可以实现商务英语翻译中的文化信息的对等。

拓展案例：可口可乐的翻译失误

在20世纪70年代，美国饮料巨头可口可乐公司首次进入中国市场时，对其品牌名称进行了直译，但结果令人哭笑不得。可口可乐在汉语中被初步音译为“蝌蚪啃蜡”，这在中文里显然没有任何积极的含义，甚至让人感到恶心。这无疑是一个大失误，原因就在于没有对目标文化进行足够的考察和研究。

可口可乐公司意识到错误后，进行了修正，经过大量研究和测试，最终确定了“可口可乐”这个名字，不仅忠实于原名的音译，而且在中文里含义积极，意为美味可口，与其产品的性质相符。这个成功的案例充分显示了对于目标语言文化背景的理解在翻译过程中的重要性。

（四）商务功效对等论

商务功效对等原则是商务英语翻译中的最高目标。其核心在于实现原语读者反映与译语读者反映的对等，确保译语读者能够理解和领会译文的方式与原语读者对原文的理解相似。商务功效对等原则尤其适用于广告翻译、商标翻译、意向书翻译等追求盈利的翻译领域。

在广告翻译中，成功与否不仅仅取决于译文在语义、文体上是否与原文保持一致，词汇是否准确，文风是否优雅。一则成功的广告翻译应当在译语读者心中产生强烈的反响，留下深刻的印象，甚至达到家喻户晓的程度，从而带来巨大的社会和经济效益。在翻译商业广告时，译者需要灵活应用翻译原则，围绕促销和盈利为核心目标。

商务翻译中的读者反映对等是以语义、风格和文化信息对等为基础，并以忠实准确地诠释原文为准则。举个例子，考虑以下句子：“The new product launch was a game-changer in the market.”这个句子中的“game-changer”在商务英语中指的是一种具有颠覆性影响的产品或策略。在翻译时，除了将“game-changer”直译为“改变游戏规则”，我们还可以运用商务功效对等原则，选择更符合目标语言读者反映的翻译方式，如“市场颠覆者”或“革命性产品”，以更好地传达原文的意义。

另一个例子是：“Our company's core values are integrity, innovation, and customer satisfaction.”译文可以是：“我们公司的核心价值观是诚信、创新和顾客满意。”在这个例子中，译者通过诠释核心价值观，使用与目标文化相符的表达方式，以实现商务功效对等。这样的翻译不仅在语义上对等，还能够激发译语读者与原语读者相似的反应。

商务功效对等原则的实现有助于确保译文的畅销和商家获得巨大的收益。通过准确引申和恰当的翻译方式，译者能够让译语读者产生与原语读者一致的反应，从而实现商务目标的达成。

第三节　交际翻译理论

一、交际翻译理论背景

交际翻译理论的提出是由英国著名翻译教育家和理论家彼得·纽马克于1981年所做。他在其著作《翻译入门》中首次引入了交际翻译和语义翻译的概念。他指出交际翻译的目标是让译文读者在阅读时能够产生与原文读者相似的感受，而语义翻译则致力于在译文的语义和句法结构允许的范围内准确再现原文的上下文意义。

交际翻译理论强调根据目的语言的特点、文化背景和语用方式来传达信息，而不仅仅是通过对原文的语义进行文字的翻译复制。它将原文的形式视为译者需要考虑的因素之一，而不是要求译文在文字和形式上尽可能忠实于原文。因此，在交际翻译中，译者有较大的自由度来解释原文，并进行文体调整、排除歧义以及纠正原文中的错误。

纽马克进一步探讨了应用这两种翻译理念的方法，并提出了三个语言功能模式：表达功能、信息功能和呼唤功能。他认为不同类型的文本在翻译时需要选择不同的方法。表达型文本，如自传、信件、小说、诗歌等，强调作者和文本本身的表达，适合使用语义翻译。信息型文本则主要侧重于内容和知识的传递，适合使用交际翻译，这类文本通常在各个领域都可以应用。呼唤型文本的主要目的是引起读者的反应，如说明书、商业广告、宣传资料和说服性文章，也适合使用交际翻译。

通过以上分析，我们可以得出结论：在翻译表达型文本时，语义翻译更为合适，重点在于语言层面的准确传达。对于信息型文本和呼唤型文本，则更适合采用交际翻译，以确保信息的传递和读者与作者之间的紧密联系。

交际翻译理论的内涵对实践工作具有重要的指导意义。它要求翻译者具备深厚的文化功底，以实现对两国语言的精准传达。简单的语义

翻译无法满足这一要求，而且往往导致译文生硬刻板，甚至失去原文的意义。为了突破这种困境，必须立足于交际层面，广泛学习和了解基于文化视角的交际特点，并将其融入本国语言中，以提高翻译质量和读者的体验。

二、交际翻译理论的内涵

交际翻译理论关注于帮助读者排除交际方面的障碍，以确保交际的顺利进行。在翻译过程中，交际翻译侧重于根据目的语言的特点、文化背景和语用方式传达信息。它认为译文产生的效果至关重要，而非简单地依靠语义翻译进行文字的复制。在交际翻译中，译者具有较大的自由度去解释原文，进行文体调整，排除歧义，并根据目的语言的文化语境传递信息。

纽马克进一步探讨了如何应用这两种翻译理念的问题，并提出了三个语言功能模式：表达功能、信息功能和呼唤功能。他认为不同类型的文本需要采用不同的翻译方法。表达型文本，如自传、信件、小说、诗歌等，强调作者和文本本身的表达，适合使用语义翻译。信息型文本主要关注内容和知识的传递，适合使用交际翻译，这种文本在各个领域都适用。呼唤型文本的目的在于激发读者的反应，如说明书、商业广告、宣传资料和说服性文章，同样适合使用交际翻译。

在交际翻译中，原文的形式只是译者需要考虑的部分因素之一，译

者在遵循原文意义的前提下，有较大的自由度根据目的语言的文化语境解释原文。交际翻译突破了原文的局限性，使译文能够适应目的语言和文化的背景。例如，在广告翻译中，重点是传达与原文相同的说服力，确保译文产生与原文相似的效果，激发目的语言读者的想象力，以实现最佳的宣传效果。

纽马克提出的关联翻译法是他进一步发展和补充语义翻译和交际翻译方法的理论。关联翻译法包括两个关联命题和一个附加命题，强调译文与原文的一致性和译者与原文作者的目的的一致性。在翻译过程中，根据文本的重要性和译者的意图，可以根据不同的情况采取贴近翻译法或直译法，以实现原文信息的重现。

三、纽马克交际翻译理论对商务英语翻译的启示

纽马克的交际翻译理论对商务英语翻译具有重要的启示。商务英语翻译的特殊性和复杂性要求译者具备广博的知识和专业翻译理论的指导。以下是纽马克交际翻译理论对商务英语翻译的启示：

首先，商务英语翻译要坚持译词的准确性和严谨性。商务英语中使用了大量的专业术语和缩略语，译者必须准确理解这些词语的内涵，并在翻译过程中保持准确传达原文的意义。采用直译的方法可能导致译文与原文意义相差甚远，因此在商务英语翻译中，保持准确性是至关重要的。

其次，商务英语翻译要合理调整文化差异。不同民族文化之间存在巨大差异，译者应了解这些差异并对译文进行适当调整，以使译文能够灵活等值地传达不同文化的信息。举例来说，将我国特定动物的名称直译成英文时，要考虑到西方文化中可能存在的负面意义，避免造成误解或不良影响。

再次，商务英语翻译者需要不断充实商务专业知识。商务英语涵盖多个领域，翻译者必须掌握相关领域的专业知识，并理解商务英语所要表达的内涵。只有具备相关领域的专业知识，才能保障对原文的准确理解和对译文的灵活处理。

最后，商务英语翻译要保持原文与译文语义的信息对等。交际翻译

理论强调译文要传达与原文相同的信息效果，商务英语翻译中的译文必须与原文在信息上保持对等。避免采用直译导致信息不等值的错误。举例来说，译者在翻译企业级别时，不能简单地直译为英文中的“second-class”，而应根据具体情况翻译为符合原文意义的表达，避免对企业形象产生负面影响。

拓展案例:《阿甘正传》的台词翻译

在电影字幕翻译中，译者不仅需要精确地将源语言的含义转译出来，同时还需要使目标语言观众能够理解并产生共鸣。这正是动态等效法发挥作用的地方，尤其是在翻译一些文化特定表达和俚语时，这种方法尤其有效。

以电影《阿甘正传》中的一句台词作为例子：“Life was like a box of chocolates, you never know what you're gonna get.”这句话本身是一种充满哲理的比喻，描述生活的不可预测性。而阿甘的母亲是以一种深入浅出、富有情感的方式来表述这一理念，这正是该电影的一个重要主题。

如果按照形式对应法进行翻译，这句话可以被直译为：“生活就像一盒巧克力，你永远不知道你会得到什么。”这样的翻译虽然保留了原句的字面含义，但在中文语境中，可能无法完全传达出原句的深层含义和情感色彩。

因此，在实际的字幕翻译中，这句话被译为：“生活就像一盒巧克力，结果往往出人意料。”这个翻译运用了动态等效法，尽管改变了原文的某些字面表达，但却更好地捕捉到了原句的核心含义，并成功地将其转译为符合中文表达习惯和能够引起中国观众共鸣的表达方式。

这个例子展示了在电影字幕翻译中运用动态等效法的重要性。译者在进行翻译时，不能仅仅停留在语言层面，而应深入文化和情境层面，以实现真正的跨文化交流。同时，这个例子也揭示了语言的活力和变通性。在不同的语言和文化背景下，同样的信息可能需要采用不同的表达方式，这是翻译中的一大挑战，也是翻译的魅力所在。

第四节 切斯特曼的翻译伦理理论

切斯特曼是一位在翻译伦理研究领域产生巨大影响的学者，他的著作《关于哲罗姆誓言之建议》引起了学术界的广泛讨论。他的翻译伦理研究具有客观性、描述性和系统性的特点。作为翻译学研究的新方向，切斯特曼认为翻译伦理理论应以价值观念为基础。他提出翻译活动受到期待准则、关系准则、沟通准则和规范准则四个基本准则的制约，并为每个准则提出相应的伦理价值观：明晰、真实、信任和理解。

明晰是制约期待准则的伦理价值观，要求翻译清晰、明了、简洁地表达，避免晦涩和歧义。真实是相对于关系准则提出的伦理价值观，要求译文与原文之间保持真实的关系。信任是指译者应该信任原作者、翻译委托人、译文读者以及出版商。信任是双向的行为，也是制约责任准则的伦理价值观。理解是制约沟通准则的伦理价值观。

基于这些伦理基本价值观，切斯特曼于 2001 年将现行的翻译伦理分为五种模式，包括再现的伦理、服务的伦理、交际的伦理、规范的伦理和专业责任的伦理（图 2-1）。这五种模式对翻译研究和实践产生了深远影响。

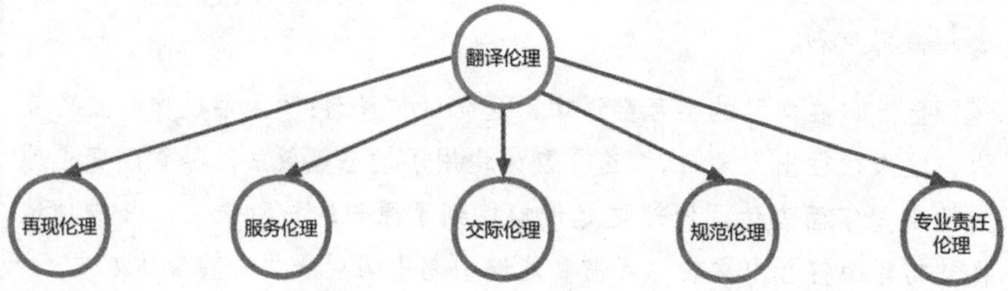

图 2-1 切斯特曼的翻译伦理

一、再现的伦理

再现的伦理是源自神圣文本翻译的概念，强调译文对原文的“再现”，即代表原文表达的意义。切斯特曼认为再现的伦理关注于“真理”，主张译文必须准确再现原文，呈现作者意图和原文所承载的文化。在这一观点上，他将贝尔曼、韦努蒂等人的观点视为再现伦理的代表。

再现的伦理特别关注译文的真实性和忠实度，即译文应当忠实地再现原文的含义和作者的意图。这要求译者深入理解原文的文化背景，并通过翻译手段将其再现出来。再现的伦理与异化观点存在共通之处，因为它们都强调译文对原文的准确再现。因此，再现的伦理视贝尔曼、韦努蒂等人的观点为再现伦理的代表。

二、服务的伦理

服务的伦理研究的是译员与使用者之间的关系，强调译员要为译文使用者提供服务。相比于再现的伦理关注原文和译文之间的关系，服务的伦理将译员的角色置于更加主动的位置。结构主义的观点使译员从原文和原文作者的约束中解放出来，赋予其更多的主动性。译员可以从译文使用者（包括读者、雇主等）的角度出发进行翻译创作，并始终牢记为译文使用者提供服务的职责和目的。译员的忠诚不仅体现在对原文作者的忠实，更重要的是对译文使用者的忠实。因此，译员可能会对原文进行适当的调整和解释，因为翻译与解释是密不可分的。

服务的伦理观点建立在商业服务翻译概念的基础上，与功能理论尤其是模因论相契合。当译员与客户或委托人通过商讨达成一致时，译员首先要对客户负责。其次，译员还要考虑原文作者和译文读者的利益。诺德（Christine Nord）也指出，如果委托人提出的要求违背社会道德，译员可以拒绝提供服务。

三、交际的伦理

交际的伦理关注的是译员、原文作者和译文使用者之间的双向交流关系。它强调译员作为桥梁的作用，在翻译过程中促进三者之间的交流和理解。翻译是两种语言的沟通，也是两种文化的碰撞。在交际的伦理观中，译文译员不仅要再现原文的内容和原文作者的意图，还要对译文使用者负责和提供服务。此外，译员还需要考虑对原文的阐释方式，以及译文在目的语中的效果和反应。通过跨语言、跨文化和跨社会的信息传递，译员完成了信息交流的任务。

交际的伦理观点强调了翻译过程中的双向沟通。译员要充当有效的沟通媒介，确保原文作者的意图能够准确传达给译文使用者，并使译文在目的语社会中产生预期的效果。为了实现这一目标，译员需要具备跨文化沟通的能力，了解原文和译文使用者的文化背景和语言习惯。同时，译员还要注重解决可能出现的语言和文化障碍，保持对原文和译文之间的平衡，以及对译文使用者的理解和尊重。

交际的伦理观点对翻译实践提供了重要的指导。译员需要秉持着交际的原则，注重沟通的双向性，以确保翻译的准确性和有效性。译员应致力于建立良好的沟通管道，与原文作者和译文使用者保持密切的合作和反馈，不断完善译文的质量和传达效果。通过交际的伦理，译员能够促进不同语言和文化之间的理解和和谐，实现跨文化交流的目标。

四、规范的伦理

规范的伦理关注的是对翻译行为和译文文本的要求，以及对翻译标准的评判。切斯特曼将规范分为期待规范和职业规范两个方面。期待规范是指译文在目标语言中的接受度，而职业规范则是指译员的行为在各方面的接受度。进一步地，切斯特曼将职业规范分为责任规范、交际规范和关系规范。

责任规范强调译员对译文的明晰和真实。明晰要求译文要清晰明了地传达原文的意思，避免晦涩和歧义，满足期待规范。真实则要求译文与原文保持一种真实的关系，尽可能地贴近原文的意图，满足责任规范。

交际规范和关系规范则涉及翻译活动中的各方之间的信任和理解。信任是指译员应该与原文作者、译文使用者以及委托人之间建立起互信关系。这种信任是双向的，同时也是对责任规范的约束和要求。理解则是指译员应该在交际过程中正确理解各方的意图和需求，以达到良好的关系规范。

规范的伦理实际上是对其他翻译伦理的总结和约束。它对译员的行为和译文的质量进行评判，引导译员遵循职业准则，保持高度的专业素养。规范的伦理观点提供了一种框架，使译员能够对照翻译标准进行自我评估和改进，以提升翻译质量和满足各方的期待。

五、专业责任的伦理

专业责任的伦理是在前面提到的四种伦理基础上，切斯特曼进一步提出的。作为一种职业，翻译拥有自身的道德准则和职业操守。专业责任的伦理要求译员具备卓越追求、公平、真实、可信赖、移情、勇气和决心等职业素养。

译员应不断提升自己的翻译水平，追求翻译质量的最高标准。他们应不断学习和更新知识，熟练掌握翻译技巧和方法，以确保提供优质的译文。译员还应公正、公平地对待原文作者、译文使用者和委托人，不偏袒任何一方。译员应本着公平的态度进行翻译工作，不偏离事实和真相，避免主观色彩的介入。译员还应注重真实和可信赖。他们要力求译文忠实地再现原文的意思和作者的意图，避免任意改动或歪曲。译员应保持诚实和可信赖的形象，确保译文的准确性和可靠性。

此外，译员还要具备移情能力。他们应理解和尊重原文作者的情感和观点，透过译文传达作者的思想和感情。译员应设身处地地考虑原文作者的立场和意图，并通过译文传达出来，使读者能够感受到作者的情感和观点。专业责任的伦理还要求译员具备勇气和决心。翻译工作中会面临各种挑战和困难，译员需要有勇气面对，并保持坚定的决心和毅力，以克服困难，完成翻译任务。

六、切斯特曼的翻译伦理模式的局限性

切斯特曼的翻译伦理模式在翻译伦理研究中做出了重要的贡献，然而，这些模式也存在一些局限性。

翻译伦理模式之间存在相互交叉与重叠。虽然每种模式都反映了不同的伦理价值，但在实际应用中，译者往往面临多种伦理价值的平衡和权衡。这种交叉和重叠使得模式的划分变得过于细化，给译者带来困扰和不确定性。

翻译伦理模式的适用范围有限。某些模式更适用于文学或圣经翻译，

而另一些则更适合科技或政治文体的翻译。这种局限性使得模式在实践中的适用性受到限制，无法覆盖所有翻译领域和情境。

翻译伦理模式缺乏统一的伦理基础。在切斯特曼的模式中，有些反映了契约伦理价值观，关注契约和合同是否得以履行；而另一些则反映了功利主义价值观，关注翻译结果的效果。这些模式没有建立在统一的原则基础上，缺乏一致性和一种共同的伦理框架。

此外，翻译伦理模式忽视了主体间的互动性和平等性。翻译涉及不同主体之间的交流和合作，而伦理应该考虑各交际主体之间的平等和互动。然而，在切斯特曼的模式中，主体间的互动性和平等性并没有得到充分的关注和体现。

第三章 跨文化交际与商务英语翻译

第一节 跨文化沟通在商务中的重要性

一、经济全球化背景下商务交际的跨文化特性

（一）经济全球化对商务交际的影响

全球化已经深深地改变了商务交际的面貌。这个影响既明显又深远，它在许多方面都改变了人们进行商务交际的方式。

在语言层面上，全球化导致英语成为全球商务交际的主导语言。这意味着商务人士需要精通英语，以便在全球范围内进行有效的交际。对于非母语英语的商务人士，他们不仅需要学习这种语言，而且需要掌握商务英语的特定语法、词汇和表达方式。

此外，全球化对商务交际中的文化要求也产生了重大影响。随着商务活动日益全球化，商务人士需要与来自不同文化背景的人进行交流。这就需要他们具备跨文化交际能力，理解并尊重不同文化的商务习惯和礼节。他们需要掌握如何在尊重目标文化的同时，精确地传达出商务信息。

全球化还改变了商务交际的内容和形式。过去，商务交际主要集中在本地市场和本国市场，而现在，商务交际的内容和形式已经跨越了国界，涵盖了全球市场。商务人士不仅需要了解他们所在的本地市场，还需要了解全球市场的动态。他们需要掌握如何在全球范围内有效地传达

商务信息，以达到商务目标。

此外，全球化还导致商务交际变得更加复杂。商务人士需要与更多的人进行交流，处理更多的信息，解决更多的问题。他们需要具备高效的沟通技巧，能够处理各种复杂的商务问题。这就需要他们不断学习，提高他们的商务交际能力。

最后，全球化还改变了商务交际的速度和效率。在全球化的背景下，商务信息可以迅速地在全球范围内传播，商务交际的速度和效率也得到了显著提高。商务人士需要具备高效的沟通技巧，能够快速地传达和处理商务信息。

（二）商务交际的跨文化特点

商务交际的跨文化特点已经成为其基本的特征之一，它体现在以下几个方面：

在全球化的背景下，商务活动的范围已经超越了国界，涉及了世界各地的市场。因此，商务人士需要具备跨文化交际的能力，以便与来自不同文化背景的人进行有效的交际。这意味着他们需要理解和尊重不同文化的商务习惯和礼节，掌握如何在尊重目标文化的同时，精确地传达出商务信息。

商务交际的跨文化特点还体现在其内容上。商务人士需要了解全球市场的动态，掌握各种国际商务知识和信息。他们需要具备全球视野，能够从全球的角度看待商务问题。他们需要理解和处理来自不同文化背景的商务信息，解决各种跨文化商务问题。

跨文化特点还体现在商务交际的形式上。商务人士需要使用英语进行交际，英语已经成为全球商务交际的主导语言。他们需要掌握商务英语的特定语法、词汇和表达方式，以便在全球范围内进行有效的交际。他们还需要掌握各种电子通信工具，如电子邮件、社交媒体和视频会议，这些工具已经成为全球商务交际的重要方式。

商务交际的跨文化特点也体现在其复杂性上。商务人士需要处理各种复杂的商务问题，这些问题可能涉及多个国家、多种文化和多种语言。他们需要具备解决复杂问题的能力，能够处理各种跨文化的商务问题。

最后，商务交际的跨文化特点还体现在其速度和效率上。在全球化的背景下，商务信息可以迅速地在全球范围内传播，商务交际的速度和效率也得到了显著提高。商务人士需要具备高效的沟通技巧，能够快速地传达和处理商务信息。

二、跨文化沟通与商务成功的关联性

（一）跨文化沟通的成功因素

跨文化沟通的成功因素涵盖了多个方面，包括语言能力、文化敏感度、适应性以及有效的沟通技巧。探讨这些因素不仅有助于理解跨文化沟通的成功要素，也有助于提供更具有针对性的建议，以促进更有效的跨文化交流。

在全球化的商务环境中，语言能力的重要性无可否认。此处的语言能力不仅仅指的是语法、词汇和发音的准确性，更重要的是要理解语言中的隐含含义，以及在特定文化环境下的用语习惯。因此，理解目标文化中的表达方式、俚语、习惯用语以及修辞手法是至关重要的。

文化敏感度是另一项重要的跨文化沟通成功因素。了解和尊重不同文化的价值观、信仰和行为规范是建立有效跨文化沟通的基础。商务人士需要发展出文化敏感度，以理解、尊重并适应不同的文化环境。他们需要理解各种文化可能对商务交流产生的影响，以避免误解和冲突。

适应性是在跨文化沟通中取得成功的另一个关键因素。商务人士需要有能力适应新的和不熟悉的环境，包括了解并适应不同的商务习惯、时间观、沟通方式以及决策过程。他们需要有灵活的思维方式，能够在不同的文化环境中进行有效的沟通。

最后，有效的沟通技巧是跨文化沟通成功的关键。商务人士需要掌握如何清晰、准确地传达信息，同时又要注意避免在跨文化交流中可能出现的误解。他们需要学会倾听，尊重不同的观点，有能力处理不同的意见和冲突。他们还需要学会在沟通中展示出尊重和理解，以建立和维持有效的商务关系。

（二）成功的商务沟通案例分析

在商务环境中，跨文化沟通的重要性无可忽视。以下是一些成功的商务沟通案例，它们旨在阐明如何通过适当的跨文化沟通技巧来促进业务发展。

1. 戴姆勒－克莱斯勒合并

此案例突显了公司文化对跨国合并的影响。1998 年德国戴姆勒公司与美国克莱斯勒公司合并，创造了全球第五大汽车制造商。然而，两家公司在管理风格和企业文化上的差异导致合并最初并不成功。为了解决这个问题，公司决定通过文化交流和员工培训来提高员工对对方文化的理解和尊重。这种努力最终帮助公司克服了文化差异，取得了成功。

2. 联合利华在印度的成功

联合利华是一家全球知名的消费品公司，在印度市场取得了显著的成功。这家公司通过对印度文化、消费者行为和市场环境的深入理解，以及与当地企业的合作，开发出适应印度市场的产品。此外，公司还对其全球战略进行了本地化调整，以适应印度的商业环境。

3. 麦当劳的全球扩张

麦当劳是一家全球知名的快餐连锁店，其在全球的成功很大程度上归因于其对各种文化的深入理解和尊重。麦当劳在进入新市场时，不仅会研究和尊重当地的饮食习惯，还会根据当地的文化和宗教习惯调整其菜单。例如，在印度，麦当劳的菜单不包含牛肉和猪肉产品，以尊重当地的宗教信仰。

这些案例说明，成功的跨文化商务沟通需要深入理解和尊重目标市场的文化，并将这种理解融入公司的商业策略中。无论是在合并并购，市场扩张，还是产品开发中，对目标文化的理解和尊重都是关键的成功因素。

三、跨文化敏感度在商务交际中的角色

（一）定义和测量跨文化敏感度

跨文化敏感度被认为是在多元文化环境中进行有效交际的关键要素。定义为一个人在跨文化交际中理解、欣赏、适应和应对不同文化的能力，它影响着人们如何感知和解释不同文化背景下的行为和事件。理论和实践表明，高度的跨文化敏感度可以增强跨文化交际的有效性，减少误解和冲突，提高个体和组织的绩效。

在商务环境中，跨文化敏感度对于公司的国际化战略尤为重要。不论是在进行国际合并和收购，还是在进入新市场，或是在管理多元化的员工团队时，高度的跨文化敏感度都是必不可少的。对于公司的管理层和员工，需要不断提高自己的跨文化敏感度，以适应全球化的商务环境。

测量跨文化敏感度通常需要使用专门的量表或问卷。其中最著名的是陈和星的“跨文化敏感度量表”，该量表包括 24 个项目，分为六个维度，包括交际技巧、交际愿望、交际焦虑、交际注意力、交际参与和交际信心。通过完成这些项目，个体可以了解自己在各个维度上的表现，从而了解自己的跨文化敏感度。

然而，要注意的是，跨文化敏感度并不是一成不变的，个体的跨文化敏感度可能会随着经验的积累和文化知识的增长而发展和提高。因此，除了通过量表和问卷进行评估外，还需要通过实际的跨文化交际实践来提高跨文化敏感度。

另一方面，公司也需要制定和实施相应的培训和发展策略，以提高员工的跨文化敏感度。这可能包括提供跨文化交际培训、推动员工海外轮岗、创建多元化的工作环境等。

（二）跨文化敏感度对商务交际的影响

在全球化的商务环境中，跨文化敏感度对商务交际具有深远的影响。这种敏感度不仅涉及语言和非语言的交际技巧，也涉及对文化价值观、信仰、行为规范的理解和尊重，以及在跨文化情境中的适应和应对能力。

以下将从商务谈判、团队协作、客户关系和决策制定四个方面，探讨跨文化敏感度对商务交际的影响。

在商务谈判中，跨文化敏感度可能影响谈判的过程和结果。不同文化背景的人可能有不同的谈判风格和策略，例如，一些文化可能更注重关系建设，而另一些文化可能更注重事实和数据。因此，谈判者需要有高度的跨文化敏感度，以理解和适应不同文化的谈判风格，从而达到双赢的谈判结果。

在团队协作中，跨文化敏感度有助于增强团队的效能和创新性。在多元文化的团队中，每个成员都有自己的价值观、信仰和行为规范，这可能导致意见和行为的冲突。然而，如果团队成员具有高度的跨文化敏感度，他们就能够理解和尊重彼此的差异，从而转化冲突为创新的机会。

在客户关系中，跨文化敏感度有助于建立和维持良好的客户关系。对客户的文化背景有敏感的企业，能够提供更符合客户需要和期待的产品和服务，从而增强客户满意度和忠诚度。

在决策制定中，跨文化敏感度能够促进有效的决策。决策者如果能理解和考虑到各种文化背景的视角，就能制定出更全面、公正、有效的决策。

拓展案例：汇丰银行

汇丰银行（HSBC）是一家全球性的银行和金融服务机构，总部位于英国伦敦。它以其卓越的服务，全球网络和多元化的产品组合，在全球金融领域取得了广泛的认可和成功。HSBC 的全称为香港上海汇丰银行有限公司（Hongkong and Shanghai Banking Corporation）。HSBC 的名字在中文中被译为“汇丰”，意为“丰富的汇集”。这个名字既代表了银行业务的本质，也符合其英文名字的首字母，既忠实于原意，又非常适合中国市场。

第二节　经济全球化视域下翻译的文化属性

一、翻译作为文化交流的桥梁

（一）文化和翻译的关系

在全球化视域下，文化和翻译的关系变得尤为紧密。文化是构成个体认知和行为模式的一种深层结构，是一种社会现象，它包括了我们生活中的各个方面：价值观、信仰、风俗习惯、社会结构、语言等等。然而，文化不是孤立存在的，而是通过交流和传播与其他文化互动，而翻译作为一种语言交流形式，就承担起了这种文化交流的重任。

首先，翻译作为一种语言活动，它自然而然地参与了文化的创造、传播和交流。语言是文化的重要组成部分，也是文化传播的重要媒介。翻译把一种语言的文本转化为另一种语言的文本，实际上是把一种文化的理念、思维方式和价值观念传播给另一种文化。这就需要翻译者不仅精通两种以上的语言，还要熟悉这些语言所代表的文化背景，才能够进行准确和生动的翻译。

其次，翻译也是文化交流的桥梁。在全球化的大背景下，跨国交流和合作日益频繁，而语言差异往往是交流的障碍。此时，翻译起到了极其重要的作用，它通过语言的转换，把一种文化的信息传递给另一种文化，从而实现文化的交流和互动。尤其在商务交际中，翻译不仅需要准确翻译语言，还需要理解和传递商业文化，这对翻译者的文化理解能力和翻译技巧提出了更高的要求。

最后，翻译也是文化理解的方式。翻译的过程是理解、比较和转换的过程，翻译者在理解源语言文本的同时，也在理解源文化，然后把这种理解转化为目标语言和目标文化。这不仅需要翻译者具备深厚的语言和文化素养，还需要具备开放的思维和包容的心态，以接纳和理解不同的文化。而对读者来说，通过阅读翻译文本，他们也可以了解和理解其他文化，从而增进对多元文化世界的理解。

（二）翻译的文化调和作用

翻译在全球化视域下不仅是文化的传播者，也是文化的调和者。它在连接不同语言和文化的同时，也有着调和文化冲突、促进文化融合的重要作用。

在多元文化的大背景下，各种文化差异和冲突无法避免，这在很大程度上影响了人们的交流和理解。这时，翻译就显得尤为重要，它不仅要把源语言准确地翻译成目标语言，更要深入理解源语言和目标语言的文化背景，充分考虑到文化差异，精心选择合适的词语和表达方式，以确保翻译文本不仅语义准确，也符合目标文化的接受习惯。这样，翻译就可以在尊重源文化的同时，使得目标文化的读者能够理解和接受，从而达到文化的调和。

翻译的文化调和作用在商务英语翻译中表现得尤为突出。商务英语翻译不仅涉及语言的转换，更涉及商务文化的传递。商务文化包含了一系列复杂的元素，如商业价值观、商业习惯、商业礼仪等，这些元素往往与语言和文化紧密相连。商务英语翻译者需要深入理解这些商务文化元素，精确地将其翻译出来，同时又要考虑到目标文化的特点和接受程度，避免文化误解和冲突，从而实现商务文化的顺利传递和接受。这就需要翻译者具备高度的文化敏感度和文化调和能力。

此外，翻译的文化调和作用也体现在跨文化教育中。通过翻译，学生可以接触和理解不同的文化，培养他们的跨文化交际能力，提高他们的文化素养，使他们在全球化的大背景下，能够更好地理解和接受不同的文化。

二、翻译中的文化编码与译码

（一）文化编码的含义与类型

在全球化视域下，翻译作为文化交流的重要手段，必然要涉及文化编码的问题。所谓文化编码，其含义是文化背景中某一特定环境下，符号、行为或语言等元素蕴含的特定含义。由于文化差异，同一符号、行为或语言在不同文化中可能具有不同的编码，这就导致了不同文化对同一符号、行为或语言的解读存在差异。因此，翻译不仅要对源语言的文化编码有深入的理解，还需要清楚目标语言的文化编码，才能实现准确的翻译。

文化编码可分为许多类型，常见的有语言编码、符号编码、社会编码和思维编码等。语言编码是文化编码的最直接表现，它包括词汇、语法、修辞等方面的编码。符号编码则主要涉及非语言符号，如图形、颜色、动作等的编码。社会编码是社会规则和习惯的编码，包括社会礼仪、法律制度、道德观念等方面的编码。思维编码则主要涉及思维方式和思维模式的编码，体现在人们的价值观、世界观、人生观等方面。

在商务英语翻译中，对文化编码的理解和翻译尤为重要。商务活动中充满了各种文化编码，如商务礼仪、商务用语、商务规则等，这些都是特定文化背景下的文化编码。商务英语翻译者需要对这些文化编码有深入的理解，才能准确地翻译这些商务文本。同时，他们还需要了解目标语言的文化编码，以便在翻译时选择合适的词汇和表达方式，使翻译文本能够被目标文化的读者接受。

此外，商务英语翻译者还需要对商务文化有深入的理解，因为商务文化中包含了大量的文化编码。这些文化编码体现了特定商业环境下的商业价值观、商业习惯和商业规则等，对商务活动有着重要影响。商务英语翻译者需要了解这些商务文化编码，才能准确地翻译商务文本，传达商务信息。

（二）翻译中的文化译码策略

在全球化视域下进行翻译，对于翻译者来说，了解并掌握文化译码策略是至关重要的。这是因为，翻译不仅是语言的转换，更是文化的传递。文化译码，即翻译者在理解源语言文本时，需要解读其中所包含的文化编码，这是翻译过程中的一项重要技能。

在翻译过程中，采用什么样的文化译码策略，往往取决于翻译的目的和语境。以下提供几种常见的文化译码策略：

直译法：适用于源语言和目标语言文化背景相似，或者文化编码已经被广泛接受的情况。翻译者可以直接将源语言文本中的文化编码翻译成目标语言，没有必要进行过多的修改或解释。

译注法：适用于源语言文本中包含了大量特定文化编码的情况。翻译者可以在翻译文本中添加注释，解释源语言文本中的文化编码，帮助目标语言读者理解。

替换法：适用于源语言和目标语言文化背景差异较大，直译可能会导致误解的情况。翻译者可以将源语言文本中的文化编码替换成目标语言文化中相似的编码，以确保目标语言读者能够理解。

省略法：适用于源语言文本中的文化编码对于理解主要信息不是必要的，或者翻译会引起不必要的困扰的情况。翻译者可以选择省略这些文化编码，以保持翻译文本的清晰和准确。

在商务英语翻译中，翻译者需要灵活运用这些文化译码策略，考虑到商务环境的特点和目标语言读者的需要，以确保商务信息的准确传达。同时，翻译者还需要持续提升自己的文化素养和翻译技能，提高对文化编码的敏感性，以适应全球化视域下的翻译需求。

拓展案例：肯德基的广告口号

肯德基的标志性广告口号在英文中是“Finger-lickin' good”，这句话的字面意思是“美味到舔手指”的程度。然而，当它首次被翻译成中文时，“Finger-lickin' good”被直译成“吮指好”，这个翻译并没有很好地传达原文的情感色彩和语境。在英语中，“Finger-lickin' good”表达的是一种极致的美味，强调食物好吃到让人忍不住要舔手指。而“吮指好”在中文中虽然字面意思相近，但缺乏这种强烈的情感色彩。为了更好地适应中国市场，肯德基在中国的广告口号经过了一番修改，最终变成了“吮指原味鸡”。这个修改版的广告口号不仅忠实地传达了原文的意思，还很好地融入了中国的语境，强调了肯德基炸鸡的原汁原味，大受中国消费者欢迎。

三、翻译与经济全球化的相互影响

（一）经济全球化对翻译实践的影响

全球化是一个持续演进的过程，涉及各个社会生活领域，而翻译作为语言和文化的桥梁，其实践的方式和形态也受到全球化的深刻影响。

全球化带来的信息传播的快速和广泛，使得翻译的需求量大增。无论是电影、电视、互联网媒体、科技、学术还是商务，都有大量的跨语言、跨文化的信息交流，对翻译服务的需求也在日益增长。而翻译的对象也从传统的文学作品和官方档扩展到了包括商业档、技术手册、网站内容、电影字幕等各种各样的文本类型。这就要求翻译者具备更为广泛的知识背景，熟悉更多类型的文本，能够准确、高效地进行翻译。

此外，全球化推动了翻译技术的快速发展。计算机辅助翻译（CAT）工具、机器翻译（MT）系统、在线翻译平台等翻译技术的进步，使得翻译过程更加高效，质量更有保障。这既为翻译者带来了方便，也对他们提出了新的要求——他们需要学会使用这些工具，充分利用技术优势提高工作效率。

全球化还使得翻译实践越来越重视目标语言文化的考虑。在全球化视野下，翻译需要为不同文化背景的读者提供服务，翻译者需要在尽可能准确地传达原文信息的同时，兼顾目标语言文化的特点和读者的理解习惯。这就需要翻译者具备丰富的跨文化交际能力，能够进行有效的文化译码，将源语言文本中的文化元素合理地转化为目标语言文化的元素。

（二）翻译对经济全球化进程的贡献

翻译对全球化进程的贡献是多方面的。翻译实践作为一种跨语言、跨文化的沟通方式，对于推动全球化进程、弥合文化差异、促进全球间的理解和合作起到了重要作用。

在信息传播方面，翻译扮演着关键的角色。全球化进程中，信息和知识的流动是极其重要的一环。无论是科技、政治、经济、文化等各领域的信息交流，还是国际的新闻报道、学术研究等各种知识传播，都离不开翻译的支持。通过翻译，各国人民能够了解和学习其他国家和地区的信息和知识，进而推动全球化的进程。

在文化交流方面，翻译是桥梁和纽带。翻译能够帮助人们跨越语言障碍，了解和欣赏其他文化的艺术、文学、思想等成果，促进文化的交流和融合。而通过对不同文化的了解和接纳，也可以降低文化冲突，增强全球社区的和谐和稳定。

在国际合作方面，翻译同样是必不可少的。全球化推动了国际的交流与合作日益频繁，涉及多种语言和文化。在各种国际会议、谈判、项目合作等场合，翻译可以帮助各方有效地沟通，理解对方的观点和需求，达成共识，从而推动国际合作的成功。

因此，翻译对全球化进程的贡献不可忽视。翻译者的工作不仅是语言转换，更是在促进全球间的信息流动、文化交流和国际合作，为全球化进程的推进提供了重要的支持。

第三节　商务英语翻译的文化差异

一、商务语境下的文化冲突和误解

商务环境中的文化冲突和误解可以源于多种因素，其中最常见的是由于对文化差异的忽视或不理解造成的。这些文化差异可能涉及语言、行为习惯、价值观、商业实践等方面。理解这些冲突类型和原因对于商务英语翻译者至关重要，因为只有明白这些差异，他们才能提供准确、适应性强的翻译，避免可能的误解和混淆。

语言差异是造成文化冲突和误解的主要因素。在不同的文化背景中，同一种语言表达可能具有不同的含义。例如，商业英语中的“hedge”一词，在金融领域中通常指的是对冲风险的一种策略，但在一般的园艺或农业环境中，这个词则可能指代一种植物。如果商务英语翻译者不能准确理解这种语境中的词汇含义，可能会导致严重的误解。

行为习惯差异也常常引发文化冲突。例如，西方商业文化中，直接和坦率的交流方式是被认为正常且有效的，而在一些东方文化中，这种直接的方式可能会被视为粗鲁甚至侮辱。这种行为习惯的差异如果没有被妥善处理，很可能在商业交流中引发冲突。

价值观的差异是另一种可能导致文化冲突的因素。每种文化都有其独特的价值观，影响着人们的思考方式和行为选择。例如，西方商业环境往往强调竞争和个人成就，而东方商业环境可能更注重合作和集体成就。这种价值观的差异可能导致对相同商业行为的不同解读，引发误解和冲突。

商业实践的差异也常常成为文化冲突的根源。例如，商业谈判的策略和方法在不同的文化中可能大不相同。在一些文化中，人们可能倾向于使用直接、竞争性的谈判方式，而在其他文化中，人们可能更喜欢采取间接、合作性的方式。这种商业实践的差异如果没有被妥善理解和处理，可能会导致商业交流的失败。

二、文化差异对商务英语翻译的影响

（一）不同文化背景下的商务英语表达差异

商务英语在不同文化背景下的表达差异反映了文化差异如何深入影响语言使用，特别是在商务交流中。每种文化都对人们的沟通风格、习惯和期望产生深远影响，这些影响在商务英语的使用和翻译中得到了充分体现。

在东西方文化背景下，商务英语的表达方式存在明显差异。西方商务环境通常倾向于明确、直接和简洁的表达方式，而东方文化往往更注重婉转、委婉和多层次的表达。这种差异可以在商务会议、谈判、报告和电子邮件等多种商务交流情境中观察到。翻译者需要了解这些差异，才能确保商务英语的翻译不仅在文字上准确，而且在风格和语境上也适应目标文化的习惯和期望。

此外，商务英语的词汇和术语在不同文化背景下也可能有不同的含义和使用方式。例如，商业英语中的“关系”一词，在西方商业环境中可能主要指的是职业关系或商业伙伴关系，而在东方文化中，这个词可能同时包含了个人、家庭和社会关系的含义。这种词汇差异对商务英语翻译带来了挑战，因为翻译者需要确保翻译的结果既能准确传达原文的意思，又能适应目标文化的语境和读者的理解。

另一个需要注意的区别是商务习俗和礼仪。在不同的文化中，商务行为和交流的习俗和礼仪可能大不相同。例如，在西方文化中，商务人士通常在握手时交换名片，而在东方文化中，人们可能在商务会面开始前就互换名片，且需要用双手递交。这种差异可能在商务英语的语言表达中得到体现，因此翻译者需要了解并考虑到这些差异。

（二）文化差异对商务英语翻译的具体影响

文化差异对商务英语翻译产生了深远的影响。这种影响既体现在翻译过程中的实际问题，也体现在翻译结果的质量和接受度上。这里我们将深入探讨文化差异对商务英语翻译的具体影响，并通过实例进行说明。

一个显著的影响是词汇和表达的翻译难度。在商务英语中，许多词汇和表达方式都深深地根植于特定的文化背景。例如，英语中的“to break the ice”（打破沉默）这一短语，直接翻译到其他语言可能不会有相同的含义，翻译者需要找到目标语言中的相似表达，同时确保保留原有的意思。此外，像“blue-sky thinking”（开放思考）或“touch base”（联系、交流）这样的商务术语，在文化和语境理解上可能带有深层次的难度。直接字面翻译往往无法准确传达其真正含义，这就需要翻译者具备深入理解源语和目标语文化的能力。

文化差异也会影响到商务文档的格式和布局。例如，英语商务信函的格式和写作习惯可能与其他语言和文化中的商务信函有所不同。在英语商务信函中，通常首先是问候语，然后是具体内容，最后是结束语和签名。然而，在某些文化中，商务信函可能会按照完全不同的顺序和格式编写。这就需要翻译者在翻译时充分考虑到目标语言和文化的规则和期望。

此外，文化差异对商务英语翻译的影响还表现在对商务习俗和礼仪的理解上。例如，在许多西方国家，“time is money”（时间就是金钱）

是一种普遍的观念，因此商务沟通往往要求简洁、直接。然而，在许多东方国家，商务人士在初次会面时，可能会首先进行一些社交活动，如共享餐点或进行友好的闲谈，以建立关系和信任。这些不同的商务习俗和礼仪需要在翻译过程中得到充分的考虑和体现。

三、商务英语翻译中的跨文化对比研究

（一）跨文化对比研究的方法与步骤

跨文化对比研究在商务英语翻译中起着至关重要的作用，因为这种研究方法可以帮助我们深入理解不同文化之间的相似性和差异，从而提高翻译的准确性和有效性。以下是进行跨文化对比研究的主要方法和步骤：

步骤一：定义研究目标和问题

明确研究的目标是跨文化对比研究的首要步骤。例如，研究目标可能是理解商务英语在两种特定文化中的使用和表达方式的差异。明确的研究问题可以帮助我们确定需要收集的数据类型和研究方法。

步骤二：文献回顾

查阅相关文献是理解研究主题和发现已有研究成果的关键步骤。通过文献回顾，我们可以了解当前关于商务英语翻译和跨文化对比研究的理论和实践，发现研究的空白或需要深入探讨的问题。

步骤三：数据收集

依据研究问题和目标，我们可以选择多种数据收集方法，如调查问卷、访谈、观察或实验等。在商务英语翻译的跨文化对比研究中，数据收集可能涉及不同文化背景下的商务文本，包括商务报告、电子邮件、会议记录等。

步骤四：数据分析

在收集了足够的数据后，我们需要进行深入的数据分析，以发现数据中的模式和趋势。这可能涉及定性和定量两种分析方法，根据研究问题和数据类型选择适合的分析方法。

步骤五：研究结果解读和报告

最后，我们需要解读分析结果，得出研究的主要发现，并形成科学的报告。这一阶段也可能需要我们反思研究方法的限制，提出未来研究的建议。

通过以上步骤，我们可以进行一项有效的跨文化对比研究，深入理解商务英语在不同文化背景下的使用和翻译问题，为商务英语翻译的理论和实践提供有价值的见解。以下是一个简化的跨文化对比研究流程图

定义研究目标和问题
↓
文献回顾和研究
↓
数据收集和整理
↓
数据分析和解读
↓
研究结果报告和反思

图 3-1 跨文化对比研究流程图

（二）商务英语翻译中的跨文化对比案例分析

在商务英语翻译中，跨文化的对比研究具有极大的价值。通过实际案例分析，我们能更深入地理解和应对来自不同文化背景的商务交际和翻译问题。以下将分析两个具体的案例，展示商务英语翻译过程中如何处理和调和跨文化差异。

案例一：广告翻译

某知名饮料品牌在其国际广告活动中，原文的口号是“Open Happiness”，在美国等英语国家，该口号成功传达了该品牌希望消费者在享受产品的同时，也能开启幸福的心情。然而，在将该口号翻译为其他语言时，直接字面翻译可能无法达到同样的效果。

在将其翻译为中文时，直译为“打开幸福”，可能无法让中国消费

者立即理解其背后的含义，因此，在考虑中文语境和文化习惯后，该口号被翻译为“开启快乐”，既保留了原口号的基本含义，又在语境和文化接受度上做出了调整，更符合中文使用者的接受习惯。

案例二：合同翻译

在商务环境中，合同翻译是最常见的任务之一。考虑到一个真实的例子，一个美国公司与一个中国公司签订了一个服务协议，其中一条款项涉及“服务质量”。在美国的商业环境中，这通常意味着提供清晰的、可衡量的服务质量标准和满足客户需求的承诺。然而，这种对服务质量的理解在中国的商业环境中可能会有所不同，它可能更强调人际关系和满足客户的感性需求。

因此，在翻译这份合同时，译者不能仅依赖于直接的语言转换，还必须考虑文化背景的影响。译者可能需要将“服务质量”的定义进行详细描述，明确包括可衡量的质量标准和客户满意度等因素，以确保中国合作方可以准确理解。

当然，下面我们将进一步通过两个具体的案例，深入探讨商务英语翻译中跨文化对比的重要性。

案例三：网站本地化

我们的第三个例子来自一家大型电子商务公司对其全球网站的本地化工作。该公司的英文网站设计具有明显的西方文化特点，比如强调个人主义，鼓励消费者通过独立搜索和比较购买商品。然而，当这家公司进入亚洲市场时，发现这种设计并不能吸引当地的消费者。在亚洲文化中，人们更倾向于集体主义，喜欢社区和家庭的购物体验。

因此，公司在翻译网站内容时不仅仅局限于语言层面，更对网站的整体布局和功能进行了改动，如增加了社区论坛、商品推荐等功能，并在产品描述中增加了对于集体和社区价值的表达，这样的变化使得其网站更符合亚洲市场的需求和文化习惯，提高了其在当地的业务表现。

案例四：电影字幕翻译

电影作为一种文化产品，其翻译是十分考验译者跨文化交际能力的任务。以一部美国电影在中国上映为例，电影中有一幕是主角在感恩节吃火鸡。在美国，这是一种十分普遍的文化现象，但对于中国观众来说，感恩节以及感恩节吃火鸡的习俗可能并不熟悉。

因此，当译者在翻译这部分对话时，不能仅仅字面翻译，还需要注释或者适当地添加解释性的词语，比如“在感恩节这个美国传统节日中，人们习惯吃火鸡。”这样的翻译能够帮助中国观众理解电影中的文化现象，使他们更好地理解和享受电影。

通过这四个案例，我们可以看到，在商务英语翻译中，跨文化对比研究能帮助我们理解并处理文化差异，使翻译工作更加准确和有效。无论是广告翻译，合同翻译，网站本地化，还是电影字幕翻译，良好的跨文化交际能力和对比研究都是不可或缺的。

第四节　跨文化因素对翻译的影响及对策

一、跨文化背景下的翻译难题

（一）跨文化翻译中常见的难题

跨文化翻译的过程中充满了挑战和难题，这些难题既有语言本身的问题，也有文化差异造成的问题。下面将列举几个常见的跨文化翻译难题，并进行简单分析。

1. 无法直译的词语或表达

不同的文化和语言中都有一些独特的词语或表达，这些词语或表达往往难以找到在其他语言中精确对应的词语。例如，英语中的“privacy”在许多其他文化和语言中都没有一个完全对应的概念。这类词语的翻译，需要译者不仅准确理解源语言的含义，还需要寻找目标语言中最接近的表达，并通过上下文或注解等方式，尽可能准确地传达原文的意思。

2. 不同文化背景导致的理解难题

在翻译的过程中，译者不仅需要理解源语言的字面含义，还需要理解其背后的文化含义。由于不同文化的历史、习俗、价值观等因素的影响，同样的词语在不同文化中可能具有不同的含义。例如，英语中的“dragon”在西方文化中通常被视为恶魔或敌人，而在中国文化中，“龙”却是一种吉祥的象征。

3. 文化习俗和礼节的翻译难题

每种文化都有自己独特的习俗和礼节，而这些习俗和礼节在翻译过程中往往难以得到准确的翻译。例如，西方的“握手”和东方的“鞠躬”都是表示问候和尊重的方式，但在译成另一种语言时，如果只是简单地翻译为“握手”或“鞠躬”，则可能无法准确传达原文的含义。

总的来说，跨文化翻译的难题主要来自语言和文化的差异，而解决这些难题需要译者具有良好的语言能力和深厚的文化底蕴，以便在翻译过程中准确理解和传达源语言和文化的内容。

（二）翻译难题的根源分析

解析跨文化翻译难题的根源，我们可以从几个主要方面进行深入探讨：语言差异、文化差异、社会习俗差异以及译者个人素质。

1. 语言差异

语言是思维的工具，也是文化的载体。不同的语言往往有着不同的语法规则、词汇表达和句法结构。在翻译过程中，这些差异可能会导致直译无法表达原意，甚至产生歧义。例如，英语中使用主谓宾的句法结构，而汉语中则可以灵活调整句子成分的顺序，这就可能导致直译的句子语序混乱，难以理解。

2. 文化差异

不同的文化有着不同的价值观、历史背景、生活方式和思维方式，这些差异在翻译过程中会体现为文化难以对应、无法直译的问题。例如，中西方对“龙”的象征意义存在很大差异，西方多将其视为代表恶的存在，而在中国文化中，龙却被视为吉祥的象征。如果译者忽视了这种文化差异，就可能会产生严重的误译。

3. 社会习俗差异

社会习俗差异主要体现在礼仪、风俗、信仰等方面。这些差异可能导致在一种语言和文化中被普遍接受的事物，在另一种语言和文化中却可能被认为是不恰当甚至是冒犯。例如，西方人在表达祝愿时，常常会说“break a leg”，而这在中国文化中如果直译过来，就可能被误解为贬低或者诅咒。

4. 译者个人素质

翻译不仅需要精确的语言技能，还需要广泛的知识面和深厚的文化理解能力。译者的素质直接影响到翻译的质量，如译者对源语言文化的了解程度、理解能力、翻译技能等都会对翻译结果产生影响。译者如果缺乏对源文和目标文文化的深入理解，很可能会导致翻译的结果偏离原文的真实意图。

二、针对跨文化因素的翻译策略

（一）常见的翻译策略概述

在跨文化翻译中，存在多种翻译策略可供选择。下面将概述一些常用的翻译策略。

直译（Literal Translation）：直译是一种按照源语的语法和句子结构，直接将其译成目标语言的方式。这种方式保持了原文的形式和内容，但可能因文化和语言习惯的差异，导致译文读起来生硬或难以理解。

意译（Free Translation）：意译不拘泥于原文的语法和句子结构，而是注重传达源语言的含义和情感。这种方式使译文在目标文化中更具可读性，但也可能因解释过度而偏离原文意思。

归化（Domestication）和异化（Foreignization）：归化指的是将源文文化的元素修改为目标文化的元素，使之更接近目标读者的文化习惯；异化则是保留源文的文化特色，以体现其异域风情。这两种策略需要译者根据具体文本和读者群体的需求，进行权衡选择。

注释（Annotation）：对于一些特殊的文化词汇或习语，译者可以选择在译文中添加注释，解释其背景含义和用法，帮助读者理解。

借用（Borrowing）：对于一些无法翻译或翻译后失去特色的词汇，译者可以选择保留原文，直接借用到译文中。这种方式需要在适当的情况下使用，以防止译文过于生硬。

以上五种策略是翻译实践中常见的方法，但翻译是一门艺术，译者需要根据源文的具体内容、目标读者的需求和自身的判断，灵活运用和组合这些策略，以达到最佳的翻译效果。

（二）翻译策略的选择与实践

翻译策略的选择与实践是一种艺术，需要综合考虑源文的语言、风格、内容、语境以及目标读者的文化背景和阅读需求。这也是翻译研究中的一个重要课题。

翻译策略的选择首要依赖于源文的类型和目标。例如，对于文学翻译，尤其是诗歌和小说，意译可能是最好的策略，因为这类文本通常含有丰富的象征意义和文化内涵，需要译者以富有创造性的方式来传达。而对于法律和科技文本，直译可能更为适合，因为这类文本强调精确性和一致性。

实践中，译者需要灵活运用多种策略。例如，可能会在同一段落中使用归化策略处理一部分文本，而对另一部分使用异化策略。归化可以帮助译文融入目标文化，使读者更易理解；异化则可以保留源文的独特文化色彩，使读者能够接触到不同的文化视角。译者需要权衡这两种策略，以达到最佳的翻译效果。

实践中，注释和借用也是常用的策略。注释可以帮助读者理解源文中特定的文化或专业词汇，但过多的注释可能会使译文显得冗长和乏味。借用则可以保留源文的原汁原味，但过度的借用可能导致译文难以理解。因此，译者需要根据具体情况，适度使用这两种策略。

三、翻译实践中的文化适应性

（一）文化适应性的定义与要求

文化适应性是指个体在面对不同的文化环境时，能够有效地理解、接纳、适应和应对这种环境的能力。在翻译过程中，文化适应性是译者能够准确、流畅地在源语言和目标语言之间进行转换的关键。

1. 文化适应性的定义

文化适应性的定义涉及三个主要的方面：

（1）文化知识的理解和掌握：翻译不仅仅是语言的转换，更是文化的传递。因此，译者需要具备源语言和目标语言的文化知识，理解并掌握文化中的价值观、行为规范、交际习惯、历史传统等各个方面，以便在翻译过程中准确地传递文化信息。

（2）跨文化交际的能力：译者需要能够在不同文化之间进行有效的交际，这包括理解和解析文化信息的能力，以及在保留源语言文化特征的同时将文本转化为符合目标语言文化的能力。

（3）对文化差异的敏感度和尊重：每种文化都有其独特性，译者需要对这些差异有高度的敏感度，并且尊重每一种文化的独特性。在翻译过程中，译者应尽可能保留源文的文化内涵，避免对文化的误读和误解。

2. 文化适应性的要求

对于译者来说，提高文化适应性的要求主要有以下几个方面：

（1）广泛的知识面：译者需要具备丰富的文化知识和深厚的语言功底，这包括源语言和目标语言的语法、词汇、语用等各个方面的知识，以及源语言和目标语言的文化、历史、社会、经济等各个方面的知识。

（2）高度的敏感性：译者需要具备敏锐的洞察力，能够捕捉到源文中的细微差异和隐含的意义，同时也需要具备敏感的文化意识，能够感知和理解源语言和目标语言文化的差异。

（3）良好的适应能力：译者需要具备强大的适应能力，能够迅速适应不同的文化环境和语言环境，灵活地在不同的文化和语言之间进行切换。

（4）尊重文化的态度：译者需要尊重每一种文化的价值和特点，避免偏见和刻板印象，尽可能地保留源文的文化内涵。

以上就是对文化适应性的定义及其在翻译中的要求，对于每一个从事翻译工作的人来说，提高文化适应性是一个持续且必要的过程。

（二）提升翻译实践中的文化适应能力

提升翻译实践中的文化适应能力是一项挑战性的任务，需要译者在实践中不断学习和积累。以下是几种可能的方法来提升翻译实践中的文化适应能力：

1. 深度学习文化知识

深度学习文化知识是提升文化适应能力的基础。了解并理解文化背景，包括该文化的价值观、行为规范、交际习惯和历史传统，可以为译者在翻译过程中准确地传递文化信息提供有力的支撑。译者可以通过各种方式来深入研究和理解目标语言和源语言的文化，如阅读相关的书籍和文章、观看影视作品、参加文化活动等。例如，对于中国文化，译者可以阅读古代和现代的中文文学作品，观看反映中国社会生活的电影和电视剧，参加中国的传统节日活动等，这些都可以帮助译者深入了解中国的文化背景和社会情境。对于英美文化，译者可以通过阅读原版的英文小说和诗歌、观看英美的电影和电视剧、参加英美文化的讲座和研讨会等方式，来增强对英美文化的理解和感知。

2. 实践并反思

实践和反思是提升文化适应能力的关键过程。在翻译实践中，译者不断面临着处理两种语言之间文化差异的挑战，这种挑战可以激发译者的文化适应能力。反思则是译者在实践中提升自身能力的重要途径。通过对每一次翻译实践的反思，译者可以找出自己在处理文化信息时的不足，从而进行改进。例如，译者在翻译一篇描写英国乡村生活的文章时，可能会遇到一些英国乡村特有的词汇和表达方式，这时候，译者需要查阅相关资料，理解这些词汇和表达方式的文化含义，然后再进行翻译。

在翻译完成后，译者需要反思自己的翻译过程和结果，看看是否能更好地传达原文的文化信息。

3. 接受专业培训

专业培训是提升文化适应能力的有效途径。通过参加专业的翻译培训课程，译者可以学习到如何在翻译中处理文化信息的方法和技巧。这些课程通常会通过案例分析、模拟翻译、导师指导等方式，教授译者如何更好地在翻译中处理文化信息。例如，一门关于文化翻译的课程可能会包括如何理解和解读源语和目标语的文化差异、如何在翻译中准确传达文化信息等内容。在这个过程中，译者可以在导师的指导下进行实践和反思，从而提升自己的文化适应能力。

4. 跨文化交流

跨文化交流是提升文化适应能力的重要方式。通过与不同文化背景的人进行交流，译者可以提升自己对不同文化的理解和适应能力。这种交流可以是语言交流，也可以是文化交流。语言交流可以帮助译者理解不同的语言表达方式和语境，文化交流则可以帮助译者理解不同的文化背景和社会情况。

5. 自我提升

自我提升是提升文化适应能力的永恒主题。作为译者，需要有持续自我提升的决心和行动。这包括不断学习新的知识和技能、更新观念和态度、调整自我认知，以便更好地适应不断变化的文化环境。例如，译者需要持续关注社会的新动态，理解新出现的词汇和表达方式，这样才能在翻译中准确地传达文化信息。此外，译者还需要不断地调整自己的观念和态度，以开放和接纳的态度去接触和理解不同的文化，这样才能更好地适应不同的文化环境。

总的来说，提升翻译实践中的文化适应能力，需要译者在理论学习、实践反思、专业培训、跨文化交流和自我提升等方面做出努力。在这个过程中，译者不仅会提高翻译水平，也会增进对自己和他人文化的理解和尊重。

第四章　基于跨文化沟通的商务英语翻译策略

第一节　商务英语词汇翻译策略

商务英语词汇翻译策略见图 4-1。

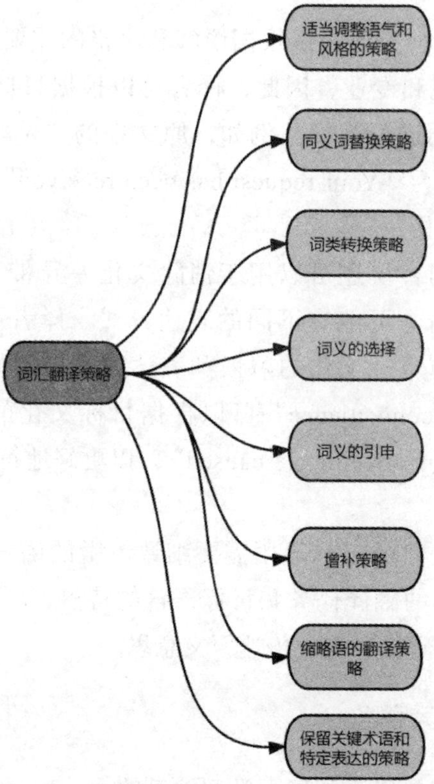

图 4-1 商务英语词汇翻译策略

一、同义词替换策略

在商务英语翻译中，同义词替换是一种常用的策略，旨在保持原文意思的准确传达，同时适应目标语言和目标文化的语言习惯和表达方式。同义词替换的策略要求译者具备广泛的词汇知识和语境理解能力，以选择最恰当的同义词进行替换。本节将探讨同义词替换策略在商务英语翻译中的应用，并提供一些具体的研究性例子。

同义词替换是根据上下文和语境的需要，选择与原词相近或相似的词语来替代。这种替换可以在多个层面上进行，包括词义、语气、风格等方面。首先，译者可以根据目标语言的特点，选择具有相似词义的词汇进行替换。例如，在商务合同翻译中，如果原文中使用了“purchase”这个词，译者可以选择替换为“acquire”或“procure”，以根据具体语境来传达正确的含义。

其次，同义词替换还可以根据语气和风格的需要进行。商务英语通常要求正式、客观和专业，因此，译者可以根据目标语言的语言风格，选择相应的同义词进行替换。例如，原文中的“We have received your request”可以替换为“Your request has been received”，以使句子更符合商务英语的正式风格。

此外，同义词替换还可以用于消除文化差异带来的障碍。不同文化背景下，同一概念可能有不同的表达方式。译者可以通过选择相应的同义词，来适应目标文化的习惯和表达方式。例如，原文中的“We are sorry for the inconvenience”可以根据目标文化的习惯替换为“We apologize for any inconvenience caused”，以更好地符合目标文化的表达习惯。

同义词替换策略的正确运用需要细致入微的语言理解和语境分析。译者应该根据具体的翻译任务和目标语言的特点，灵活运用同义词替换策略，以确保翻译质量和有效传达原文意思。

二、词类转换策略

词类转换是商务英语翻译中常用的策略之一，通过将原文中的词语从一个词类转换为另一个词类，以适应目标语言的语法规则和表达习惯。词类转换策略要求译者具备良好的语法知识和对上下文语境的准确理解。本节将探讨词类转换策略在商务英语翻译中的应用，并提供一些具体的研究性例子。

词类转换策略可以在不改变原文意思的前提下，使翻译更符合目标语言的语法结构和表达方式。以下是一些常见的词类转换示例：

名词转动词：将原文中的名词转换为动词形式。例如，原文中的“We conducted a market analysis”可以转换为“We analyzed the market”，以使句子更符合目标语言的动词结构。

动词转名词：将原文中的动词转换为名词形式。例如，原文中的“He developed a new strategy”可以转换为“He made a new strategic development”，以使句子更符合目标语言的名词结构。

形容词转副词：将原文中的形容词转换为副词形式。例如，原文中的“She is a careful worker”可以转换为“She works carefully”，以使句子更符合目标语言的副词用法。

名词转形容词：将原文中的名词转换为形容词形式。例如，原文中的“We have a technology team”可以转换为“We have a team of technological experts”，以使句子更符合目标语言的形容词用法。

动词转形容词：将原文中的动词转换为形容词形式。例如，原文中的“The company implemented new measures”可以转换为“The company adopted new measures”，以使句子更符合目标语言的形容词用法。

词类转换策略的运用需要考虑上下文语境和目标语言的语法规则。译者应根据具体的翻译任务和目标语言的特点，灵活运用词类转换策略，以确保翻译的准确性和流畅性。

三、词义的选择

在商务英语翻译中，准确选择词义是确保翻译准确性和语义传达的重要策略之一。词义的选择涉及对原文词语所表达的具体含义的理解，并在目标语言中选择最合适的词语来传达相应的含义。词义的选择要求译者具备广泛的词汇知识、上下文理解能力以及对两种语言文化的深入了解。本节将探讨词义选择策略在商务英语翻译中的应用，并提供一些具体的研究性例子。

上下文理解：准确理解原文所在的上下文环境是选择正确词义的基础。译者应通过仔细分析原文句子及其上下文，包括前后句子、段落和篇章，来确定原文词语所要表达的具体意思。例如，原文中的“The company achieved a breakthrough”，如果上下文是指创新技术的突破，那么翻译为“公司取得了重大突破”；如果上下文是指业绩的突破，那么翻译为“公司实现了突破性的业绩”。

语义辨析：对于存在多个词义的词语，译者需要根据上下文和语境来选择最合适的词义。例如，原文中的“项目正在进行中”；如果上下文是指项目正在进展顺利，那么翻译为“项目进展顺利”。

文化因素：词义的选择还要考虑目标语言文化的特点和习惯。不同的文化背景可能会赋予相同词语不同的意义。因此，译者需要根据目标语言文化的语义理解，选择最符合目标文化的词义。例如，原文中的“The negotiation was tough”，如果目标语言文化中“tough”常被解读为“困难的”，那么翻译为“谈判很困难”；如果目标语言文化中“tough”常被解读为“强硬的”，那么翻译为“谈判很强硬”。

术语准确性：商务领域常涉及大量的专业术语，译者在选择词义时应注意保留关键术语的准确性。译者可以参考行业标准或专业词典，确保术语的正确翻译。例如，原文中的“ROI”可以直接翻译为“return on investment”，以保留专业术语的准确性。

四、词义的引申

在商务英语翻译中，有时候需要进行词义的引申，即通过扩展原词的含义来适应目标语言的表达习惯和文化背景。词义的引申要求译者具备丰富的词汇知识和对语言文化的敏感度。本节将探讨词义引申策略在商务英语翻译中的应用，并提供一些具体的研究性例子。

词义的引申是指根据上下文和语境的需要，对原文中的词语进行扩展，使其更贴切地表达意思。以下是一些常见的词义引申示例：

抽象概念的引申：某些抽象概念在不同语言和文化中可能有不同的表达方式。译者可以通过引申原词的含义，将其转化为更具体或形象的表达方式。例如，原文中的“She has a sharp mind”，译者可以引申"sharp" 的词义为“intelligent”或“quick-witted”，以更准确地表达对智力的赞美。

比喻和隐喻的引申：有时候原文中的比喻或隐喻在目标语言中并无直接对应的表达方式。译者可以通过引申原词的词义，转换成更贴近目标语言文化的比喻或隐喻。例如，原文中的“He is the backbone of the company”，译者可以引申“backbone”的词义为“pillar”或“foundation”，以更好地传达公司中某人的重要性和稳定性。

文化特定含义的引申：在跨文化翻译中，译者可能需要根据目标文化的特点，对原文中的词义进行引申，以使其更符合目标文化的语言习惯和表达方式。例如，原文中的“He is a tiger in negotiations”，在某些文化中可能有正面含义，但在某些文化中可能被视为贬义。译者可以引申“tiger”的词义为“strong”或“assertive”，以根据目标文化的理解进行翻译。

词义的引申需要译者对语言和文化的深入了解，同时结合上下文和语境进行合理的推断和选择。译者应灵活运用词义引申策略，确保翻译的准确性和与目标语言的符合度。

五、增补策略

在商务英语翻译中，增补策略是指根据上下文和语境的需要，向译文中添加额外的信息或细节，以更准确地传达原文的意思。增补策略要求译者具备广泛的知识背景和对翻译领域的了解，以便进行恰当的补充。本节将探讨增补策略在商务英语翻译中的应用，并提供一些具体的研究性例子。

增补策略可以用于以下几个方面：

专业术语和行业知识的补充：商务领域涉及大量的专业术语和行业特定的知识，有时候原文中可能省略了某些相关信息。译者可以通过增补策略，在译文中添加必要的解释或背景信息，以确保读者对专业术语和行业知识的理解。例如，原文中的“We need to increase ROI”，译者可以增补解释为“We need to increase return on investment（ROI）”，以确保读者对ROI的理解。

文化背景的补充：商务沟通常涉及不同的文化背景和习俗。有时候原文中的文化相关信息可能不够明确或无法直接转化到目标文化中。译者可以通过增补策略，在译文中添加适当的文化解释或背景信息，以帮助读者更好地理解原文的意思。例如，原文中的“We will have a meeting at 5 PM”，译者可以增补解释为“We will have a meeting at 5 PM（local time）”，以确保读者理解时间的参考点。

上下文信息的补充：有时候原文中省略了某些上下文信息，导致译文的完整性和连贯性受到影响。译者可以通过增补策略，在译文中添加必要的上下文信息，以使句子更清晰和易于理解。例如，原文中的“The report shows a significant increase”，译者可以增补上下文信息为“According to the latest report, which was published yesterday, the data shows a significant increase”，以提供更全面的信息和背景。

增补策略的运用需要译者对原文的深入理解和对目标读者的考量。译者应根据具体翻译任务的要求，灵活运用增补策略，以确保翻译的准确性和流畅性。

六、缩略语的翻译策略

在商务英语翻译中，经常会遇到各种缩略语（Abbreviations）和首字母缩写词（Acronyms），它们在商务领域中广泛使用。缩略语的翻译是一项具有挑战性的任务，需要译者对缩略语的含义和背景有准确的了解，并能够在目标语言中传达相应的含义。本节将探讨缩略语的翻译策略在商务英语翻译中的应用，并提供一些具体的研究性例子。

以下是常见的缩略语翻译策略：

直译法：某些缩略语在目标语言中有相应的对应词或短语。在这种情况下，译者可以选择直接翻译缩略语，以保持准确性和可理解性。例如，“USA”直译为“美国”（United States of America）。

解释法：对于一些不常见或特定行业的缩略语，译者可以在翻译中添加解释或括号说明，以帮助读者理解其含义。例如，“CRM”可以解释为“客户关系管理”（Customer Relationship Management）。

混合法：在某些情况下，译者可以采取混合法，即将缩略语的首字母保留，同时在旁边加上完整的翻译。这种方法可以同时满足对缩略语的识别和对完整含义的理解。例如，“CEO（Chief Executive Officer）”。

保留法：对于一些广泛使用且在目标语言中已经被广泛接受的缩略语，译者可以选择保留原文的缩略形式。这种方法可以避免不必要的翻译过程，并保持专业术语的一致性。例如，“CFO”保留为“CFO”（Chief Financial Officer）。

同义词法：在某些情况下，译者可以选择使用与缩略语相近的同义词或类似表达方式，以传达相应的含义。这种方法可以帮助读者更好地理解译文。例如，"FYI" 可以翻译为“供参考”或“仅供参考”。

缩略语的翻译策略需要根据具体的上下文和目标读者的需求来选择。译者应确保翻译的准确性和可理解性，并遵循行业标准和惯例。

七、适当调整语气和风格的策略

在商务英语翻译中，适当调整语气和风格是为了更好地适应目标语言和目标文化的表达习惯和语言风格。不同语言和文化对语气和风格有着不同的偏好和要求，译者需要灵活运用策略，以确保翻译的准确性和与目标读者的亲和力。本节将探讨适当调整语气和风格的策略在商务英语翻译中的应用，并提供一些具体的研究性例子。

以下是一些常见的适应语气和风格的策略：

正式与非正式语气的转换：商务英语通常要求正式和客观的语气，但在某些情况下，原文可能使用了非正式的表达方式。译者可以根据目标语言的要求，将非正式的表达转换为正式的表达方式。例如，原文中的“Let's have a meeting”可以转换为“We should schedule a meeting”，以符合商务英语的正式语气。

称呼与尊称的调整：不同文化对待称呼和尊称的方式也有所不同。译者可以根据目标文化的惯例，适当调整称呼和尊称的表达方式。例如，原文中的“Hi John”可以调整为“Dear Mr. Smith”，以符合目标文化对于尊称的要求。

直接与间接表达的转换：某些语言和文化更倾向于使用间接和委婉的表达方式，而其他语言和文化更倾向于直接表达。译者应根据目标语言的习惯，适当调整直接与间接表达的方式。例如，原文中的“You need to improve”可以转换为“There is room for improvement”，以更委婉地表达同样的意思。

行文风格的调整：商务英语的行文风格通常要求简明扼要、清晰易懂。译者可以根据目标语言的写作风格，适当调整文本的组织结构、句子长度和表达方式，以使翻译更符合目标读者的阅读习惯。例如，原文中使用了长句和复杂结构的句子，译者可以适当拆分句子，采用简洁明了的表达方式。

适当调整语气和风格的策略需要译者对目标语言和目标文化的熟悉程度，并结合具体的翻译任务进行灵活运用。译者应确保翻译的准确性和与目标读者的亲和力，同时尊重商务沟通中的正式性和客观性。

八、保留关键术语和特定表达的策略

在商务英语翻译中，保留关键术语和特定表达是确保翻译准确性和专业性的重要策略之一。关键术语和特定表达在商务领域中具有特定的含义和用法，其保留可以确保翻译与原文保持一致，并能够准确传达专业信息。本节将探讨保留关键术语和特定表达的策略在商务英语翻译中的应用，并提供一些具体的研究性例子。

以下是一些常见的保留关键术语和特定表达的策略：

直接转译：对于一些常见的关键术语和特定表达，译者可以选择直接将其转译到目标语言中，以保持准确性和一致性。例如，“profit and loss statement”直接转译为“损益表”。

注释解释：对于一些特定的关键术语和表达，译者可以在翻译中添加注释或解释，以帮助读者理解其含义。这可以在译文中以括号、脚注或附注的形式实现。例如，“IPO（Initial Public Offering）”。

使用国际通用术语：在某些情况下，商务领域使用的关键术语和特定表达可能具有国际通用性。译者可以选择使用这些通用术语，以确保翻译的专业性和可理解性。例如，“CEO（Chief Executive Officer）”。

保留原文表达方式：对于一些特定的商务表达方式，译者可以选择保留原文的表达方式，以保持文化和语言特色的一致性。这需要译者对目标文化的习惯和商务惯例有深入的了解。例如，“deadline”保留为“deadline”，而不是翻译为“截止日期”。

保留关键术语和特定表达的策略需要根据具体的上下文和读者需求来选择。译者应确保翻译的准确性和专业性，并遵循行业标准和惯例。

第二节 商务英语句式翻译策略

一、平衡结构与流畅性的策略

在商务英语翻译中，句子的结构和流畅性对于准确传达信息至关重要。译者需要注意句子的平衡性，使其在目标语言中具有良好的语法结构和流畅性。本节将探讨平衡结构与流畅性的策略在商务英语翻译中的应用，并提供一些具体的研究性例子。

以下是一些常见的平衡结构与流畅性的策略：

（一）句子长度的调整

句子长度的调整是平衡结构与流畅性的重要策略之一。在商务英语翻译中，适当调整句子的长度可以使句子更易读、更流畅，同时确保信息传达的准确性。以下是对句子长度调整策略的进一步扩写，并结合具体的例子进行分析。

商务英语句子通常要求简明扼要、清晰明了。较长的句子可能包含更多的信息，但也容易使读者在阅读过程中失去焦点或理解困难。因此，译者可以根据目标语言的语言特点和习惯，适当调整句子的长度，以提高可读性和流畅性。

一种常见的调整句子长度的方法是将较长的句子拆分为更短的句子。通过将长句子分成几个简洁明了的短句，读者可以更容易理解每个独立的思想，同时句子之间的衔接也更加清晰。例如，考虑以下原文句子：

原文：

Our company is dedicated to providing high-quality products and excellent customer service to meet the diverse needs of our clients, ensuring their satisfaction and loyalty.

将其拆分为两个较短的句子，可以更好地平衡结构和提高流畅性：

译文：

Our company is dedicated to providing high-quality products. We also strive to deliver excellent customer service to meet the diverse needs of our clients, ensuring their satisfaction and loyalty.

通过拆分句子，读者可以更好地理解每个句子中的核心信息，同时避免长句子导致的复杂性。

另一种调整句子长度的方法是使用并列结构。并列结构可以将相关的信息组合在一起，使句子结构更平衡，同时保持信息的连贯性。例如：

原文：

We have expanded our product line to include not only electronics but also home appliances, furniture, and outdoor equipment.

译文：

We have expanded our product line to include not only electronics but also home appliances, furniture, and outdoor equipment.

通过使用并列结构，句子的结构更平衡，读者可以更容易跟随并理解每个列举的项目。

调整句子长度时，译者还应注意句子的连贯性和逻辑性。确保拆分或重新组织的句子仍然保持上下文的连贯性，信息的传达也要准确无误。

（二）平衡并列结构

平衡并列结构是在商务英语翻译中保持句子结构的一种重要策略。并列结构用于表达多个相同或相关的信息，可以使句子更清晰、更具逻辑性，并且在语法和意义上保持平衡。以下是对平衡并列结构的进一步扩写，并结合具体的例子进行分析。

在商务英语中，常常使用并列结构来列举相同或相关的信息。这种结构可以提供清晰的信息传达和良好的逻辑关系。译者在翻译中应注意平衡并列结构的使用，以保持句子的结构平衡和整体的流畅性。

例如，考虑以下原文句子：

原文：

Our company produces, distributes, and markets consumer goods.

在这个句子中，我们可以看到三个动词并列在一起：produces, distributes, 和 markets。为了保持结构的平衡性，译者可以选择使用适当的动词，使句子在语法和意义上保持平衡。**例如：**

译文：Our company produces, distributes, and sells consumer goods.

通过将“markets”替换为“sells”，这个句子保持了平衡的结构，并且在语法和意义上仍然是准确的。

另一个例子：

原文：

The training program covers topics such as sales techniques, customer service, and effective communication.

在这个句子中，我们可以看到三个名词并列在一起：sales techniques, customer service, 和 effective communication。为了保持结构的平衡性，译者可以在翻译中选择适当的翻译词汇，使句子在语法和意义上保持平衡。**例如：**

译文：

The training program covers topics such as sales techniques, customer support, and communication skills.

通过将“customer service”替换为“customer support”，这个句子仍然保持了平衡的结构，并且在语法和意义上保持一致。

在进行平衡并列结构的翻译时，译者还应注意适当使用逗号来分隔并列项，以保持句子的清晰性和读者的理解。

（三）使用适当的连接词

使用适当的连接词是平衡商务英语句子结构、确保句子流畅性和连贯性的重要策略之一。连接词在句子中起着衔接和连接的作用，能够明确关系和逻辑关联。译者应根据语境和目标语言的表达习惯，选择适当的连接词，以使翻译句子更自然和易读。

连接词在商务英语中常用于表达对比、因果关系、选择、转折等。以下是对使用适当的连接词策略的进一步扩写，并结合具体的例子进行分析。

例如：

原文：

The market is growing rapidly, however, competition is increasing.

在这个句子中，连接词“however”被用来表示转折关系。为了使用更常见的连接词，译者可以调整翻译如下：

译文： The market is growing rapidly, but competition is increasing.

通过将“however”替换为“but”，这个句子更符合商务英语中常用的转折关系的表达方式。

另一个例子：

原文：

We need to expand our operations to new markets, moreover, we should enhance our marketing efforts.

在这个句子中，连接词“moreover”被用来表示补充关系。为了使用更常见的连接词，译者可以调整翻译如下：

译文：

We need to expand our operations to new markets, and we should enhance our marketing efforts.

通过将“moreover”替换为“and”，这个句子更符合商务英语中常用的补充关系的表达方式。

译者在选择连接词时还应注意连接词的用法和语义关联，确保连接词的选择与原文的意思保持一致。此外，还要根据目标语言的表达习惯，选择与语境相适应的连接词，以使翻译句子更加流畅和连贯。

（四）平衡主谓宾关系

平衡主谓宾关系是商务英语翻译中保持句子结构清晰和流畅的重要策略之一。商务英语句子通常包含主谓宾结构，译者应注意保持这种关系的平衡，以使句子在语法和意义上更加准确和连贯。以下是对平衡主谓宾关系的策略进行进一步扩写，并结合具体的例子进行分析。

在商务英语中，主谓宾结构常用于表达动作、行为和交流的过程。在翻译中，译者应注意保持主谓宾关系的平衡，以使句子的结构更清晰和流畅。

例如，考虑以下原文句子：

原文：

The manager submitted the report to the CEO for review.

在这个句子中，主谓宾关系明确，manager 是主语，submitted 是谓语动词，report 是宾语。为了保持平衡的结构，译者可以在翻译中添加一个目的状语从句，如下所示：

译文：

The manager submitted the report to the CEO for review and approval.

通过添加“and approval”，这个句子在语法和意义上保持平衡，同时增加了审批的目的，使翻译更加准确和完整。

另一个例子：

原文：

We provided training to employees for enhancing their skills.

在这个句子中，主谓宾关系同样明确，we 是主语，provided 是谓语动词，training 是宾语。为了保持平衡的结构，译者可以在翻译中添加一个目的状语从句，如下所示：

译文：

We provided training to employees to enhance their skills and knowledge.

通过添加“and knowledge”，这个句子在语法和意义上保持平衡，同时强调了提高技能和知识的目的，使翻译更加准确和连贯。

在进行平衡主谓宾关系的翻译时，译者还应注意译文的时态和人称的一致性，以保持句子的语法准确性和连贯性。

平衡结构与流畅性的策略需要译者对目标语言的语法和表达习惯有深入的了解，并结合具体的翻译任务进行灵活运用。译者应确保翻译的语法准确性和流畅性，以便读者能够轻松理解和接受翻译内容。

二、保持语法准确性的策略

保持语法准确性是商务英语翻译中的关键策略之一。正确使用目标语言的语法规则可以确保翻译的准确性、可读性和专业性。本节将论述保持语法准确性的策略，并提供具体的研究性例子。

在商务英语翻译中，保持语法准确性需要译者对目标语言的语法规则有深入的了解，并能够运用这些规则进行翻译。以下是一些常见的保持语法准确性的策略：

（一）主谓一致

主谓一致是保持语法准确性的重要策略之一，在商务英语翻译中尤为关键。主谓一致指的是句子中的主语与谓语动词在人称和数上保持一致。在进行主谓一致的翻译时，译者需要深入了解目标语言的语法规则，并能够准确运用这些规则。下面将详细讨论主谓一致的策略，并提供具体的例子进行分析。

1. 人称一致

译者在翻译中应注意主谓动词的人称一致。当主语是第一人称（如“I”）、第二人称（如“You”）或第三人称（如“He/She/It”）时，谓语动词的形式需要与之保持一致。**例如：**

原文：

I have completed the report.

译文：我已经完成了报告。

在这个例子中，主语“I”是第一人称单数形式，所以谓语动词“have completed”也采用了第一人称单数形式。

2. 数一致

译者还应确保主谓动词在数上保持一致。当主语是单数形式（如“The company”）时，谓语动词应该是单数形式；当主语是复数形式（如“The companies”）时，谓语动词应该是复数形式。例如：

原文：

The company is expanding its operations.

译文：该公司正在扩大其业务。

在这个例子中，主语“The company”是单数形式，所以谓语动词“is expanding”也采用了单数形式。

3. 特殊情况处理

在某些情况下，主谓一致可能会受到其他因素的影响。例如，在某些从句中，谓语动词的形式可能受到主句中的主语影响。在这种情况下，译者需要根据语境和语法规则进行准确的翻译。例如：

原文：

The team, along with their supervisor, is attending the conference.

译文：团队和他们的主管一起参加了会议。

在这个例子中，尽管有两个名词短语（“the team”和“their supervisor”），但谓语动词“is attending”仍然采用了单数形式，因为主语“The team”是单数形式。

通过以上策略，译者可以保持主谓一致，确保翻译的语法准确性。然而，在进行主谓一致的翻译时，译者还应注意上下文的语法要求和目标语言的语法规则，以便进行准确的翻译。

（二）时态一致

时态一致是商务英语翻译中的重要策略之一，它涉及根据上下文和语境选择适当的时态，以确保传达信息的正确性。在商务英语中，时态的准确使用对于准确表达过去、现在和将来的动作和状态至关重要。以下是关于时态一致的详细扩写，并提供具体的例子进行分析。

1. 现在时态

当原文句子使用现在时态来表达当前的状态或常规的事实时，译者应使用相应的目标语言现在时态。例如：

原文：

We deliver high-quality products to our customers.

译文：我们向客户提供高质量的产品。

在这个例子中，原文使用现在时态来表达"deliver"这一常规的行为，译者选择使用相应的目标语言现在时态来传达同样的意思。

2. 过去时态

当原文句子使用过去时态来描述过去发生的动作或状态时，译者应使用相应的目标语言过去时态。例如：

原文：He attended the conference last week.

译文：他上周参加了会议。

在这个例子中，原文使用过去时态来描述"attend"这一过去的动作，译者通过选择相应的目标语言过去时态来传达同样的意思。

3. 将来时态

当原文句子使用将来时态来表示将来发生的动作或计划时，译者应使用相应的目标语言将来时态。例如：

原文：We will launch a new product next month.

译文：下个月我们将推出新产品。

在这个例子中，原文使用将来时态来描述"launch"这一将来的动作，译者通过选择相应的目标语言将来时态来传达同样的意思。

需要注意的是，时态的选择不仅仅取决于原文句子中的时态，还取决于上下文和语境。有时，商务英语中的某些特定句型可能需要使用不同的时态来表达相应的意思。例如：

原文：We have been working on this project for months.

译文：我们已经几个月在进行这个项目的工作。

在这个例子中，原文使用完成进行时来描述过去到现在的动作，译者通过选择相应的目标语言时态来传达同样的意思。

通过上述策略，译者可以保持时态一致，确保翻译的语法准确性。然而，译者还应根据上下文和语境进行综合判断，选择适当的时态，以便准确地传达原文句子的意思。

（三）名词性从句的准确引导词

在商务英语翻译中，准确使用名词性从句的引导词是保持语法准确性的重要策略之一。名词性从句在句子中起到名词的作用，常用于充当主语、宾语或表语等成分。译者应根据上下文和语境选择准确的引导词，以确保翻译的语法准确性和句子的流畅性。以下是对名词性从句的准确引导词的详细扩写，并提供具体的例子进行分析。

在商务英语翻译中，名词性从句通常由关系词或连接词引导。译者需要准确选择引导词，以确保从句在语法上准确连接到主句。以下是一些常见的名词性从句的引导词：

1. “That”引导主语从句

当名词性从句充当主语时，可以使用“that”作为引导词。例如：

原文：

It is important that employees attend the training program.

译文：员工参加培训项目很重要。

在这个例子中，名词性从句“that employees attend the training program”充当主语，译者准确使用了“that”引导主语从句，使翻译的语法准确。

2.“Who”或“Whom”引导宾语从句

当名词性从句充当宾语时，可以使用“who”或“whom”作为引导词，取决于从句中所代表的人称。例如：

原文：I will hire the candidate who has relevant experience.

译文：我将雇佣那位具有相关经验的候选人。

在这个例子中，名词性从句“who has relevant experienc”充当宾语，译者使用了“who”引导宾语从句，与从句所代表的人称相匹配。

3. “Which”引导表语从句

当名词性从句充当表语时，可以使用“whic”作为引导词。**例如：**

原文： The important thing is that we meet the deadline.

译文： 重要的是我们按时完成。

在这个例子中，名词性从句“that we meet the deadline”充当表语，译者使用了“which”引导表语从句，使翻译的语法准确。

需要注意的是，不同的引导词适用于不同类型的名词性从句。译者在选择引导词时，应根据语境和句子结构进行准确的判断。同时，译者还应注意目标语言中引导名词性从句的常用表达方式，以使翻译更符合目标语言的习惯。

（四）修饰语的位置和顺序

在商务英语翻译中，准确处理修饰语的位置和顺序是保持语法准确性的重要策略之一。修饰语用来描述或限定名词，包括形容词、副词、介词短语等。译者应注意修饰语在译文中与其所修饰的词语之间保持清晰的关系，并准确传达原文的意思。以下是对修饰语位置和顺序的详细扩写，并提供具体的例子进行分析。

在商务英语翻译中，修饰语的位置和顺序对于准确传达句子的意义至关重要。以下是几个与修饰语位置和顺序相关的重要策略：

1. 形容词修饰名词的位置

在英语中，形容词通常放在名词之前进行修饰。**例如：**

原文： a beautiful red dress

译文： 一条漂亮的红色连衣裙

在这个例子中，形容词“beautiful”修饰名词“red dress”，译者应保持修饰语的位置和顺序，使翻译的语法准确。

2. 修饰语的顺序

当有多个修饰语修饰同一个名词时，它们的顺序也需要准确处理。一般情况下，修饰语的顺序是：数量、尺寸、形状、年龄、颜色、国籍、材质、用途等。例如：

原文：a small white ceramic bowl

译文：一个小白色陶瓷碗

在这个例子中，修饰语的顺序是：尺寸（small）、颜色（white）、材质（ceramic），译者应根据目标语言的修饰语顺序准确翻译。

3. 修饰短语的位置

除了单个形容词外，修饰语也可以是一个介词短语。在翻译时，译者需要根据修饰短语与其所修饰的名词之间的关系，准确确定修饰短语的位置。例如：

原文：a report on market trends

译文：关于市场趋势的报告

在这个例子中，介词短语“on market trends”修饰名词“report"”，译者应将修饰短语放置在名词之后，以保持修饰语与所修饰的词语之间的清晰关系。

通过以上策略，译者可以准确处理修饰语的位置和顺序，确保翻译的语法准确性和句子的流畅性。然而，译者还应根据具体语境和句子结构进行综合判断，并根据目标语言的表达习惯进行调整，以便准确传达原文句子的意思。

三、确保信息传达的策略

在商务英语翻译中，确保信息传达的准确性是至关重要的。译者应该致力于传达原文中的关键信息，并确保译文在语义和逻辑上与原文保持一致。以下是一些确保信息传达准确性的策略：

（一）理解原文的意图

确保信息传达准确性的首要策略之一是理解原文的意图。译者需要仔细阅读和分析原文，深入理解作者的意图和目的，以确保在翻译过程中不会丢失重要的信息。这涉及对原文进行细致的解读和分析，以了解作者要传达的核心内容。

举例来说，假设原文句子为："We need to leverage our existing partnerships to expand our market share."（我们需要利用现有的合作伙伴关系来扩大我们的市场份额。）在这个例子中，译者需要理解原文的意图是利用现有的合作伙伴关系来扩大市场份额。通过理解原文的意图，译者可以准确传达这个核心信息，确保译文与原文保持一致。

（二）逐句翻译

逐句翻译是确保信息传达准确性的重要策略之一。通过逐句翻译，译者可以逐步解析原文句子的语法结构和含义，确保每个句子在译文中保持准确和完整。以下是对逐句翻译策略的详细扩写，并提供具体的例子进行分析。

逐句翻译是指译者逐句进行翻译，将原文句子分解为一个个独立的单位，逐步解析其语法结构、词义和语义含义，然后将其翻译成目标语言。这种方法有助于确保每个句子的信息得到准确传达，避免在整体翻译过程中出现漏译、误译或信息丢失的情况。

举例来说，假设原文句子为："Our company is dedicated to providing high-quality products and excellent customer service."（我们公司致力于提供高质量的产品和优质的客户服务。）在逐句翻译过程中，译者首先将句子分解为不同的成分，例如主语"Our company"，谓语"is dedicated to"，宾语"providing high-quality products and excellent customer service"。然后，译者逐步解析每个成分的含义和语法结构，确保准确理解原文的意思。最后，译者将每个成分翻译成目标语言，以保持句子的准确和完整。

通过逐句翻译，译者可以更加仔细地处理每个句子，确保原文中的关键信息得到准确传达。这种方法可以帮助译者在翻译过程中避免遗漏重要细节，保持句子的完整性和准确性。

（三）避免意译

避免意译是确保信息传达准确性的重要策略之一。在商务英语翻译中，精确性和准确性对于传达准确的商务信息至关重要。译者应该尽量避免进行过多的意译，而是力求使用与原文语义相符的词汇和短语，以确保信息的准确传达。

意译是指在翻译过程中对原文的意思进行过度的解释或改写。这可能会导致原文信息的失真或丢失。因此，译者应该尽量避免进行过多的意译，而是力求保持原文的意思和表达方式。

举例来说，假设原文句子为："Our company aims to achieve sustainable growth in the market."（我们公司的目标是在市场上实现可持续增长。）在这个例子中，译者应该尽量避免对原文进行意译，而是尽量保持原文中所表达的意思。译者可以使用与原文相符的词汇和短语，如"我们公司的目标是在市场上取得可持续增长"，以确保信息的准确传达。

通过避免意译，译者可以确保译文与原文在语义上保持一致，准确传达原文所表达的商务信息。这有助于读者准确理解原文的意思，避免歧义或误解。

（四）保持逻辑一致性

保持逻辑一致性是确保信息传达准确性的重要策略之一。在商务英语翻译中，译者应确保译文在逻辑上与原文保持一致，以传达清晰连贯的信息。译者需要注意句子之间的逻辑关系和连接，并准确传达原文中的逻辑结构和语法关系。

为保持逻辑一致性，译者可以注意以下方面：

1. 逐句分析逻辑关系

译者应逐句分析原文句子中的逻辑关系。这包括了解主语和谓语之间的关系，理解主谓宾结构中的逻辑连接，以及准确理解并列结构和从属结构中的逻辑关系。译者需要确保译文中的句子逻辑与原文保持一致。

举例来说，假设原文句子为："To achieve our sales targets, we need to implement effective marketing strategies and improve our customer service."（为了实现我们的销售目标，我们需要实施有效的营销策略并改善客户服务。）在这个例子中，译者需要理解原文中的逻辑关系，即实现销售目标的手段是实施营销策略和改善客户服务。译者应确保译文中的句子逻辑与原文保持一致，例如"为了实现我们的销售目标，我们需要采取有效的营销策略并提升客户服务"。

2. 使用适当的逻辑连接词

逻辑连接词在句子中起着衔接和连接的作用，帮助传达句子之间的逻辑关系。译者应注意选择适当的逻辑连接词，以确保信息的连贯性和流畅性。

举例来说，假设原文句子为："The new product launch was successful; as a result, our sales increased significantly."（新产品的推出很成功；结果，我们的销售额显著增长。）在这个例子中，译者需要使用适当的逻辑连接词来传达因果关系，如"新产品的推出很成功，因此我们的销售额显著增长"。

通过保持逻辑一致性，译者可以确保译文在逻辑上与原文保持一致，传达清晰连贯的信息。这有助于读者准确理解原文的逻辑关系和信息传达的连贯性。译者应注意逐句分析逻辑关系，并使用适当的逻辑连接词，以确保译文在逻辑上与原文保持一致。

（五）确保专业术语的准确性

确保专业术语的准确性是商务英语翻译中不可或缺的策略。由于商务领域涉及各种专业术语，译者需要确保在翻译过程中正确使用这些术语。以下是一些扩展内容，并提供相关的例子。

1. 深入了解行业术语

译者应该对相关行业的术语和概念进行深入了解。这包括研究特定行业的专业词汇、标准术语和行业习用语。通过深入了解行业术语，译者可以准确理解原文中使用的术语，并在译文中正确传达其含义。

举例来说，假设原文句子中提到“market segmentation”（市场细分）。译者应该熟悉市场营销领域的相关术语，并将其准确翻译为“市场细分”，而不是使用其他类似但不准确的表达。

2. 查阅专业资源和参考资料

译者可以利用各种专业资源和参考资料来确保专业术语的准确性。这包括行业相关的词汇表、术语数据库、行业规范和文献资料。通过查阅这些资源，译者可以获得专业术语的正确定义和用法，从而确保在翻译过程中准确使用这些术语。

举例来说，如果原文中提到“cost of goods sold”（销售成本），译者可以查阅会计或财务相关的资源，以了解这一术语的准确定义和用法，并在译文中正确表达。

3. 考虑目标读者的背景和知识水平

译者应该考虑目标读者的背景和知识水平，以确定是否需要解释某些专业术语。在某些情况下，译者可以使用脚注、注释或附注的方式来提供对专业术语的解释，以确保读者能够准确理解翻译文本。

举例来说，如果原文中提到“SWOT analysis”（SWOT 分析），译者可以在译文中提供类似于“SWOT（Strengths, Weaknesses, Opportunities, Threats）分析”的注释，以帮助读者理解这一术语的含义。

通过确保专业术语的准确性，译者可以在商务英语翻译中传达清晰准确的信息。译者应深入了解行业术语、查阅专业资源，并考虑目标读者的背景和知识水平，以确保在翻译过程中正确使用专业术语。这有助于确保翻译文本在专业领域中的准确性和可靠性。

（六）重点突出

重点突出是确保信息传达准确性的重要策略之一。在商务英语翻译中，译者应注意突出原文中的重点信息，以确保读者能够准确理解和关注这些关键内容。以下是一些扩展内容，并提供相关的例子。

1. 使用强调词

译者可以使用适当的强调词来突出重点信息。这些词可以通过使用粗体、斜体、下划线或颜色等方式来凸显。译者应根据原文中的重点内容选择适当的强调词，并在译文中使用类似的方式来突出这些信息。

举例来说，如果原文中强调“market expansion”（市场拓展），译者可以在译文中使用类似的方式，如“market expansion”（市场拓展），以突出这一关键字汇。

2. 调整句子结构

译者可以通过调整句子结构来突出重点信息。译者可以将关键信息放在句子的开头或结尾位置，以使其更加显眼。另外，译者还可以使用独立的短句或简洁的结构来强调重点内容。

举例来说，如果原文中强调了“customer satisfaction”（客户满意度），译者可以调整句子结构，如“Achieving high customer satisfaction is our top priority”（实现高客户满意度是我们的首要任务），以突出这一关键信息。

3. 使用特定的表达方式

在商务英语翻译中，某些特定的表达方式可以用来突出重点信息。译者可以使用引语、关键字或特殊的句型来表达重点内容。这样可以吸引读者的注意力，并确保他们正确理解和关注重点信息。

举例来说，如果原文中强调了“innovation is the key to success”（创新是成功的关键），译者可以使用引号或关键字来突出这一重点，如“Innovation is ‘the key’ to success”（创新是成功的“关键”）。

通过突出重点信息，译者可以确保读者正确理解和关注商务英语翻译中的关键内容。译者可以使用强调词、调整句子结构或特定的表达方式来突出这些信息，以便更好地传达商务信息和意图。

通过以上策略，译者可以确保信息在商务英语翻译中的准确传达。译者应细致入微地理解原文的意图和目的，并使用适当的翻译技巧来保证译文的准确性和流畅性。

四、考虑语体和语气的策略

在商务英语翻译中，考虑语体和语气是确保信息传达准确性和适应目标读者的重要策略之一。以下是一些在翻译过程中考虑语体和语气的策略：

（一）确定适当的语体

在商务英语翻译中，选择适当的语体是确保信息传达准确性和适应特定商务场景的重要策略之一。不同的商务场合和文化环境可能要求使用不同的语体，如正式、中性或非正式。译者应根据原文的语体选择相应的目标语言语体，以确保译文与原文保持一致并适应特定的商务环境。

举例来说，如果原文中采用了正式的语体，如“We kindly request your presence at the meeting”（我们恳请您出席会议），译者应选择相应的正式语体来传达相同的意思。在译文中，译者可以使用正式的敬语和礼貌用语，如“我们诚挚地邀请您出席会议”，以保持与原文的一致性和专业性。

另一方面，如果原文中使用了中性或非正式的语体，译者应相应地选择目标语言中合适的语体。在商务场合中，适当的中性语体可能更常见和合适。例如，如果原文中使用了“We need to discuss the project deadline”（我们需要讨论项目截止日期），译者可以选择相应的中性语体，如“我们需要讨论项目的截止日期”，以传达相同的信息。

通过选择适当的语体，译者可以确保译文与原文在语言风格和商务环境中保持一致。译者应根据原文的语体和特定的商务场景选择目标语言中合适的语体，以确保信息传达的准确性和专业性。

（二）考虑语气和语调

注意语气和语调是确保信息传达准确性的重要策略之一。在商务英语翻译中，语气和语调对于传达信息的准确性和效果起着重要的作用。译者应注意原文中所表达的语气和语调，并在译文中保持相同的效果，以确保信息的准确传达。

在处理语气和语调时，译者可以注意以下几个方面：

词汇选择

译者应选择与原文语气和语调相符的词汇。根据上下文和语境，选择合适的词汇来传达相应的语气和语调。例如，如果原文使用了正式和专业的词汇，译者应在译文中使用类似的词汇来保持相同的语气。

举例来说，如果原文中使用了“We kindly request your prompt response”（我们恳请您尽快回复），译者可以选择“我们诚恳地请求您尽快回复”，以保持原文中的礼貌和恳切的语气。

句子结构和语法

译者应注意原文句子的结构和语法，以保持相同的语气和语调。根据原文中句子的表达方式和语法结构，译者可以调整译文句子的结构和语法，以保持相同的效果。

举例来说，如果原文中使用了疑问句“Are you available for a meeting next week?”（你下周有空开会吗？），译者可以在译文中使用类似的疑问句结构，如“下周你有时间开会吗？”，以保持原文中的询问和邀请的语气。

上下文和语境的考虑

译者应考虑原文所处的上下文和语境，以确定适当的语气和语调。在商务英语翻译中，不同的上下文和语境可能需要不同的语气和语调。译者可以通过综合考虑原文的整体语境和目标读者的期望，来决定适当的语气和语调。

举例来说，如果原文是一封正式的商务邮件，译者应在译文中保持相应的正式语气和礼貌用语，以符合商务邮件的要求。

通过注意语气和语调，译者可以在商务英语翻译中准确传达信息的效果和情感色彩。译者应选择合适的词汇，调整句子结构和语法，并考虑原文的上下文和语境，以确保译文在语气和语调上与原文保持一致。这有助于传达准确、恰当的商务信息，并与目标读者产生有效的沟通和交流。

举例来说，如果原文中使用了严肃和正式的语气，译者应在译文中保持相同的语气效果，以确保传达正确的商务意图和态度。

（三）考虑目标读者的文化和习惯

在商务英语翻译中，考虑目标读者的文化背景和习惯是确保信息传达准确性和适应性的关键策略之一。不同的文化背景和习惯可能对语体和语气的选择有不同的要求，因此译者应该根据目标读者的文化背景和习惯来确定适当的语体和语气。

举例来说，如果原文面向的是跨文化商务合作，译者应避免使用过于口语化或地域性的表达方式，以确保适应多元文化环境的商务交流。译者需要选择通用、标准的商务词汇和表达方式，以避免引起误解或文化冲突。

例如，如果原文中使用了某个地区特定的俚语或行话，译者应考虑将其翻译为更普遍和通用的表达方式。这样可以确保信息在不同文化背景的目标读者中得到准确理解。

此外，译者还应注意避免使用可能引起误解或不恰当的语体和语气表达。在某些文化中，使用过于直接或直率的语言可能被视为冒犯或不尊重。因此，译者应避免使用可能引起负面情绪或不适的表达方式。

举例来说，如果原文中包含了一种间接表达方式，如“我们可能需要更进一步的讨论”，译者应选择相应的间接表达方式，如“我们可能需要进一步深入讨论”，以避免过于直接的表达方式。

通过考虑目标读者的文化背景和习惯，译者可以选择适当的语体和语气，以确保商务英语翻译在不同文化环境中的准确传达和适应性。译者应避免使用过于口语化或地域性的表达方式，并避免使用可能引起误解或不恰当的语体和语气表达，从而确保信息传达的准确性和文化适应性。

第三节　商务英语修辞翻译策略

一、押韵类修辞及翻译

（一）押韵的含义

押韵，作为一种修辞手法，被广泛应用于各种语言表达形式中，特别是诗歌、歌曲和广告语中。它指的是词语或句子中音节的声音相似性或一致性，最常见的形式是尾音的相似或一致。押韵通常用于创造和谐、节奏和强调某些主题，为文本增添艺术美感。

在语言学的角度，押韵可以被定义为两个或更多词语或短语中的尾音节（包括元音和之后的辅音，如果有的话）的声音相同或相似。这些词语可以在一句话中，也可以分布在多句话中，甚至是跨越多段的文本。例如，“sky”和“fly”，“reflection”和“direction”，都可以被视为押韵的词语对。

在商务英语中，押韵的使用虽然不如诗歌或歌曲中那么普遍，但在特定的语境中，例如广告文案、品牌标语、产品描述等，押韵的技巧仍然有广泛的应用。通过押韵，可以增加文本的记忆性和吸引力，让信息更容易留在听众或读者的心中。

（二）押韵的分类

尽管押韵的基本概念简单易懂，但其种类和形式却是多种多样，丰富复杂。以下是一些常见的押韵分类：

1. 完全押韵

完全押韵（Perfect Rhyme）在诗歌、歌词和一些有韵律的文本中占据主导地位，它有着独特的美感和韵律感。完全押韵的定义是指两个或多个词的尾音完全一样。在构成完全押韵时，通常是单词的最后一个强音元音及其之后的音（如果有的话）要求完全一致。

例如，“mind”和“find”，它们的尾音“d”以及其前的元音音节

“ai”音色和音长都完全一样，因此这两个词就形成了完全押韵。这种押韵方式使得诗歌或歌词听起来更加和谐，也更易于被人们记忆。

再比如，单词“love”和“dove”。尽管这两个词在含义上没有任何关系，但由于他们的尾音及其前的元音音节完全相同，因此它们之间构成了完全押韵。在一首诗或一首歌中，如果这两个词出现在合适的位置，比如每段的末尾，那么它们就能够产生美妙的韵律效果，使人印象深刻。

完全押韵的使用并不仅限于英语，许多其他语言的诗歌和音乐作品也广泛使用了完全押韵。这种普遍性说明了完全押韵的音乐性和美感是超越语言和文化的。在翻译时，如果源语言文本中包含完全押韵，那么翻译者就需要寻找目标语言中相应的完全押韵，以尽可能保留源文的音乐性和美感。但这并非易事，因为完全押韵的寻找需要翻译者具备丰富的语言知识和文化理解，以及敏锐的音感和创造力。

2. 半押韵

半押韵（Partial Rhyme），又称近押韵或不完全押韵，这种类型的押韵仅仅存在在词的一部分音节之间，如元音或辅音的相似。与完全押韵需要音色、音长等多个因素完全一致不同，半押韵只需要词的一部分音节有相似性即可。

举个例子，单词“heart”和“star”就可以构成半押韵。这两个词中，都含有一个强音元音“ar”，并且这个音节在它们的读音中都占据了主导地位。虽然它们的尾音不同，但这并不影响它们形成半押韵。

再比如，“tell”和“toll”，这两个词的起始辅音音节相同，但元音和尾音并不完全一样。尽管如此，我们仍然可以认为这两个词形成了半押韵。因为在半押韵中，相似的部分并不必须位于单词的末尾，它也可以出现在单词的开头或者中间。

半押韵的使用赋予诗歌和歌词更多的灵活性，它可以在保持音乐性和美感的同时，提供更广阔的词汇选择空间。在翻译时，半押韵提供了更多的灵活性和创造性空间。如果源文中的押韵很难在目标语言中找到完全押韵的对应，那么翻译者可以选择使用半押韵来尽可能保留源文的韵律和美感。当然，这需要翻译者具备高度的语言敏感性和创新精神，以在保留源文韵律和美感的同时，不损失语义的准确性。

3. 头押韵

头押韵（Alliteration）是一种常见的押韵形式，它要求两个或多个词的首音节发音相同或相似。在英语中，这种押韵形式常常被用于增加诗歌、歌词和语言表达的节奏感和音乐感。

以“Peter Piper picked a peck of pickled peppers.”为例，这句话中的“Peter”“Piper”“picked”“peck”“pickled”和“peppers”等词都以辅音音素 /p/ 开始，构成了明显的头押韵。

再举一个例子，“She sells sea shells by the seashore.”这句话中的“She”“sells”“sea”“shells”和“seashore”等词都以辅音音素 /s/ 开始，形成了一种音乐性强烈的头押韵。

头押韵的韵律感和音乐感在某种程度上能够引导听者或读者的注意力，使得表达的内容更加引人入胜。在翻译时，翻译者需要寻找目标语言中与源语言头押韵效果相似的词汇或表达，以保留源文的韵律感和音乐性。然而，头押韵的翻译可能会非常具有挑战性，因为不同语言的音节结构和发音规则可能完全不同。因此，翻译头押韵时，需要兼顾到音乐性和语义的准确性。这不仅考验着翻译者的语言技巧，也考验着他们的创新能力和文化适应能力。

4. 内押韵

内押韵（Internal Rhyme）是一种特殊类型的押韵，它并不仅仅发生在诗歌或歌词的结尾，而是出现在一行诗句或歌词的内部。它由同一行或相邻行中的多个词组成，这些词的中间或末尾音节有相同或相似的声音。

以“The fair breeze blew, the white foam flew.”为例，在这句话中，“breeze”和“blew”，以及“white”和“flew”分别构成内押韵。由于“breeze”和“blew”，“white”和“flew”中的元音音节发音相似，它们在音乐上产生了共鸣，为这个句子添加了一种音乐感和节奏感。

再举一个例子，Edgar Allan Poe 的诗《The Raven》中的一行：“Once

upon a midnight dreary, while I pondered, weak and weary”，“dreary”和“weary”形成了一种内押韵。这种内押韵的使用增强了诗歌的音乐性，增添了情感的表达，使读者或听者更深入地体验到诗人的心情。

在翻译内押韵时，翻译者需要对源语言和目标语言都有深入的理解，寻找能够保留原文音乐性和情感表达的词汇。内押韵的翻译可能需要翻译者做出创新的尝试，以找到在保留原文意义的同时，也能表达出原文的音乐性和情感的译文。

5. 眼押韵

眼押韵（Eye Rhyme）是一种基于视觉而非听觉的押韵形式。这种押韵类型的特点是词汇在书写形式上看起来相似或相同，但在实际发音上可能并不押韵。因此，这种押韵方式大多数时候不会在口头语言中体现出来，而更多的是在书面语言中出现，使读者在视觉上感受到一种诗歌的韵律和节奏。

以“move”和“love”为例，这两个词在英语的书写形式上都以“ove”结尾，看起来好像应该发音相似。然而，实际上这两个词的发音并不押韵，“move”的发音为 /mu:v/，而“love”的发音为 /lʌv/。尽管在发音上并不押韵，但在书面形式上的相似性给读者一种它们应该押韵的印象，从而形成了眼押韵。

另一例来自 Robert Frost 的诗歌《Stopping by Woods on a Snowy Evening》中的一行：“The woods are lovely, dark, and deep,”。在这句诗中，“lovely”和“deeply”看起来是押韵的，因为它们的结尾都是“–ly”，但实际上它们的发音并不押韵。这是另一种眼押韵的例子。

在处理眼押韵的翻译时，翻译者需要充分考虑到目标语言的读者可能无法像源语言的读者那样直观地感受到眼押韵的效果。因此，翻译者可能需要寻找一些创新的方法，既能保留原诗的意义，又能在可能的情况下，尽量保留其视觉上的押韵效果。

6. 尾押韵

尾押韵（End Rhyme）是诗歌中最为常见的押韵形式。这种押韵形式的特点是两个或多个词或句子的尾音相同或相似。在很多情况下，尾押韵为诗歌增添了音乐性和节奏性，使读者在阅读的过程中能够更好地感受到诗歌的美感。

以“She took her time, made up her mind”为例，“time”和“mind”这两个词的尾音相同，形成了尾押韵。这种押韵形式增强了句子的音乐性，并在视觉和听觉上为读者提供了一种愉悦感。

在儿童诗歌中，尾押韵的应用尤为常见。比如著名的儿童歌曲“Twinkle Twinkle Little Star”中的句子：“How I wonder what you are, Up above the world so high”。其中，“are”和“high”的发音相似，形成了尾押韵。

在翻译尾押韵时，翻译者需要特别注意词语的选择和语言的节奏。在不改变原文意思的前提下，应尽可能保持原有的押韵结构，以传达诗歌的音乐美感和语言的节奏感。这对于翻译者来说无疑是一项具有挑战性的任务，但同时也是一项充满创新和乐趣的工作。

以上就是常见的几种押韵分类，但需要注意的是，这些分类并不是绝对的，有时候一个词组可能属于多个分类。另外，不同的语言、文化和地域可能会有其他独特的押韵形式。因此，翻译者在面对押韵时，需要具备深厚的语言知识和文化理解，才能准确地识别和处理各种押韵。

（三）押韵修辞的翻译方法

在商务英语翻译过程中，处理押韵修辞需充满巧思，以保持原文的音韵美感及其所带来的影响。以下列出了几种常见的押韵修辞翻译策略：

1. 保留原押韵

“保留原押韵”作为翻译策略，就是在目标语言中尽可能地保留源语言的押韵形式。这需要翻译者不仅了解源语言和目标语言的语音结构，还要具有出色的语言运用能力和敏锐的音感。在这一策略下，音韵的流畅和优美被认为是翻译过程中的重要元素。当然，前提是这种保留不能对翻译文本的准确性产生负面影响。

在英汉翻译中，采用“保留原押韵”的策略并不总是易实现，因为英语和汉语的音节结构和语音特点存在较大的差异。但在一些特定的情况下，翻译者可以通过寻找目标语言中相似的音韵词汇来实现押韵的保留。

例如，在著名的格林童话《小红帽》中，有这样一句话："Little Red Riding Hood, never stray from the path when you go to grandma's."在这句话中，"Hood"和"wood"构成了完全押韵。如果直译为"小红帽，去奶奶家的时候，永远不要离开小路。"显然，押韵的效果无法保留。但如果我们稍作改变，翻译成"小红帽，去奶奶家不离道，别误入森林的怀抱。"便在汉语翻译中保留了源文的押韵效果，同时也未改变源文的含义。

然而，需要指出的是，保留原押韵并不是每次都能成功实施的策略。在处理一些复杂的押韵或者词汇含义特殊的情况下，翻译者可能需要寻找其他的翻译策略。

2. 改变押韵位置

"改变押韵位置"作为翻译策略，即是在直接翻译无法保持源文押韵的情况下，翻译者需要通过调整语序，改变押韵的位置，使译文尽可能地达到与源文相似的音韵效果。这种策略需要翻译者具备高度的语言灵活性和创新能力，同时还要保证语义的准确传达。

例如，考虑以下中文句子："春江水暖鸭先知"。在直译的情况下，如果我们按照字面意思进行翻译，可能会变成"Spring river water warm, ducks know it first."这样的译文。虽然语义上传达了原文的意思，但没有保持源文的押韵效果。

为了保持押韵效果，可以采取改变押韵位置的策略。例如，可以将句子重新组织为"Spring river, warm water, ducks know it beforehand."这样，通过调整译文的语序，将原文的押韵词放置在更接近的位置，从而保持了押韵的效果。

这种策略的应用对于翻译者的语言掌握能力和创新思维提出了较高的要求。翻译者需要深入理解源语和目标语的语音规律，精确把握语境和语义，巧妙地调整语序和押韵位置，既要尽可能保持源文的音韵美感，又要确保译文的语义准确。因此，对于翻译者而言，“改变押韵位置”无疑是一种具有挑战性的翻译策略。

3. 创新押韵

“创新押韵”作为翻译策略，是在源语言和目标语言的差异使得保留原有押韵变得困难的情况下，翻译者需要创新地去寻找新的押韵形式，以此来保证在译文中尽可能地传达源文的音韵美感。

例如：“水深火热，英勇前行”。这句话中，“深”和“热”形成了对比。在英文中，直接翻译可能会失去原有的押韵效果。如果按照字面意思直译，可能会变成“Deep water, hot fire, moving bravely.”这样的译文。虽然语义传达了原文的意思，但没有保持源文的押韵效果。

为了保持押韵效果，可以采用创新押韵的策略。在这种情况下，译者可以通过寻找新的押韵形式来达到音韵美感的目的。例如，可以将句子重新组织为“Into depths, through fires, bravely stride.”这样，通过译者的创新，译文在保证意义传达的同时，也尽可能地保持了新的押韵效果。

此策略的运用，更多地依赖于翻译者对源语和目标语的深入理解，以及他们的创新思维和语言表达能力。由于不同语言的音节结构和音韵规律的差异，有时即使是最出色的翻译者，也无法完全复制源文的押韵形式。在这种情况下，翻译者需要“创新押韵”，寻找新的押韵形式，以此来传达源文的音韵美感，这是一个相当富有挑战性的任务。

另外，值得注意的是，无论是哪种策略，翻译者都需要在保证意义传达的同时，努力寻求译文的音韵美感。这是因为，押韵不仅仅是诗歌的修辞手法，也常常出现在商务英语中，如广告语、标语、口号等。因此，熟练掌握押韵修辞的翻译策略，对于提高商务英语翻译的质量和影响力具有重要意义。

二、比喻修辞及翻译

（一）比喻的含义

比喻是一种常见的修辞方式，它通过将两种不同的事物或概念相比较，以揭示它们之间的相似性或关联性，从而增强语言的生动性和形象性，加深对表达对象的理解。比喻通常不需要像明喻那样，用“像”“如”等连接词明确指出这种相似性，而是将被比较的事物或概念直接提出，使之以另一事物的形象出现，给人以鲜明的视觉效果和深刻的理解。

比如，我们常听到“时间就是金钱”这样的说法。这句话就是一个比喻的例子。它没有明确地说“时间像金钱”，而是直接将“时间”比作“金钱”，强调了时间的价值，从而使我们更加明白需要珍惜时间。

比喻的使用在各种语境中都十分广泛，无论是诗歌、散文，还是日常对话、商务英语，甚至科学技术语言中，都可以见到比喻的身影。比喻的运用不仅可以丰富语言的表达，也可以帮助人们更加生动、形象和深刻地理解和感知世界。

（二）比喻的分类

1. 明喻

明喻是一种直接、明确的比喻方式，其特点是用一个事物来直接比喻另一个事物，一般会使用“如”“像”等比喻词。在商务英语中，明喻广泛用于各种场合，如产品介绍、商业广告、公司报告等。

在商务英语中，明喻可以用来创建形象的语言，使抽象的商业概念变得具象和直观。例如，一个新的科技产品可能被形容为“the beacon of innovation”（创新的灯塔），以强调其在技术创新方面的重要地位和领导作用。这里，“灯塔”明确地被用来比喻“新的科技产品”，形象生动地描绘了这个产品在创新领域的领导地位。

明喻的使用不仅可以使语言更生动形象，同时也能引起读者的共鸣，加强其对所传达信息的理解和记忆。因此，明喻在商务英语中是一种重要的修辞手法，翻译者需要准确理解和妥善处理明喻，以保证译文的准确性和生动性。

2. 暗喻

暗喻是一种隐晦的、间接的比喻方式，它通过利用两个事物之间的共同特征或内在联系，将一个事物的名称用在另一个事物上。不同于明喻直接使用“如”“像”等比喻词，暗喻往往需要读者自我领悟和理解。商务英语中，暗喻的使用非常广泛，包括但不限于品牌口号、广告宣传、商业报道等。

例如，在一份企业宣传材料中，可能会看到这样的描述：“This company is not just a business, it's a powerhouse driving the industry forward.”在这里，“powerhouse”被用来暗喻“公司”，形象地表达了这个公司在行业中的重要地位和推动力。

暗喻的使用，不仅能使商务英语富有深度和含蓄，同时也能激发读者的联想和想象，增加语言的趣味性。翻译者在处理暗喻时，需要注意理解其深层含义，并尽可能在译文中保持原有的比喻形象和内涵。有时候，由于文化和语言的差异，翻译者可能需要进行适当的调整或改动，以确保译文在保持原有含义的同时，也符合目标语言的习惯和风格。

3. 换喻

换喻是一种通过利用两个事物之间的密切关系，用一个事物的名称代替另一个事物的修辞方式。与明喻和暗喻依赖事物之间的相似性不同，换喻更注重事物之间的关联性。在商务英语中，换喻被广泛应用于各种语境，如公司报告、商业新闻、广告等。换喻常利用人名、动植物名、职业、建筑物或地名等作为喻体，如用 White House（白宫）指代美国政府，用 Downing Street（唐宁街）指代英国政府，用 dove（鸽子）象征和平与平等，以 blue-collar（蓝领）指代劳动阶层。

例如，当我们提到“Wall Street”，我们通常指的并不是纽约的一条具体的街道，而是指代美国的金融行业或金融市场。这是因为华尔街是美国金融中心的地理位置，因此其名称常常被用来象征或代表整个金融行业。这种通过名称来代替相关事物的方式就是换喻。

又如，“Apple is more than a fruit. It's a revolution in technology.”这里，“Apple”不仅仅是指代水果苹果，更是指代苹果公司和其科技革新的象征。

换喻的翻译需要译者深入理解两个事物之间的联系，并在译文中保持这种联系。如果因为文化或语言的差异，源语言中的换喻在目标语言中难以理解，译者需要采用适当的方式对其进行解释或改写，以使译文清晰易懂，同时又不失源文的修辞效果。

（三）比喻修辞的翻译方法

1. 直译法

直译法是最直接的翻译方法，适用于源语言和目标语言之间具有较高的文化相似性和语境相似性的情况。在这种情况下，译者可以直接将源语言中的比喻译为目标语言。例如，源语言中的表达“He is a lion in battle.”可以直接翻译为“他在战斗中就像一头狮子。”在这个例子中，“狮子”在大多数文化中都是勇猛和力量的象征，所以这个比喻在各种语言中都可以理解。

2. 寓言法

寓言法是一种将源语言中的比喻转化为目标语言中的故事或寓言的方法。这种方法尤其适用于比喻中包含的文化元素在目标语言中没有对应的表达方式的情况。例如，源语言中的表达“He is an old fox.”可以翻译为“他就像狐狸一样狡猾，总是能在困难中找到生存之道。”在这个例子中，通过将“狐狸”的象征含义转化为一个小故事，使得比喻在目标语言中得以传达。

3. 风格变换法

风格变换法是指在翻译过程中根据目标语言的习惯和风格，对源语言中的比喻进行适当的改写或调整。例如，源语言中的表达“He is the backbone of the team."可以翻译为"他是团队的支柱。"在这个例子中，"backbone"的比喻在一些语言中可能并不常见，因此译者根据目标语言的习惯，将其改写为更容易理解的"支柱"。

在进行比喻翻译时，译者需要充分理解源语言中的比喻，找到最恰当的翻译方法，同时考虑到目标语言的文化和语境，使得译文既忠实于源语言，又符合目标语言的风格和习惯。

三、双关修辞及翻译

（一）双关的含义

双关，又称"一语双关"，是一种常见的修辞技巧，通过用词巧妙和语境的利用，使得一句话或一种表达方式有多种解读方式。在商务英语中，双关语常常被用于创造出独特且富有趣味性的广告语或标语，以吸引消费者的注意力并创造深刻的印象。

例如，英国的一家电信公司使用的标语"More than talk"，这句话表面上看似乎是说他们提供的服务不仅仅是对话，还有更多。但是，另一层含义是，他们的服务不仅仅是空谈，还有实际行动。这就是典型的一语双关的运用。

此外，双关语还可以运用在商务报告、商务会议和商务谈判等场合，以增强语言的生动性和趣味性，增强商务交流的效果。例如，在商务会议上，主持人可能会说："Let's table this discussion for now, but don't let it fall off your desk."这里的"table"和"desk"都是一语双关的运用，一方面指的是会议桌，另一方面也含有暂停讨论和别忘记这个任务的意思。

总的来说，双关是一种既能提升商务英语表达的丰富性和生动性，又能有效传达多重信息的重要修辞技巧。

（二）双关的分类

1. 词义双关

词义双关（Homographic pun）是一种富有创造力和智慧的语言现

象，它通过使用同形异义词（即形状相同，但含义不同的词）构建出富有深度和层次的意义。这种双关语使得一句话有两种或更多的解读方式，进而激发听者或读者的联想和思考。

例如，英语中的词汇 "lead"，既有“领导”之意，又表示“铅”这种金属。如果在一则销售团队的激励广告中使用“Don't just follow, take the lead”，这句话的字面意思是“不要只是跟随，要走在前列”，而考虑到“lead”的双关含义，也可以引发对“铅”这种重物的联想，暗指“承担责任、担当重任”。这样的双关语不仅增强了语言表达的深度，也使得广告的信息更具有吸引力和感染力。

再如，商业宣传语“Dove – not just a soap, an experience”中的“Dove”，这个词在英语中除了是品牌名，还有“鸽子”的含义。因此，除了字面意思“Dove 不仅仅是一块肥皂，它是一种体验”外，这句话也暗含“鸽子（代表和平、温和）不仅仅是一块肥皂，它是一种体验”的含义，这样使得品牌形象更加柔和，更能引起消费者的好感。

因此，词义双关在商务英语中的应用，尤其是广告和营销领域，可以通过激发消费者的联想和想象，增强语言的感染力，从而有效提升信息传递的效果。

2. 发音双关

发音双关（Homophonic pun）是一种利用同音异义词创造出双关效果的修辞手法。它通过利用发音相同但含义不同的词语，使句子具有多重解读和幽默效果。

发音双关常用于文学、广告和口语中，以增加语言的趣味性和表达的多样性。通过使用同音异义词，发音双关创造出意义上的曲折和幽默效果。

我们可以看一下经典的发音双关句子：“I used to be a baker, but I couldn't make enough dough.”这句话中的“dough”在第一部分是指“面团”，而在第二部分则是指“钱”。通过将“dough”引申为“钱”，整个句子形成了一种发音双关，暗示了“作为一个面包师傅，我无法赚到足够的钱”。

另一个例子是："I'm reading a book about anti-gravity. It's impossible to put down!" 这句话中的"put down"在第一部分是指"放下"，而在第二部分则暗示了"这本书非常吸引人，无法放下"。通过使用"put down"的双关含义，句子产生了一种幽默的效果。

发音双关可以带给读者或听者一种趣味性和思维的转折。它创造了意义上的双关，使语言更具有趣味性和表达的多样性。然而，使用发音双关时需要注意语境和受众的理解能力，以确保双关的效果被准确理解并引起所期望的反应。

3. 拼写双关

拼写双关（Homographic and Homophonic pun）是一种同时利用同形异义词和同音异义词特性的双关语。它通过结合拼写相同但含义不同的词语和发音相似但含义不同的词语，创造出具有双重意义和幽默效果的句子。以下是对拼写双关的扩写和举例分析：

拼写双关是一种较为复杂的双关语形式，它要求译者在选择词语时既要考虑拼写的相似性，又要注意发音的相似性，以创造出多重意义和幽默的效果。

我们可以看一下经典的拼写双关句子："You can tune a guitar, but you can't tuna fish. Unless of course, you play bass." 这句话中的"tune"和"tuna"在拼写上是相同的，但含义不同。"tune"意指调音，而"tuna"则是指金枪鱼。通过将"tune"和"tuna"结合在一起，形成了一种拼写双关的效果。而接下来的"play bass"则利用了"bass"既可以指低音乐器，也可以指鱼的种类的双关意义。

拼写双关的运用要求译者具有丰富的词汇量、对语言的敏感度以及一定的创造力。在商务英语中，恰当地使用拼写双关能够提升语言的趣味性和说服力，使得商务交流更加生动有趣。然而，使用双关语时需要谨慎选择，并确保受众能够准确理解并欣赏其幽默效果。

（三）双关修辞的翻译方法

双关修辞是一种常见的修辞手法，利用词语的多重意义或语言结构的多义性，创造出具有双重解读或幽默效果的表达方式。在翻译双关修辞时，译者需要灵活运用翻译技巧和策略，以准确传达原文的双关含义。以下是具体的双关修辞的翻译方法，并举例分析：

1. 同音异义词的翻译

当原文利用同音异义词创造双关效果时，译者可以寻找目标语言中具有相似音的词语，以保持双关的幽默和表达的多样性。例如，原文句子"I scream, you scream, we all scream for ice cream."中的"scream"在第一部分指的是尖叫，而在第二部分则指的是冰激凌。译者可以使用相应的同音词来保持双关效果，如"我尖叫，你尖叫，我们都因为冰激凌而尖叫。"这样，译文传达了原文的双关含义。

又如，"The girl told the secret to her friend, but it was a secret that everyone knew."中的"secret"在第一部分指的是秘密，而在第二部分则指的是众所周知的事情。译者可以运用同音异义词来保持双关效果，如"这个女孩把秘密告诉了她的朋友，但这是一个众所周知的秘密。"这样，译文保留了原文的双关意义。

通过寻找目标语言中具有相似音的词语，并结合上下文的意义，译者可以巧妙地传达原文的双关含义。这种翻译策略不仅保持了双关的幽默和表达多样性，还能让读者在阅读译文时体验到原文的双关效果。译者在运用同音异义词的翻译策略时，需要注意确保译文的准确性和流畅性，并考虑目标读者的文化背景和语言习惯，以确保译文与目标语言的交流环境相契合。

2. 拼写双关的翻译

当原文使用拼写相同但含义不同的词语创造双关效果时，译者可以寻找目标语言中具有相似拼写但含义不同的词语，以保持双关的效果。例如，原文句子"Time flies like an arrow; fruit flies like a banana."中的"flies"在第一部分是"飞行"的意思，而在第二部分则指果蝇。译者可以使用类似的拼写双关来传达双关效果，如"时光如箭一样飞逝，果蝇爱吃香蕉。"这样，译文保持了原文的双关意义。

3. 语言结构的双关翻译

当原文利用语言结构的多义性创造双关效果时，译者可以通过灵活运用目标语言的语法和表达方式，以保持双关的幽默效果。例如，“The math professor gave the class a good number of problems.” 中的“good number”在第一部分意味着“很多”，而在第二部分则意味着“有趣的数学题目”。译者可以通过调整句子结构和表达方式来传达双关效果，如“数学教授给学生们留下了不少有趣的题目。”这样，译文保留了原文的双关含义。

在翻译双关修辞时，译者需要综合考虑原文的语境、目标读者的文化背景和习惯，以及双关修辞的效果和目的。通过灵活运用翻译技巧和策略，译者可以准确传达原文的双关含义，使译文在保持幽默和表达多样性的同时，与目标语言和文化环境相契合。

四、仿拟修辞及翻译

（一）仿拟的含义

仿拟修辞是一种修辞手法，通过模仿、模拟或模拟的方式创造出一种类似或相似的效果。它可以运用于商务英语翻译中，以增强表达的吸引力、趣味性和说服力。通过使用仿拟修辞，译者可以创造出生动、形象和富有表现力的语言，从而使商务文本更具吸引力和影响力。

在商务英语翻译中，仿拟修辞可以应用于不同的情境和目的。例如，在广告文案中，译者可以使用声音的仿拟来吸引读者的注意力，如使用类似的音韵和节奏来传达产品的特点或优势。在商务演讲或销售文稿中，译者可以使用形象的仿拟来让信息更加生动、易于理解和记忆，从而增强说服力。此外，在商务协商或谈判中，译者可以运用比喻的仿拟来解释复杂的概念或情况，以便更好地理解和接受。

例如，“Our new product is a game-changer in the market, it's like a breath of fresh air.”译者可以使用仿拟修辞来增强表达的吸引力和形象感，如将其翻译为“我们的新产品在市场上是一个颠覆者，它就像一股清新的微风。”这样，通过使用类比的仿拟，译文更具形象感和感染力，能够吸引目标读者的注意力并传达出新产品的突破性和创新性。

（二）仿拟的分类

仿拟修辞可以根据所模仿的对象或形式进行分类。以下是一些常见的仿拟分类：

1. 声音仿拟

通过语言的声音和韵律模仿某种声音，如动物叫声、自然声音或人类的语音特征。在商务英语中，这种仿拟可能出现在描述产品特性、营销策略、品牌定位等方面。例如，一家汽车公司可能会使用类似“Zoom-Zoom”这样的词语来模仿车辆快速行驶的声音，以此强调产品的速度和性能。对应的中文翻译可以是“嗖嗖”，既保留了源文的声音效果，又符合中文读者的认知习惯。

2. 动作仿拟

通过描述动作和运动的方式模仿某种动作，如物体的移动、人的动作或自然界的变化。商务英语中的动作仿拟可能用于描述产品的使用方式、工作流程、业务变化等。例如，“The stock prices are soaring”（股票价格正在飙升），这里的“soaring”模仿了鹰翱翔的动作，形象地描述了股票价格的快速上涨。

3. 形象仿拟

通过语言的描写模仿某种形象或外貌，如描绘物体的外观、人物的形象或场景的细节。商务英语中，形象仿拟主要用于塑造品牌形象、描绘市场状况、描述产品外观等。例如，“Our products are the beacon in the dark”（我们的产品是黑暗中的灯塔）。这里的“beacon”模仿了灯塔的形象，暗喻产品就如同灯塔一样，为消费者在复杂的市场环境中指明方向。

4. 比喻仿拟

通过比喻的方式将一个事物与另一个不相关的事物进行类比，以达到表达的效果。商务英语中的比喻仿拟广泛应用于市场分析、战略规划、产品描述等。例如，“Our business is a marathon, not a sprint.”（我们的业务就像马拉松，而非短跑。）这里通过将业务比喻为马拉松和短跑，形象地表达了业务的长期性和耐力性。

在进行这些仿拟翻译时，翻译人员需要充分理解源语的文化背景和语境含义，选择合适的目标语词语和表达方式，以尽可能地保留和传达源语的修辞效果和深层含义。

（三）仿拟修辞的翻译方法

在商务英语翻译中运用仿拟修辞时，翻译者需要灵活运用各种翻译技巧和策略，以准确地传达原文的仿拟效果。以下是一些常用的翻译方法及其在商务英语翻译中的运用：

1. 保持原文形象

译者应尽可能保持原文中的形象效果，通过描绘或描述的方式将仿拟效果传达给读者。例如，英文广告语“The taste of freedom”（自由的味道）中，通过“自由”和“味道”的结合，形象地传达了产品能够带来的感受。在进行中文翻译时，我们可以保持这种形象效果，直译为“自由的味道”。

2. 转化为类似对象

如果原文中的仿拟对象在目标语言中不存在或不具备相同的文化内涵，译者可以将其转化为类似的对象或概念，以保持仿拟的效果。例如，“Your dream job is now within arm’s reach”（你的梦想工作现在触手可及）。这里的“within arm’s reach”在中文中并无对应表达，因此我们可以转化为类似的表达方式，如翻译为“你的梦想工作现在近在咫尺”。

3. 转化为比喻

译者可以将原文中的仿拟表达转化为目标语言中的比喻表达，以传达相似的效果和意义。例如，“Our products are a breath of fresh air in the market”（我们的产品在市场上就如同一股清新的空气）。这是一种明喻，翻译时可以保留比喻结构，译为“我们的产品在市场上就如同一股清新的空气”。

4. 使用类似的修辞手法

译者可以运用目标语言中类似的修辞手法或表达方式，以实现原文的仿拟效果。例如，“The stock market roared back to life”（股市猛然复苏）。这句话中的“roared back to life”使用了拟人化的手法，翻译时我们可以选择使用中文中相应的修辞手法，如译为“股市猛然复苏”。

在实施这些翻译策略时，译者需要全面考虑源语和目标语的文化、习惯和表达方式，力求在保持原文修辞效果的同时，使翻译文本符合目标读者的接受习惯。

第四节　商务英语语篇翻译策略

一、商务邮件翻译策略

（一）分析邮件的目的与主题

在商务英语翻译过程中，邮件通常是一种常见的交流方式。邮件中包含的信息通常比较复杂且重要，因此在翻译过程中，对邮件的目的和主题进行准确的分析是非常必要的。邮件的目的和主题决定了翻译者如何选择词汇和表达方式，以确保信息的准确传递。

邮件的目的可以分为许多类型，例如通知、询问、回复、确认、建议等。每种目的都有其特定的语言和风格。例如，询问邮件通常使用疑问句，而确认邮件则可能包含感谢的表达。通过理解邮件的目的，翻译者可以更准确地选择符合这一目的的语言和风格。

邮件的主题则决定了邮件包含的主要信息。主题通常在邮件的开头或标题中明确指出。翻译者需要准确理解主题，以确保主要信息的准确翻译。此外，邮件的主题也会影响到邮件的结构和组织方式。例如，如果邮件的主题是关于一个项目的进度，那么邮件可能会按照时间线来组织信息。

让我们以一个邮件为例进行分析：

原文（英文）：

Subject: Urgent: Project Titan Delay

Dear Team,

I regret to inform you that the Project Titan has been delayed due to unforeseen circumstances. The new estimated completion date is now 30th November. We apologize for any inconvenience caused and thank you for your understanding.

Best Regards,

John

译文（中文）：

主题：紧急：泰坦项目延误

亲爱的团队，

很遗憾地通知您，由于不可预见的情况，泰坦项目已经延误。新的预计完成日期现在是 11 月 30 日。我们对由此造成的任何不便表示歉意，并感谢您的理解。

顺祝商祺，

约翰

在这个例子中，邮件的目的是通知（Urgent: Project Titan Delay），主题是项目延误（Project Titan Delay）。在翻译过程中，译者需要保持这种通知的语气，使用正式和专业的语言。此外，译者还需要准确翻译关于项目延误的具体信息，包括新的预计完成日期。

（二）确定邮件的读者与读者期望

在商务英语写作中，了解并理解邮件的读者及其期望是至关重要的。这种理解有助于塑造邮件的语气、风格和内容，以满足读者的需求和期望，从而提高邮件的效果。

读者的类型可能包括同事、上级、客户、合作伙伴等。每种类型的读者都有其特定的沟通风格和期望。例如，与上级的沟通通常需要更为正式和礼貌，而与同事的沟通则可以稍微随和一些。同样，对于外国的合作伙伴或客户，可能需要更加注意文化敏感性和礼节。了解读者的身份有助于翻译者确定邮件的语气和风格。

读者的期望主要与邮件的内容和结构有关。例如，一封给上级的项目更新邮件可能需要包含详细的进度信息，而一封给客户的产品介绍邮件则需要突出产品的优点和特性。此外，读者可能也对邮件的清晰度和简洁性有期望。了解读者的期望可以帮助翻译者更好地组织邮件的内容和结构。

以下是一封例子邮件及其分析：

原文（英文）：

Subject: Meeting Minutes – Project X

Hi Alice,

As per our discussion during the meeting held on 15th June, please find the detailed minutes attached. Let me know if there are any discrepancies.

Cheers,

John

译文（中文）：

主题：会议纪要 - 项目 X

您好，爱丽丝，

根据我们在 6 月 15 日会议上的讨论，请查看附加的详细会议纪要。如果有任何不符，请告诉我。

祝好，

约翰

在这封邮件中，读者是 Alice，她可能是发件人的同事或合作伙伴。邮件的语气较为随和，这可能反映了发件人和 Alice 之间的关系。另外，邮件的目的是提供会议纪要，这表明读者可能期望得到会议的详细信息。在翻译过程中，译者需要保持原邮件的语气，并确保会议纪要的准确性。

（三）保持邮件的专业与礼貌用语

在商务英语邮件写作和翻译中，专业性和礼貌性是至关重要的因素。无论是对内还是对外的交流，专业和礼貌的语言都能展示出写作者的专业素质和尊重对方的态度，从而增强邮件的说服力和接受度。

保持专业主要体现在邮件的内容、语言和格式上。邮件的内容需要准确、全面，不能出现错误或遗漏；邮件的语言需要清晰、简洁，不能含糊不清或啰唆；邮件的格式需要规范、整洁，不能混乱或马虎。这些都是展现专业性的关键要素。

保持礼貌主要体现在邮件的语气和表达方式上。无论邮件的内容是什么，都需要用礼貌的语言去表达。这不仅能够保持沟通的和谐，还能避免可能的冲突和误解。一般来说，商务英语邮件应该避免使用过于生硬或命令式的语言，而应该使用询问或请求的方式来表达需求或要求。

以下是一个例子：

原文（英文）：

Subject: Urgent: Required documents for Project X

Dear Mr. Smith,

I hope this email finds you well. In order to proceed with Project X, we would need some documents from your end. Kindly provide the financial reports of the last quarter and the project outline by 15th July.

Thank you in advance for your cooperation.

Best regards,

John

译文（中文）：

主题：紧急：项目 X 所需档

尊敬的史密斯先生，

希望这封邮件能找到您身体安好。为了推进项目 X，我们需要您这边提供一些档。请您在 7 月 15 日前提供上季度的财务报告和项目大纲。

感谢您提前的合作。

顺祝商祺，

约翰

在这封邮件中，发件人保持了专业和礼貌的语气。邮件的内容准确、全面，格式规范、整洁，体现了专业性。发件人以请求的方式表达了需求，而不是命令式的语言，体现了礼貌性。

（四）注意邮件的格式与排版

商务英语邮件的格式与排版是其专业性和有效性的重要组成部分。良好的格式和排版能够使邮件更容易理解和接受，也能体现出发送者的专业素养和对接收者的尊重。

邮件的格式主要包括邮件的结构和布局。一个标准的商务英语邮件通常包括以下部分：主题行、称呼语、开场白、正文、结尾和签名。每一部分都有其特定的功能和规范。

（1）主题行：主题行应该简洁明了，准确地反映邮件的主要内容，以便接收者快速了解邮件的主旨。

（2）称呼语：称呼语应该尊重和专业。如果知道接收者的姓名和头衔，应该使用正确的称呼。

（3）开场白：开场白通常是一个简短的问候或介绍，可以设置邮件的语气。

（4）正文：正文是邮件的主要内容，应该清晰、准确地传达信息。

（5）结尾：结尾通常包括一个感谢语或期待的表达，以及一个礼貌的结束语。

（6）签名：签名应该包括发送者的姓名、职务和联系信息。

邮件的排版主要涉及段落的划分、文本的对齐和字体的选择等。一般来说，每个主要的观点或信息应该有自己的段落；文本应该左对齐；字体应该选择易读的字体，如 Arial 或 Times New Roman。

以下是一个例子：

原文（英文）：

Subject: Meeting Confirmation

Dear Mr. Wang,

I am writing to confirm our meeting on June 30th at 2:00 pm in our office. The address is 1234 Fifth Avenue, New York.

In the meeting, we will discuss our project progress and future plans. Please let me know if there is anything specific you would like to discuss.

Looking forward to seeing you then.

Best regards,

John Smith

Project Manager

Email: john.smith@xyz.com

Phone: 123-456-7890

译文（中文）：

主题：会议确认

尊敬的王先生，

我写信是想确认我们将于 6 月 30 日下午 2 点在我们的办公室进行会议。地址是纽约第五大道 1234 号。

会议中，我们将讨论我们的项目进展和未来计划。如果有任何特定的事项您想讨论的，请告诉我。

期待那时见到您。

顺祝商祺，

约翰·史密斯

项目经理

电邮：john.smith@xyz.com

电话：123-456-7890

在这封邮件中，发送者遵循了标准的商务英语邮件格式，内容清晰、专业，排版整洁、规范。

（五）确保邮件的明确与简洁

商务英语邮件的明确性和简洁性是提高邮件有效性的关键因素。明确的邮件可以确保接收者理解邮件的内容和目的，而简洁的邮件则可以使接收者更容易读懂和接受信息。

明确性主要体现在邮件的语言和信息的表达上。明确的邮件语言应避免使用含糊不清或模糊的词汇和表达，应确保每个句子都有清晰的主语和谓语，以便接收者明白谁在做什么。明确的邮件信息则要求邮件的内容和目的一目了然，使接收者知道邮件的主旨和应该采取的行动。

简洁性则主要体现在邮件的长度和结构上。简洁的邮件应尽可能地减少冗余和无关的信息，只包含必要和相关的内容。简洁的邮件结构要求邮件有逻辑的组织和清晰的段落划分，使接收者能够快速找到和理解关键信息。

以下是一个示例：

原文（英文）：

Subject: Request for Product Information

Dear Sales Team,

I am interested in your new product line and would like to request more information. Could you please send me a product catalogue and price list?

Thank you for your assistance.

Best regards,

John Smith

译文（中文）：

主题：请求产品信息

尊敬的销售团队，

我对贵公司的新产品线感兴趣，希望能够了解更多信息。能否请您寄送一份产品目录和价格表给我？

感谢您的帮助。

顺祝商祺，

约翰·史密斯

这封邮件使用了简洁、明确的语言表达了邮件的目的，让读者一目了然。同时，它的长度适中，内容准确，没有冗余的信息，符合商务邮件的专业规范。

二、商务报告翻译策略

（一）理解报告的结构与组织

理解商务报告的结构和组织是进行有效翻译的关键。商务报告通常有明确的结构和组织方式，包括引言，正文（包括分析，讨论等部分），结论，和建议等部分。每部分都有其特定的目的和写作方式。

在进行商务报告翻译时，译者应首先对整个报告的结构有全面的理解。理解报告的各部分及其之间的逻辑关系，以保证翻译后的报告结构清晰，逻辑连贯。翻译时，译者应保持报告的原有结构，尽量避免在不同部分之间增加或减少信息。

同时，译者还应注意各部分的组织方式。比如，引言部分通常会对报告的主题和目的进行简洁明了的介绍，正文部分则深入详细地分析和讨论问题，结论部分汇总和提炼出报告的核心观点，建议部分则基于分析结果提出实施建议。在翻译这些部分时，译者需要保证其内容和风格的一致性，确保信息的完整性和准确性。

以下是一个报告的结构示例：

英文：

Title: Market Analysis of Electric Vehicles in China

I. Introduction

II. Market Overview

III. Competitive Landscape

IV. Consumer Behavior Analysis

V. Conclusion

VI. Recommendations

译文（中文）：

标题：中国电动车市场分析

I. 引言

II. 市场概述

III. 竞争格局

IV. 消费者行为分析

V. 结论

VI. 建议

这个报告清晰地列出了各部分的标题，使读者可以快速理解报告的结构和内容。在翻译时，译者需要保证这种结构的清晰性和一致性。

（二）把握报告的核心信息与论点

把握商务报告的核心信息和论点对于进行精准有效的翻译至关重要。在商务报告中，核心信息和主要论点通常是报告的灵魂，是报告想要传达的主要信息。如果译者没有准确地理解和传达这些信息，那么翻译的效果可能会大打折扣。

在进行商务报告翻译时，译者需要精读原文，刻意寻找和理解报告的核心信息和主要论点。这通常需要译者具备一定的专业知识，以便能够理解报告的内容和含义。译者还需要具备批判性思维的能力，以便能够评估信息的重要性，辨识出报告的主要论点。

翻译时，译者应尽量保持信息的原汁原味，避免对信息进行过度的解读或者改写。同时，译者也需要注意语言的准确性和流畅性，确保译文易于理解，语义准确。

下面是一个示例，演示如何翻译报告的核心信息和主要论点：

英文原文：

Title: Future Trends of Renewable Energy Industry in Europe

"The renewable energy industry in Europe is expected to grow significantly in the next decade. The main drivers for this growth are the increasing public awareness of climate change, the supportive policies from the European Union, and the advancements in renewable energy technologies. However, challenges such as high investment costs and market competition should not be overlooked."

中文翻译：

标题：欧洲可再生能源行业的未来趋势

“预计在未来十年内，欧洲的可再生能源行业将会有显著的增长。这种增长的主要驱动因素是公众对气候变化的日益认识，欧盟的支持性政策，以及可再生能源技术的进步。然而，我们不应忽视如高额投资成本和市场竞争等挑战。”

在这个示例中，报告的核心信息和主要论点在第一段中清晰地表达出来。译者在翻译时，准确地保留了这些信息，并保证了译文的准确性和流畅性。

（三）传递报告的数据与图表准确性

在商务报告中，数据和图表经常被用来提供客观的证据，支持报告的观点和论述。这些数据和图表能够使读者更直观、更精确地理解报告的内容。然而，如果在翻译过程中失去了数据的准确性或者图表的清晰性，那么这些数据和图表就无法达到应有的效果，甚至可能会误导读者。因此，准确地翻译数据和图表是非常重要的。

对于数据，译者需要对其准确性和一致性进行严格的把控。一般来说，数据的翻译并不涉及语言表达，而是数字的转换，比如单位的转换、数值的格式化等。译者需要根据目标读者的习惯，合理地进行转换和格式化，使其容易理解，同时又不失准确性。

对于图表，除了数据的准确性，译者还需要注意其表现形式的清晰性。例如，图表的标题、标签、注释等文字信息，都需要用目标语言准确、清晰地表达出来。此外，有些图表可能会使用特定的颜色、图形或者符号来表达信息，这些视觉元素在不同文化中可能有不同的含义，译者需要注意适当地进行调整，以避免误解。

以下是一个示例，展示了如何准确地翻译报告中的数据和图表：

英文原文：

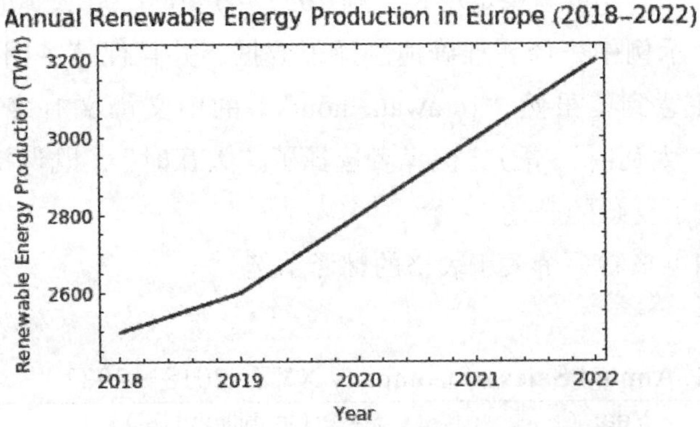

Figure 1. Annual Renewable Energy Production in Europe（2018—2022）

"In 2018, the total renewable energy production in Europe was 2500 Terawatt-hours（TWh）. Over the next four years, the production has shown a steady increase, reaching 3200 TWh in 2022."

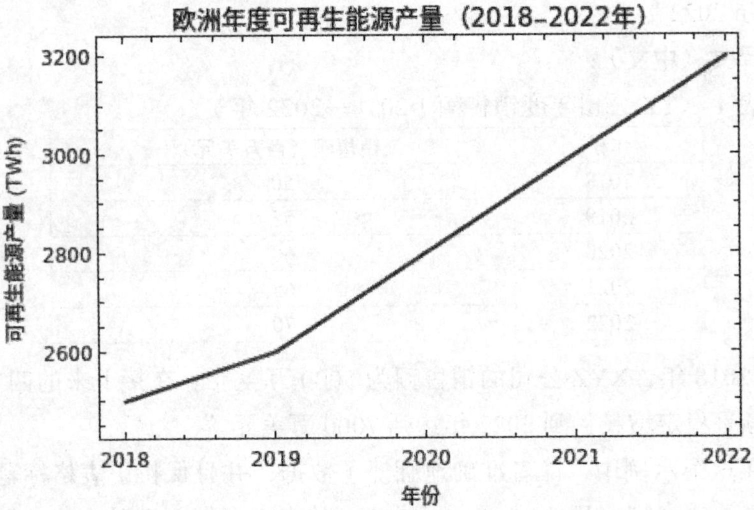

图 1. 欧洲年度可再生能源产量（2018—2022 年）

“2018 年，欧洲的可再生能源总产量为 2500 太瓦时（TWh）。在接下来的四年里，产量呈稳定增长，到 2022 年达到 3200 太瓦时。”

在这个示例中，译者准确地翻译了数据，并且保持了图表标题的简洁明了。注意到，虽然“Terawatt-hours”的中文译文有多种（如“太瓦·小时”“太瓦时”等），但译者选择了“太瓦时”，既保持了准确性，又避免了过于复杂的表述。

让我们再来看一个关于表格的翻译示例。

英文：

Table 1. Annual Sales of Company XYZ（2018—2022）

Year	Sales（in million USD）
2018	50
2019	55
2020	60
2021	65
2022	70

"In 2018, the sales of Company XYZ were 50 million USD. Over the next four years, the sales have shown a steady increase, reaching 70 million USD in 2022."

译文（中文）：

表 1. XYZ 公司年度销售额（2018—2022 年）

年份	销售额（百万美元）
2018	50
2019	55
2020	60
2021	65
2022	70

“2018 年，XYZ 公司的销售额为 5000 万美元。在接下来的四年里，销售额呈稳定增长，到 2022 年达到 7000 万美元。”

在这个示例中，译者准确地翻译了数据，并且保持了表格标题的简洁明了。注意到，虽然“million USD”的中文译文有多种（如“百万美元”“百万美金”等），但译者选择了“百万美元”，既保持了准确性，又避免了过于复杂的表述。

（四）确保报告的逻辑与连贯性

商务报告通常涉及对复杂问题的深入分析和全面论述。因此，报告的逻辑性和连贯性是至关重要的。只有当报告的各个部分都紧密相连，形成一体，才能让读者理解和接受报告的主张。逻辑性和连贯性不仅关乎报告的内容，也关乎报告的形式。因此，商务报告的翻译，也需要确保目标语言版本的逻辑性和连贯性。

逻辑性主要体现在报告的结构和论述上。一个具有良好逻辑性的报告，应该有明确的论题，明确的观点，清晰的论证，以及严谨的结论。这就需要译者充分理解源文的逻辑结构，包括报告的主题，论点，证据，以及结论，并在翻译过程中，准确无误地表达出来。需要注意的是，不同的语言和文化可能有不同的论述和表达习惯。因此，译者可能需要在保持源文逻辑性的同时，对其进行适当的调整和转化，以符合目标语言的习惯。

连贯性则体现在报告的语言和表达上。一个具有良好连贯性的报告，其语言应该流畅，表达应该清晰，段落之间应该有适当的过渡。这就需要译者熟悉目标语言的语法和表达规范，以及熟练掌握各种过渡和衔接手段。此外，连贯性也涉及报告的格式和排版。比如，标题，小标题，段落，以及列表等，都需要按照一定的规则进行组织，以帮助读者理解和跟踪报告的逻辑。

三、商务演讲翻译策略

（一）理解演讲的目的与受众

商务演讲翻译是一个复杂且充满挑战的任务，其成功关键在于理解演讲的目的和受众。无论演讲者希望传达的是商务策略、产品宣传还是企业理念，译者都需要准确把握这个核心目的，并将其反映在翻译中。另外，了解受众，尤其是他们的文化背景、语言习惯和期望也同样重要。这样，译者才能确保翻译的内容和形式能够有效地与受众交流和互动。

演讲的目的是决定其内容和形式的关键。它既可以是具体的，例如推广一个产品、解释一个策略，也可以是抽象的，例如建立企业形象、提升品牌知名度。译者需要理解这个目的，并在翻译中准确地表达出来。这可能需要译者对源语言文本进行深入的分析和理解，甚至可能需要他们对相关的商务和行业知识有一定的了解。

了解受众可以帮助译者更好地进行翻译。商务演讲的受众通常是具有一定商务知识和经验的专业人士，他们对语言的质量和准确性有很高的要求。因此，译者需要确保翻译的内容不仅准确，而且专业。同时，受众的文化背景和语言习惯也会影响他们对演讲的理解和接受。译者需要熟悉这些背景和习惯，并在翻译中加以考虑和反映。

（二）把握演讲的主题与重点

商务演讲中的主题和重点通常决定了整个演讲的结构和内容。因此，准确把握和翻译这些信息对于译者来说至关重要。有时，主题和重点可能在演讲的开头明确给出，但在其他情况下，它们可能需要通过分析和解读演讲的整体内容来识别。对于译者来说，必须具备强大的语言理解和处理能力，以确保他们能够准确地识别和传达这些信息。

演讲的主题是其核心思想，它决定了演讲的方向和重点。在翻译时，译者需要确保这一主题被清晰地传达给听众。例如，如果一个演讲的主题是关于一种新的商业策略，那么在翻译时，这一主题应该始终贯穿在整个译文中，而且需要在相关的细节和实例中得到强调和解释。

演讲的重点则是对主题的具体展开和讨论。它们通常包括主题的各种细节、例子、论点和证据等。在翻译时，译者需要确保这些重点被准确、完整、连贯地传达出来。同时，还需要注意保持源语言的语气和风格，尽可能地重现演讲者的原意和效果。

对于商务演讲翻译，中英文之间的文化差异和语言习惯也是需要考虑的重要因素。例如，英语的商务演讲通常更倾向于直接、准确、客观，而中文的商务演讲则可能更注重文采、含蓄、感情。因此，在翻译过程中，译者需要找到这两种语言和文化之间的平衡，同时保持准确和流畅。

（三）维持演讲的节奏与语调

商务演讲的节奏和语调对于信息的传达以及听众的参与和理解都具有重要影响。因此，翻译时要尽可能保留这些元素，以确保信息传递的准确性和演讲的连贯性。

节奏是指演讲者语言的速度和节拍，它反映了演讲的流动性和动态变化。正确的节奏可以帮助引导听众的注意力，突出重要的信息，也可以在演讲中创造出各种情感和气氛。因此，翻译时，译者需要准确理解和反映源语言的节奏。这可能涉及对演讲内容的精细划分，如区分主要和次要信息，突出关键点，合理安排句子和段落的长度和结构等。

语调则是指演讲者的声音变化，包括音调的升降，强弱变化等。语调的变化可以表达各种情感和态度，也可以突出特定的信息。翻译时，尽管译者不能直接传达源语言的语调，但可以通过选择适当的词语，使用各种标点符号，甚至改变句子的结构和语序，来间接反映语调的变化。例如，英语中使用升调来提问，在中文翻译时，可以使用“吗”或“呢”等词语来表达类似的效果。

在中英文对照的例子中，例如，一个英语的商务演讲中，演讲者可能会用较快的节奏列举一系列的数据或事实，以展示他们的专业知识和对主题的深入理解。在这种情况下，中文翻译需要准确、完整地传达这些信息，同时保持相应的节奏。例如，原文可能是这样的：“Our company has seen a 25% increase in sales, a 15% increase in market share, and a 10% increase in customer satisfaction.”在翻译时，可以这样表达：“我们公司的销售额增长了 25%，市场份额增长了 15%，客户满意度提高了 10%。”

（四）翻译演讲中的幽默与修辞手法

翻译商务演讲中的幽默和修辞手法无疑是一项挑战，但也是一项重要的任务。这些元素可以吸引听众的注意力，加强信息的传递，展现演讲者的魅力和智慧。然而，由于文化、语言和个人经验的差异，某些幽默和修辞手法可能无法直接翻译，或者在目标语言中没有相同的效果。

因此，译者需要具备丰富的知识和创造力，以找到最佳的翻译策略。

幽默是一个复杂的现象，它涉及语言、情境、文化、心理等多方面的因素。翻译时，译者需要理解幽默的来源，比如是语言游戏、文化参照、情境反转还是人物角色。然后，根据目标文化和语言的特点，选择适当的翻译策略，如保留、适应、补充或省略。例如，如果源语言的幽默是基于某种语言的特点，如英语的谐音或同音词，那么在中文翻译时，可能需要创造一个新的、基于中文特点的幽默效果。如果源语言的幽默是基于某种文化知识或情境，那么在中文翻译时，可能需要提供一些补充信息，或者寻找一个相似的、中文听众熟悉的参照。

修辞手法是一种语言艺术，包括比喻、夸张、反问、排比、悖论等。翻译时，译者需要识别这些修辞手法，理解它们的功能和意义，然后尽可能在目标语言中保留或再现。在一些情况下，由于语言的差异，原来的修辞手法可能无法直接翻译。这时，译者需要灵活运用语言，寻找合适的词语、表达或结构，以达到相似的效果和影响。此外，译者还需要注意修辞手法的适当性和得体性，避免过度修辞或不符合目标文化和语境的修辞。

例如，在一个英语的商务演讲中，演讲者可能会使用一些幽默的语言和修辞手法，如反问和比喻，以引起听众的兴趣和共鸣。如："Who says money can't buy happiness? Just look at the smile on my face when I bought my new car." 在中文翻译时，可以这样表达："谁说钱买不到快乐？看看我买新车时那喜形于色的样子就知道了。"

（五）考虑演讲的文化与语用适应

商务演讲在全球范围内都是一种常见的信息传递方式，然而，在跨文化的背景下，演讲者的信息可能因为语言和文化差异而被误解或忽视。因此，对于翻译者来说，考虑演讲的文化和语用适应性是至关重要的。这不仅意味着将源语言准确地翻译成目标语言，还需要考虑如何使翻译后的演讲在目标文化中产生相同的效果和影响力。

文化适应意味着理解并尊重目标文化的价值观、习俗、行为规范等，以避免可能的冒犯或误解。例如，一些西方商务演讲中常见的直接和开放的沟通方式可能在东方文化中被视为不礼貌或傲慢。在这种情况下，翻译者可能需要将原来的表达稍作修改，使其更符合东方文化的沟通习惯。例如，英语演讲中常见的直接提问，如“Do you agree?”，在中文翻译时，可能会变成一个更委婉的提问，如“您是否也有相同的看法呢？”。

语用适应意味着理解并应用目标语言的语言习惯和规则，以实现有效的沟通。这包括词汇、语法、语音、语调、礼貌等方面。例如，英语演讲中的一些口语化的表达，如“you know”，在中文翻译时，可能需要省略或换成更正式的表达，如“您看”。同样，英语演讲中的一些非正式的问候和结束语，如“Hi folks”和“Cheers”，在中文翻译时，可能需要换成更符合商务场合的表达，如“各位朋友”和“感谢大家”。

例如，在一次英语商务演讲中，演讲者说：“We are not here to sell products, we are here to help customers solve problems.”（我们不是来卖产品的，我们是来帮助客户解决问题的。）在这句话中，“sell products”和“help customers solve problems”是西方商业思维的直接和开放的表达方式。然而，在中文商务演讲中，可能需要更委婉和含蓄的表达方式，如：“我们的目标不仅仅是销售产品，更重要的是帮助客户解决问题。”在这个翻译中，不仅保留了原来的意思，还使表达方式更符合中文商务演讲的风格和习惯。

四、商务会议翻译策略

（一）确定会议的议程与目标

商务会议是企业日常运营中不可或缺的一部分，而翻译者在此环境中的角色就像一座桥梁，连接着不同语言和文化的参会者。在准备和进行商务会议翻译时，首要任务是确定会议的议程和目标。这需要翻译者对会议的主旨，主要内容和目标有清晰、准确的理解。为了做到这一点，翻译者需要与会议组织者、参与者和其他相关方密切合作，获取必要的信息，并进行充分的预先准备。

议程是会议的框架，它明确了会议将要讨论的问题和活动的顺序。

确定议程对于翻译者来说至关重要，因为它可以帮助翻译者了解会议的整体流程和内容，从而在心理上为会议的进行做好准备。对议程的理解还可以帮助翻译者在会议过程中更有效地跟踪和管理时间，避免因为过度关注某一环节而忽略了其他重要环节。

目标是会议的指南，它明确了会议希望达成的结果。理解会议的目标可以帮助翻译者在翻译过程中更有针对性地处理信息，特别是那些与会议目标直接相关的关键信息。例如，如果会议的目标是为了达成某个商业决定，那么翻译者就需要特别注意那些可能影响决定的重要信息和观点。反之，如果会议的目标是为了交流和分享信息，那么翻译者就需要确保所有的信息都被准确、完整地传达给所有的参会者。

以下是一个具体的例子。在一个商务会议中，议程可能包括公司的年度财务报告、新产品的介绍、市场策略的讨论等。在这个例子中，翻译者需要清楚每一项议程的主题，例如，财务报告可能涉及公司的营收、支出、利润等，新产品的介绍可能涉及产品的特性、优点、市场定位等，市场策略的讨论可能涉及市场趋势、竞争对手、营销活动等。在理解了这些主题后，翻译者就能更有效地准备和进行翻译工作。而会议的目标可能是为了让所有的参会者对公司的财务状况、新产品和市场策略有一个全面的了解。在这个目标下，翻译者需要确保所有的信息都被清晰、准确地传达，不仅仅是数据和事实，还包括各种观点和建议。

（二）把握会议的主题与议题

商务会议的翻译中，对会议主题和议题的精准把握是至关重要的环节。主题是会议的骨架，为会议内所有对话和讨论设定了范围，而议题则是主题下的具体讨论点。在翻译中，翻译者需要将主题和议题清晰地展现出来，才能让接收信息的一方更好地理解会议的核心和各个讨论点。

商务会议主题往往涵盖公司战略、新项目、财务报告、人力资源管理、市场推广策略等方面。对于翻译者来说，必须在会议开始之前对这些主题有深入的了解，这样才能更好地把握翻译的语境和内容。

议题是在主题之下，具有具体针对性的讨论点。对于翻译者来说，理解议题是非常关键的。会议的议题可能涉及的内容相当广泛，从公司政策的变化，到新项目的实施，再到各类管理问题的讨论等。翻译者在进行翻译时，要充分理解议题的背景和涉及的内容，使得翻译的结果能够准确、生动地传达出原始语言中的意思。

以一场关于市场推广策略的商务会议为例，会议主题可能是“如何改进我们的数字营销策略”。在这个主题下，议题可能包括“我们的目标消费者是谁？”“我们的竞争优势是什么？”和“我们应该如何调整我们的广告预算？”等。在这种情况下，翻译者需要明白主题是关于改进数字营销策略，而议题是为了找出目标消费者、公司优势和广告预算调整的方向。

从中文到英文的翻译中，会议主题可能从“如何改进我们的数字营销策略”翻译为“How to Improve Our Digital Marketing Strategy”，而相关议题可能从“我们的目标消费者是谁？”翻译为“Who are our target customers?”、从“我们的竞争优势是什么？”翻译为“What are our competitive advantages?”，以及从“我们应该如何调整我们的广告预算？”翻译为“How should we adjust our advertising budget?”。

这样，无论是对于会议的参与者，还是会议记录的读者，他们都可以清晰地理解会议的主题和议题，从而更好地参与讨论或是理解会议内容。

（三）传递会议的决策与建议

在商务会议中，决策和建议的传递是一个非常重要的环节。它们代表了会议的最终成果和行动方向。对于翻译者来说，如何准确、全面地传递这些信息，就成了一项至关重要的任务。然而，这并不仅仅是翻译的文字和语言问题，还需要翻译者理解商务语境中的各种复杂元素，包括商业策略、企业文化、组织结构、角色关系等。

会议决策通常涉及公司的未来行动，可能包括公司的战略方向、市场进入、新产品开发、人力资源管理、财务投资等。这些决策需要在会议中得到所有相关人员的理解和支持。因此，翻译者需要确保这些决策在翻译过程中能够被清晰地表达出来，并且需要注意到在不同文化和语境下，可能存在的微妙差异。

会议建议则通常来自会议的参与者，他们可能会提出对公司决策的看法、对公司战略的建议、对市场趋势的分析等。这些建议需要被正确地理解和尊重，因此在翻译过程中，翻译者需要尽可能地保留原始语言的语气和细节，同时需要确保这些建议在目标语言中可以得到恰当的表达。

以下是一个实例，其中包含了决策和建议的传递。在一个关于公司新产品开发的会议中，决策可能是："我们决定开发一款面向年轻消费者的新产品。"在翻译中，可能被翻译为："We decide to develop a new product targeting young consumers."同时，在会议中，有人可能会建议："我们应该调查年轻消费者的需求和习惯。"在翻译中，可能被翻译为："We should investigate the needs and habits of young consumers."

通过这种方式，翻译者可以保证决策和建议在会议中的重要性得到了体现，同时也可以确保在不同语言和文化的转换中，原始语言的信息和意图被正确地传达出去。

（四）注意会议的互动与问答

商务会议通常不仅仅是一个单向的信息传递过程，而是一个涉及多元交互的过程。会议互动包括了讨论、辩论、提问、回答、反馈等各种形式，这些互动使得会议更具活力，也更能够激发思维的火花。翻译者需要理解并精确传达这些互动的信息，同时也需要处理好文化差异带来的问题。

对于会议中的互动，翻译者需要准确捕捉到参与者的声音和情绪，以及他们的行为和态度。这些都是信息传递的重要部分，它们对于理解整个会议的情境和内容有着至关重要的作用。这意味着，翻译者不能只是机械地翻译言辞，而是需要去解读其中的深层含义和背后的动机。例如，一个参与者可能会提问："我们真的有足够的资源去做这个项目吗？"这个问题在字面上可能只是一个询问，但在实际情况中，这可能表示参与者对项目资源的担忧。

再者，会议的问答环节是互动的重要组成部分。翻译者需要了解并处理好各种问题的提法和回答方式。在不同的文化背景中，提问和回答的方式可能会有很大的不同。例如，在一些文化中，直接的提问可能被认为是冒犯，而在其他文化中，直接的提问可能被认为是清晰和有效的沟通方式。

以下是一个对会议互动的翻译例子：在一次会议中，一位参与者可能会说："我对这个项目的时间表有些疑虑。"这在英文中可以翻译为："I have some doubts about the timeline of this project."同时，另一位参与者可能会回答："我们已经考虑到了这个问题，并且已经制定了详细的计划。"这在英文中可以翻译为："We have considered this issue and have already made a detailed plan."

（五）保持会议的秩序与流畅性

会议秩序和流畅性的保持是商务会议成功的关键因素之一。良好的会议秩序不仅可以提高会议效率，也有利于保证会议目标的实现。因此，会议翻译时必须考虑如何在不同语言和文化环境下，将会议的秩序和流畅性准确地传递出去。

翻译者需要理解并遵循会议的规则和程序，这包括了对会议议程的理解、对发言顺序的把握、对时间控制的注意等等。例如，翻译者在翻译发言内容时，需要注意不要打断发言人，要等到发言人停顿或者结束时再进行翻译，以此来保持会议的流畅性。

此外，翻译者还需要注意在翻译过程中保持清晰、简洁的语言，避免出现冗长复杂的句子，这也是保持会议流畅性的重要因素。例如，如果会议议题是"商业战略调整"，在英文中可以简洁地翻译为"Adjustment of business strategy"，而不是一个冗长的描述。

以下是一个例子：在一次商务会议中，会议主持人可能会说："请注意，每个人的发言时间限制在 5 分钟以内。"这在英文中可以翻译为："Please note, each person is limited to speaking for no more than 5 minutes."同时，主持人可能会在会议结束时说："感谢大家的参与，我们下次会议再见。"这在英文中可以翻译为："Thank you for your participation. See you at the next meeting."

五、商务合同翻译策略

（一）理解合同的法律与商业性质

商务合同翻译的首要任务之一便是理解合同的法律与商业性质。合同是法律文件，其包含的每一个词汇和句子都具有具体的法律含义。同时，商务合同又是商业活动的重要组成部分，它反映了商业活动的基本规则和原则。因此，翻译者在进行商务合同翻译时，必须理解并熟悉相关的法律和商业知识。

理解合同的法律性质是翻译的基础。翻译者需要对合同中所涉及的特定法律条款和规定有深入的理解。例如，“违约金”一词在中国法律中，其含义是违反合同约定应当支付的经济赔偿，而在英文中，这可以翻译为“liquidated damages”。

另外，理解合同的商业性质同样重要。翻译者需要了解合同所涉及的商业背景和目标，以便更准确地翻译合同内容。比如，“股份转让”这个概念，在商业背景下，通常涉及公司的股权结构和控制权的变动。在英文中，这可以被翻译为“share transfer”。

（二）传递合同的条款与条件

商务合同的条款与条件是合同的核心部分，其明确规定了双方的权利和义务，违约责任等重要信息。因此，精确并完整地传递这些信息是合同翻译的重要任务。

合同的条款通常包括对价支付、履行期限、违约责任等内容。例如，“如买方未按合同规定的日期支付全额购买价格，卖方有权解除合同并要求买方支付违约金。”这个条款在英文中可以翻译为“If the Buyer fails to pay the full purchase price by the date specified in the contract, the Seller has the right to terminate the contract and demand the Buyer to pay liquidated damages.”

合同的条件则通常设定了合同生效的前提或合同效力的终止，比如“本合同的生效以买方在签署后五天内向卖方支付定金为条件。”这个条件在英文中可以被翻译为“The effectiveness of this contract is conditional upon the Buyer paying the deposit to the Seller within five days after signing.”

在翻译这些条款和条件时，翻译者需要充分理解这些内容的含义，并准确地传达其原始意图。这要求翻译者对相关法律和相关商业知识有深入的理解，并能准确地掌握和使用相应的法律术语。同时，翻译者还需要注意保持语言的清晰性和准确性，避免因表述不清或误解而引起的法律纠纷。

（三）注重合同的准确与一致性

商务合同是法律文件，因此它的翻译需要尽可能准确，确保原合同的意图、条款和含义在译文中得到准确无误的表达。而且，一致性在合同翻译中也尤为重要，这既包括用词的一致性，也包括条款解释的一致性。

对于合同的准确性，翻译者需要对每一个条款有深入的理解，避免出现误解或误译。例如，"This contract is subject to the laws of the United States" 这句话应该被翻译为“本合同受美国法律管辖”，而不是“本合同服从美国法律”。这种微妙的差别可能会对合同的解释产生重大影响。

对于一致性，翻译者应该对同一条款或者相关条款使用一致的译法。比如，如果“liquidated damages”在一处被翻译为“违约金”，那么在其他地方也应该翻译为“违约金”，而不是“罚金”或“赔偿金”。这样可以确保合同在整个文本中的连贯性和一致性。

如果合同涉及特定的法律术语或者行业术语，翻译者需要确保使用准确的法律或行业术语，这也是保证合同翻译准确性和一致性的重要方式。

最后，任何的添加、删除或修改都可能改变合同的含义，因此在翻译过程中，翻译者需要谨慎对待原文，尽量准确地翻译原文的内容，避免任何可能导致含义改变的修改。

（四）翻译合同中的保密与责任条款

合同中的保密条款和责任条款是重要的组成部分，涉及一方或双方的权利、责任和义务，这些条款的准确翻译对于合同的执行至关重要。下面我们将这两部分条款的翻译策略进行详细分析。

首先，保密条款，通常涉及对信息的使用和披露的限制。例如，原文中可能有这样的句子：“The parties agree to keep confidential any non-public information obtained under this contract.”这样的句子可以译为“各方同意，对根据本合同获得的任何非公开信息保密。”为了确保原意的准确传达，翻译者需要对每一个概念都有深入的理解，例如这里的“non-public information”应理解为“非公开信息”而非“内部信息”或“秘密信息”。

其次，责任条款，通常涉及违约责任、赔偿责任等。举个例子，如果原文是“The Seller shall be liable for any damage caused by defective goods.”，那么这句话可以译为：“如商品有缺陷导致任何损害，卖方应承担责任。”这里的 "liable" 需要翻译为“承担责任”而非“负责”或“有义务”，以确保其法律含义的准确性。

在进行这类翻译时，翻译者不仅要理解合同中的具体内容，还要有一定的法律背景知识，以便准确理解和翻译合同中的法律条款。因此，合同翻译往往需要专业的法律翻译人员来完成。同时，合同翻译应严格遵守翻译道德，避免因为翻译不准确而给客户造成损失。

（五）考虑合同的双方文化与法律背景

当涉及跨国合同翻译时，考虑合同双方的文化和法律背景是至关重要的。这种需要不仅体现在用词和表达方式上，还体现在对双方国家法律规定的理解上。因此，这部分的翻译策略会聚焦于如何理解并有效地翻译涉及不同文化和法律背景的合同内容。

例如，假设我们在翻译一份中美合同，原文可能包含这样一句：“按照中华人民共和国法律，乙方应承担由甲方因乙方违约造成的损失。”这句话的直译可能是：“According to the laws of the People's Republic of China, Party B should bear the losses caused by Party A due to Party B's breach of contract.”然而，此种表达方式可能不适应美国的法律语境，因为它没有明确指出是哪部法律，也没有具体的法律条款引用。因此，更好的翻译方式可能是：“Pursuant to applicable laws in the People's Republic of China, Party B is liable for any damages incurred by Party A due to Party B's breach of contract.”

此外，有时我们也需要考虑文化背景。比如，在中国文化中，“合同”常常被视为固定不变的，但在美国文化中，合同往往被视为可以修改和重新协商的。因此，当翻译“乙方有权在合同期内更改价格”这样的句子时，可能需要额外解释这在中国是合法且被接受的，而在美国，这样的行为可能需要更多的商量和协商。

在翻译过程中，翻译者需要对两国的文化和法律有深入的理解，以保证翻译的准确性和有效性。同时，为了避免误解和误导，翻译者需要在翻译过程中保持中立，公正地表达原文的意思，而不添加任何个人的观点或解释。

第五节　处理跨文化“无法直译”元素的策略

一、转译和解释的策略

（一）诠释文化特有概念的含义和背景

在跨文化翻译过程中，文化特有概念的存在通常给译者带来重大挑战。这些概念深深植根于特定文化的语境中，缺乏等效的词汇或表达在目标语言中。在处理这些“无法直译”的元素时，理解并诠释文化特有概念的含义和背景成为必要的策略。

首先，对于任何翻译过程，理解源文本中的文化特有概念的含义是基础。理解源语言中的特定概念，其实也是理解源语言文化的过程。这一阶段，译者需要通过查阅资料、询问专家或者使用相关工具来理解这些文化特有概念的含义。

然而，仅仅理解概念的字面含义是不够的。因为许多文化特有概念的真正含义，往往是源自它们在特定文化中的历史、社会、宗教等多方面的背景。比如，中文中的“仁、义、礼、智、信”这些词，要理解它们，就需要深入研究儒家思想和中国传统文化。所以，对文化背景的深入了解，可以帮助译者更准确、更深入地理解这些文化特有概念。

当译者理解了文化特有概念的含义和背景后，诠释它们就成为可能。诠释这些概念的方式多种多样，可以是文字描述、解释性的注释、足够详细的说明或者插入译文的相关上下文中。关键在于，这些诠释应该能够帮助目标语言的读者理解这些概念，同时保留其在源文中的原始含义和特色。

值得注意的是，诠释文化特有概念的过程，也是对目标文化敏感性的考验。译者需要明白，诠释的目标不仅是让目标语言的读者理解源文的内容，还要使他们感到舒适和自然。因此，译者在诠释过程中，应注意尊重目标文化的习俗和规范，避免使用可能引起误解或冒犯的词汇或表达。

（二）采用同义词或类似表达进行转译

在处理跨文化翻译中的“无法直译”元素时，采用同义词或类似表达进行转译是一种行之有效的策略。这种策略是基于这样的认识，即尽管语言是文化的载体，不同语言和文化中的概念并非完全无法对应，它们之间往往存在着某种程度的相似性或者相通性。通过找寻这些相似性或相通性，译者可以尽可能地在目标语言中复现源语言中的含义。

这种策略的关键是找到源语言中概念的同义词或者近义词，或者寻找一种在语境、功能或效果上相似的表达方式。同义词或近义词的选用需要译者具备丰富的语言知识和敏锐的语感。这不仅包括对词汇的理解，还包括对词汇在特定语境中的含义和用法的把握。同时，语言并非僵化不变的，语言的发展和演变也可能为译者提供新的词汇或表达方式。

然而，值得注意的是，尽管同义词或类似表达可以在一定程度上代替源语言中的概念，但由于文化差异和语言特性，往往无法做到百分之百的对应。例如，英语中的“privacy”和中文中的“隐私”虽有相似之处，但两者的涵义并不完全相同，英语中的“privacy”更强调个人的空间和信息的保护，而中文中的“隐私”更强调不被他人窥探的秘密。因此，当使用同义词或类似表达进行转译时，译者需要充分理解源语言和目标语言之间的差异，避免在寻求对应的过程中失去源语言的精准含义。

在实践中，有时候译者可能无法找到完全对应的同义词或者近义词，这时可以采用语境、功能或效果上相似的表达方式。例如，对于一些特定的风俗、节日或者食物等文化特定元素，译者可以根据其在源文化中的功能或者效果，选择在目标文化中具有相似功能或效果的元素作为转译。

总的来说，采用同义词或类似表达进行转译是处理跨文化“无法直译”元素的一种有效策略。

然而，译者需要谨记，任何翻译策略都需要在尊重源语言和文化的前提下进行，过度的转译可能会导致源语言的原意丧失。因此，译者在选择和使用这种策略时，应充分考虑源语言和目标语言之间的平衡，既要确保信息的准确传递，也要注重译文的可理解性和可接受性。

（三）提供解释或注释来帮助读者理解

在跨文化翻译的过程中，尤其是在处理那些被认为“无法直译”的元素时，提供解释或注释以帮助读者理解的策略，是一种既实用又高效的方法。尽管这种策略在某种程度上可能被视为是对原始文本的“干预”，但在无法找到等效表达，或者源语言的特定文化概念无法直接转换到目标语言的情况下，适时的解释或注释能够在保证翻译质量和读者理解的同时，有效地传达源文的原意和文化背景。

一种常见的解释或注释形式就是对文化特定元素进行词汇层面的解释，为读者提供必要的背景知识。比如，对于一些特定的地名、人名、历史事件、习俗等，在目标语言中可能并不存在相应的对应词汇或概念。这时，译者可以在译文中插入适当的注释，对这些元素进行解释或提供相关的背景信息，使读者能够在理解的基础上，更好地领会原文的含义和语境。

此外，解释或注释的策略也常被用于处理一些复杂的语言现象，比如习语、谚语、俚语、双关语等。这些语言现象往往具有深厚的文化底蕴和历史背景，直接的译文可能无法准确表达其深层含义。在这种情况下，通过提供解释或注释，译者可以为读者解开语言的难题，让他们更深入地理解源文的含义。

然而，尽管解释或注释的策略在跨文化翻译中起着重要的作用，但译者也需注意其应用的限度。过度的解释或注释可能会对译文的流畅性产生影响，甚至可能打破文本的整体性，使读者的阅读体验受到干扰。因此，译者在决定是否以及如何插入解释或注释时，需要充分考虑源文的性质、译文的目标读者、译文的目的以及整体的翻译策略等因素。

总的来说，提供解释或注释以帮助读者理解的策略，是译者在处理跨文化"无法直译"元素时的重要工具。在适当的时机和适当的方式下使用这种策略，可以在保证翻译质量和读者理解的同时，更准确地传达源文的原意和文化背景。

二、文化调整和替代的策略

（一）调整文化习惯和观念以适应目标文化

处理跨文化翻译中的"无法直译"元素，特别需要调整文化习惯和观念以适应目标文化的策略。这种策略涉及对源语言文化中的特定元素进行本质性的调整，以便在目标文化中找到接受度高、认同度高的表达方式。其目标是在尽可能保持源文内容精神和原意的同时，实现文化的传递和接纳，确保译文在目标文化中的有效沟通。

对于文化习惯的调整，译者需要充分理解源语言文化和目标语言文化中的行为规范、生活习俗、思维方式等差异，并尝试将源语言文化中的习惯性表达方式转换成目标语言文化中的等效表达。例如，在西方文化中，"A piece of cake"这样的表达方式，直译成其他语言可能无法直接理解，因此需要将其调整为相应文化中具有等效意义的习惯表达，比如中文中的"小菜一碟"。

至于文化观念的调整，译者需要对源语言文化中的价值观、道德观、宗教观、世界观等进行深入的理解和把握，并将其适当地调整和转化，以符合目标语言文化的接受范围和审美标准。例如，在翻译一些涉及性别、种族、宗教等敏感话题的文本时，译者需要以开放、包容、平等的态度，调整源文中的文化观念，以符合目标文化的期待和价值观。

然而，译者在调整文化习惯和观念时，必须慎重对待，因为过度的调整可能会导致源文的文化信息和原意的丧失。在尊重目标文化的同时，译者还需要尊重源文的文化特性和原意，寻找最佳的平衡点，实现真实、公正、全面的跨文化传播。

（二）替换文化特有元素为目标文化等效表达

处理跨文化翻译中的“无法直译”元素，替换文化特有元素为目标文化等效表达是一种极为有效的策略。这项策略的核心在于，通过对等或近似的表达，将源文中的文化特有元素翻译到目标文化中，从而实现文化元素的接地气传递。具体实施时，译者需要依据源语言和目标语言文化的特征及其相互之间的关联性，寻找并采用等效的目标文化元素来替换源文中的文化特有元素。

在这个过程中，译者需有充分的文化知识和灵活的思维方式。比如，英文中的“Keep one's fingers crossed”一词，如果直译为其他语言可能无法准确传达其“祈祷好运”的寓意。在这种情况下，译者可能需要寻找目标文化中等效的表达，如在中文翻译中，可以替换为“祈祷好运”或“希望万事顺利”等表达方式。

然而，等效替换的过程中可能会遇到挑战。某些源文中的文化特有元素可能在目标文化中没有直接等效的表达。例如，英文中的“American Dream”，在其他语言和文化中可能并无对等的概念。在这种情况下，译者需要有创新性的思考，运用语言的灵活性和多样性，尽可能地寻找并采用目标文化中接近的概念或者情境，以替代源文中的文化特有元素。

（三）融合源文化元素与目标文化背景

在跨文化翻译过程中，融合源文化元素与目标文化背景是一种高阶的处理无法直译元素的策略。这种策略的实施涉及深度理解两种文化，并且巧妙地将它们相互融入，创造出一种既能准确传达源语信息，又能适应目标文化读者理解习惯的译文。

首先，译者需要对源文化有深入的了解。这包括了解源文化的历史、价值观、社会习俗、宗教信仰等各方面的知识。这种深度的文化了解可以帮助译者准确地理解源文中的文化元素，从而提高翻译的准确性。

然后，译者需要对目标文化有全面的认识。这包括了解目标文化的语言规则、交际习惯、思维模式等因素。这种全面的文化认识可以帮助译者在翻译过程中，创造出既符合目标文化规则，又能准确传达源文信息的译文。

在这个基础上，译者需要掌握并运用各种翻译技巧，如比喻、类比、置换、省略等，来融合源文化元素与目标文化背景。例如，当源文中出现一个源文化特有的概念时，译者可以通过置换技巧，将这个概念置换为目标文化中的一个等效概念，从而达到融合的效果。

此外，译者还需要根据具体的翻译任务和读者需求，灵活调整自己的翻译策略。在某些情况下，可能需要更强调源文的传达，而在其他情况下，则可能需要更注重适应目标文化。

三、采用类比和比较的策略

（一）使用类比来传达相似的概念或情境

在跨文化翻译中，使用类比来传达相似的概念或情境是一种有效的策略。这种策略源于我们人类认知的基本特征：通过比较和对比来理解和学习新的概念。当译者遇到无法直译的元素时，他们可以找出源文和目标文化中相似的概念或情境，用这些相似的元素来构建译文，从而帮助读者理解源文的意义。

要实施这种策略，译者首要任务是理解源文中的具体概念或情境。这个过程可能需要译者查阅相关文献，咨询专家，甚至亲自进行实地考察。只有充分理解源文的含义，译者才能找到准确的类比对象。

接下来，译者需要在目标文化中寻找适当的类比对象。这个过程需要译者对目标文化有深入的了解，包括其语言表达习惯、文化背景、读者期待等方面。译者需要考虑哪些元素在目标文化中能够与源文的概念或情境产生共鸣，同时又能够遵循目标文化的表达规则。

在确定了类比对象后，译者需要巧妙地将其融入译文中。这个过程需要译者对语言有高超的驾驭能力，既要保证译文的流畅性和自然性，也要保证其能准确地反映源文的意义。

需要注意的是，类比不是一个机械的替换过程，而是一个创造性的活动。译者需要根据具体的语境和读者需求，灵活运用和调整类比策略。成功的类比不仅能帮助读者理解源文的含义，还能使译文更有生动性和感染力。

（二）进行文化比较来帮助读者理解

在处理跨文化翻译的“无法直译”元素时，进行文化比较是一种有效的策略。通过对源语言文化和目标语言文化进行比较，译者可以帮助读者理解文化元素的差异和相似性，以及这些元素如何影响语言的使用和理解。本文将探讨如何进行有效的文化比较以帮助读者理解。

译者在进行文化比较时，首要的任务是理解源语言文化中的特定元素。这可能涉及对源语言文化的深入研究，包括阅读相关的文献资料、与源语言文化的专家交流，或者亲自体验源语言文化。这个阶段的目标是让译者能够充分理解源文中的文化元素，包括它的含义、起源、使用背景等。

然后，译者需要了解这些文化元素在目标语言文化中的对应元素。这可能需要译者进行对比研究，以找出两种文化之间的相似性和差异性。这个阶段的目标是让译者了解在目标语言文化中，如何最好地表达源语言文化的元素。

在理解了两种文化之间的差异和相似性后，译者需要考虑如何在译文中呈现这些信息。这可能涉及选择适当的翻译策略，例如解释、注释、转译等。此外，译者也需要考虑如何以最直观、最易理解的方式向读者介绍这些文化比较。这可能涉及选择适当的语言和语法结构，以及调整译文的风格和语气。

总的来说，进行文化比较是一种重要的跨文化翻译策略。通过对源语言文化和目标语言文化的比较，译者可以帮助读者理解两种文化之间的差异和相似性，从而更好地理解源文的含义。然而，进行有效的文化比较需要译者具备深厚的文化知识、研究技能和语言能力。只有这样，译者才能真正达到跨文化翻译的目标：帮助读者穿越文化的隔阂，理解和欣赏源语言的魅力。

（三）引用类似的文化案例或故事作为参照

在跨文化翻译中，引用类似的文化案例或故事作为参照是一种有效的策略，它可以帮助读者更好地理解源文本的内容和背景。通过将源文本的文化元素与目标文化中相似的元素进行比较，译者可以更精确地传达源文本的含义，同时也能够减少由于文化差异而产生的误解。

译者在引用文化案例或故事作为参照时，需要选择与源文本的内容、主题或情境相似的案例或故事。这可能需要译者有对源语言和目标语言文化的深入了解，以便能够找到合适的案例或故事。选择的案例或故事需要具有一定的代表性，能够反映出源文本的关键文化元素。

引用案例或故事的目的不仅是为了解释源文本的含义，更重要的是要通过比较和对照，让读者更好地理解源文本的文化背景。因此，译者在引用案例或故事时，不仅需要提供关于案例或故事的基本信息，还需要分析这些案例或故事与源文本的关联，以及它们如何反映出源语言文化和目标语言文化的差异和相似性。

引用文化案例或故事作为参照是一种强有力的翻译策略，它可以帮助译者更有效地处理“无法直译”的文化元素，同时也可以让读者更深入地理解源文本的含义和背景。然而，这种策略的运用需要译者具备深厚的文化知识和敏锐的文化观察力，才能在海量的案例和故事中找到最适合的参照。

当然，让我们通过具体的例子来探讨这一策略的应用。在这个例子中，我们将以中国的春节和西方的圣诞节为例。

例如，在描述中国春节的文章中，可能会提到一些具有深厚文化内涵的元素，如贴对联、放鞭炮、吃饺子等。这些元素在英文中并没有直接的等价物，如果直接翻译，可能会使得读者难以理解。因此，译者可以借用与春节类似的西方节日——圣诞节作为参照，通过对比和比较的方式来帮助读者理解春节的一些特色和内涵。

对联的翻译可以参考西方圣诞节装饰物的描述。在中国文化中，对联是春节期间家家户户门上的装饰，用来祈福和庆祝新年。类似地，在西方文化中，圣诞节期间，家家户户的门上都会挂上节日装饰，如圣诞花环，用以庆祝节日并祈祷好运。通过这样的比较，译者可以帮助读者理解对联在春节中的角色和含义。

燃放鞭炮的习俗可以与西方的烟花表演相对照。在中国文化中，燃放鞭炮是为了驱赶邪气、带来好运。在西方，虽然没有放鞭炮的习俗，但在重大节日，如新年、国庆等，也会燃放烟花来庆祝。因此，译者可以将燃放鞭炮的习俗与西方的烟花表演相比较，帮助读者理解这一习俗的含义。

吃饺子的习俗可以与西方的节日食物进行对比。在春节期间，中国家庭会共同制作并享用饺子，这是一种重要的团圆和庆祝新年的方式。在西方，如圣诞节期间，家庭也会共同制作并享用特殊的节日食物，如圣诞大餐，这同样是一种重要的团圆和庆祝节日的方式。通过比较，译者可以帮助读者理解饺子在春节中的重要性。

这些具体的例子都展示了如何通过引用类似的文化案例或故事作为参照，帮助读者理解并感知到源文化中那些难以直接翻译的元素。

四、保持原意和目标语言合理性的策略

（一）确保保持源文本的核心意义和原意

在处理跨文化“无法直译”元素的翻译策略中，确保保持源文本的核心意义和原意是至关重要的。无论译者如何调整语言、文化元素、表达方式，都应以保持原文意思为原则，防止因为过度改变内容而导致翻译的失真。

文本的核心意义不仅仅是字面的含义，也包括作者的意图、态度、观点、风格等深层次的信息。在跨文化交流中，翻译的任务就是在尽可

能保持这些核心信息的同时，使之符合目标语言的语言规则和文化习俗。

在实际操作中，译者需要有良好的语言能力和文化背景知识。他们需要理解和解析源文本的各种隐含的意义，找到传达这些意义的适合的目标语言表达方式。这需要译者有足够的语言敏感性和文化敏感性，以及丰富的翻译经验和实践技巧。

同时，译者还需要了解和掌握一些常见的翻译技巧和策略。例如，他们可以使用对比、比喻、解释等方法来处理一些难以直接翻译的元素。他们也可以使用省略、添加、调整等方法来处理一些可能导致误解或文化冲突的信息。通过这些方法，译者可以在保持原文意思的同时，使译文适应目标语言的语言规则和文化习俗。

但是，无论如何，译者都应始终保持对源文本的敬畏和尊重，避免随意修改或曲解原文的意思。他们应以提供真实、准确、完整的信息为目标，以服务于读者为宗旨，以实现真正的跨文化交流为任务。只有这样，翻译才能成为一种有效的语言和文化的桥梁，而不是一种隔阂或障碍。

（二）调整翻译以符合目标语言的语法和习惯

翻译过程中另一重要的考量是调整译文以符合目标语言的语法和习惯。这一点尤其重要，因为每种语言都有其独特的语法规则和表达习惯，这些规则和习惯在很大程度上决定了语言的表达方式和理解方式。

在进行翻译时，仅仅保持原文的意思是远远不够的。译者还需要对译文进行调整，使之符合目标语言的语法规则和表达习惯。这样才能使译文不仅准确，而且流畅，既能传达原文的信息，又能适应读者的阅读习惯和文化背景。

调整译文以符合目标语言的语法和习惯需要译者有深厚的语言功底和丰富的翻译经验。他们需要了解两种语言的语法结构和表达方式的差异，了解两种语言的语言习惯和文化背景的差异，还需要有足够的语言敏感性和文化敏感性，能够灵活地应用各种翻译技巧和策略。

例如，英语和中文在语法结构和表达方式上有很大的差异。英语是一种线性结构的语言，强调逻辑和顺序；而中文则是一种并列结构的语言，强调关联和平衡。因此，译者在将英语翻译成中文时，不仅需要调整语序，还需要调整表达方式，使之符合中文的语言习惯和文化背景。

（三）寻找平衡点，权衡原意和流畅性

在翻译过程中，寻找平衡点以权衡原意和流畅性是至关重要的。这涉及译者如何在保留源语文本核心意义和确保目标语文本的阅读流畅性之间找到一个平衡。

源语文本的原意是信息的核心，是翻译过程中必须尊重和保留的。然而，简单的直译并不能保证目标语文本的阅读流畅性。原因在于，语言不仅仅是信息的载体，还承载了特定的文化和语境，这就使得源语和目标语在语法结构、词汇含义以及语言习惯等方面存在着差异。因此，译者需要适当调整译文，以确保其符合目标语言的语法和语言习惯。

然而，这种调整并不意味着可以随意改变源文本的意思。翻译应当既忠实于源文，又符合目标文的语法和风格，这就需要译者在原意和流畅性之间寻找一个平衡点。

寻找这个平衡点并不容易，需要译者具备深厚的语言功底、丰富的翻译经验以及敏锐的语感。译者需要对源语和目标语都有深入的理解，能够准确把握语言的精髓，灵活运用语言来传达意思。

例如，在商务英语翻译中，英语表达“Let's get down to business.”，如果直译为中文“让我们开始做生意。”，显然失去了原文的含义。原句的真正意思是“让我们开始谈正事。”，这个翻译既保留了原文的意思，又符合中文的表达习惯，是一个找到平衡点的例子。

总的来说，寻找平衡点以权衡原意和流畅性是翻译过程中必须面临和解决的问题。只有这样，译文才能真正达到“信达雅”的翻译标准。

第五章　商务谈判中的跨文化沟通和翻译

第一节　跨文化谈判的特点和挑战

一、文化差异对谈判的影响

在商务谈判中，文化差异的影响是不容忽视的。尽管商务谈判的本质是要求合理的协商和交换，但参与谈判的各方在表达观点，提出请求，甚至在评估谈判结果时，都可能会受到自身文化背景的影响。

以时间观念为例，某些文化，例如美国和德国，强调时间的重要性和效率，他们在谈判中可能更倾向于直接并迅速地解决问题。然而，在其他文化中，例如中东和拉丁美洲，人们可能会更加重视建立个人关系，并愿意花费更多的时间进行社交交流，而不是立即进入谈判的实质问题。这种差异可能导致在初次谈判时就出现误解和冲突。

再者，不同的文化可能会对谈判风格产生影响。在一些文化中，如美国，人们可能更喜欢直接，明确的谈判方式，包括明确地提出自己的需求，以及直接对对方的提议表示同意或反对。然而，在其他文化中，如日本，谈判者可能更倾向于使用含蓄，不直接的方式来表达他们的观点，而且可能会避免直接的冲突，选择更为委婉的拒绝方式。

此外，不同文化对于权威和地位的看法也会影响谈判。在某些文化中，如法国和印度，谈判者可能会强调他们的地位和权威，而在其他文化中，如瑞典和新西兰，谈判者可能会更加强调平等和合作。

二、语言和沟通障碍

语言和沟通障碍在跨文化谈判中常常发生，它们可能会引发误解，从而影响谈判的结果。尽管大多数商务谈判者都会使用英语作为工作语言，但语言理解和使用的差异仍可能导致信息的丢失和扭曲。

语言障碍的一种形式可能体现在字面意义和实际意义之间。例如，一位英国商人可能会用“quite good”（相当好）来形容一个计划，而一位美国商人可能会理解为这是一种赞扬。然而，在英国英语中，“quite good”可能只是意味着“平均”或者“普通”，而不是“非常好”。这样的误解可能会导致美国商人过高估计了他们提议的接受程度。

再者，不同语言中的习惯用语和表达方式也可能导致混淆。例如，英语中的“let’s table this issue”在美国英语中意味着“推迟讨论这个问题”，而在英国英语中则表示“开始讨论这个问题”。如果这个表达被误解，那么就可能会导致谈判的混乱。

此外，非言语沟通也是语言和沟通障碍的一部分。各种身体语言，如眼神接触，手势，面部表情，甚至身体距离，都有各自的文化含义。例如，强烈的眼神接触在某些文化中可能被视为自信和坦诚，而在其他文化中可能被视为粗鲁和侵犯性。

三、信任与合作的建立

在任何商务谈判中，建立信任和合作的氛围都至关重要，这在跨文化谈判中尤为如此。信任是成功谈判的基础，而合作则能帮助谈判各方找到更多的共赢解决方案。

然而，在跨文化谈判中，建立信任和合作可能需要面对额外的挑战。这主要是因为不同的文化可能有不同的信任建立机制和合作方式。例如，在某些文化中，建立信任可能需要长时间的面对面交流和私人关系的建立，而在其他文化中，信任可能更多地基于业务记录和口头承诺。

为了有效地建立信任和合作，谈判者需要对对方的文化有深入的理解，并且能够灵活应对各种情况。例如，如果一个美国谈判者正在与一个日本公司进行谈判，他可能需要花费更多的时间来建立私人关系，因为在日本文化中，信任往往是基于个人关系的。

此外，谈判者也需要认识到，信任和合作并不总是可以立即建立的。在某些情况下，它可能需要通过一系列的互动和交流才能建立和深化。这意味着谈判者需要有耐心，并且要愿意投入时间和精力来建立和维护信任关系。

四、跨文化谈判的误解和冲突

在商务谈判中，信任与合作的建立对于达成成功的协议至关重要。然而，在跨文化的环境下，由于文化差异和语言障碍的存在，建立信任和合作的过程可能会变得更为复杂。

首先，我们要了解的是，不同文化对于信任的理解和建立方式可能会有所不同。例如，在某些西方文化中，信任的建立通常基于个人的业绩和职业能力，而在某些东方文化中，信任可能更依赖于个人的道德品质和社会关系。因此，商务谈判者需要根据对方的文化背景来调整他们的行为和策略，以促进信任的建立。

其次，语言障碍也可能影响信任的建立。语言的理解和使用的微妙差异可能会导致误解，从而影响到双方的信任感。因此，商务谈判者需要努力克服语言障碍，清楚地表达他们的意图，同时也理解和尊重对方的沟通方式。

最后，跨文化谈判中的信任和合作也需要时间来建立。双方需要通过一系列的互动和交流，逐渐建立对对方的理解和信任。在这个过程中，尊重对方的文化习俗和价值观是非常重要的。

假设一个美国公司和一个中国公司正在进行谈判。在谈判的初期，美国公司可能会强调他们的产品质量和市场表现，以此来建立信任。然而，中国公司可能会更加关注美国公司的社会责任和道德品质。因此，如果美国公司能够在谈判中展现他们的社会责任和道德标准，那么可能会更加有效地建立信任。

第二节　商务谈判中的翻译策略

一、理解谈判的目的与背景

在商务谈判中，理解谈判的目的与背景是至关重要的，因为这直接影响到翻译策略的制定和执行。这方面的理解需要翻译者具备深入的商务知识，包括但不限于相关法律、国际贸易、公司战略等。此外，对于谈判双方的文化、商业习惯和行业背景的了解，也是必不可少的。

首要的是理解谈判的目的。商务谈判的目的可能涵盖范围广泛，从新产品的开发合作、供应链合同的讨论，到企业并购或者投资谈判，每一种谈判都有其独特的目标和考量。理解这些目标不仅能帮助翻译者提供准确的语言服务，还能为他们提供宝贵的信息，以便在需要的时候进行适当的调整或澄清。

背景的理解同样重要。背景可能涵盖行业环境、公司历史、前次谈判结果、文化差异等各个方面。这些背景信息可以帮助翻译者更好地理解双方在谈判中可能使用的语言、隐含的意图以及可能出现的问题，从而更好地进行翻译。

以一个中英商务谈判为例，假设一家英国公司正在与中国的供应商就一份长期供应合同进行谈判。翻译者在理解谈判的目的时，需要明白双方的主要目标，可能是稳定的供应、良好的质量控制和竞争的价格。对于背景的理解，翻译者需要知道该英国公司过去是否有过与中国供应商的合作经验，以及中国供应商的产能、交货信誉等。这些信息将对翻译者在谈判中的语言选择和理解双方立场有所帮助。

二、把握谈判的语言与修辞

商务谈判是一个极为复杂的过程，其中语言与修辞起着至关重要的作用。把握这两个要素不仅关乎信息的准确传递，还涉及谈判的战略、心理游戏等更深层次的因素。作为翻译者，要不仅准确地理解和传递各方的言辞，还要对谈判的语言规则和修辞策略有深入的理解。

首先，谈判的语言是一种特殊的语言，其特点是直接、具有目的性和战略性。在商务谈判中，参与者通常使用明确、简洁的语言来表达自己的观点和要求，以防止信息的误解。此外，他们也会使用各种语言策略，比如提问、请求、建议、让步等，以推动谈判的进程。翻译者需要理解这些语言策略，并能准确地将其翻译出来。

其次，修辞是谈判的重要工具，它可以帮助参与者更好地阐述自己的立场，影响对方的决策。在商务谈判中，常见的修辞策略包括比喻、反问、夸张等。翻译者需要了解这些修辞策略的用途和效果，并在翻译时保留这些效果。

以一次中美商务谈判为例。假设在谈判过程中，美方提出了一个要求，语言表述明确、直接，例如："We need the delivery to be completed within 60 days."（我们需要在60天内完成交货。）这是一个明确的请求，翻译者需要准确翻译出这个要求。而在接下来的谈判中，如果美方使用了比喻来说明他们的立场，比如说："Time is money for us."（时间对我们来说就是金钱。），这是一种修辞，翻译者需要理解这句话的含义，即美方对时间非常看重，希望尽快完成交货。

三、传递谈判的信息与策略

在商务谈判中，传递信息和策略是关键的一环。信息不仅包括双方表面的词语和语句，还包括隐藏在深层的观点、意图和策略。作为翻译者，要准确理解并传达这些信息，需要对谈判的内容、参与者的心态和策略有深刻的理解。

在传递谈判信息时，首要的任务是保证信息的准确性。任何的误解和误翻都可能导致严重的后果。例如，在一场涉及大量数字和数据的谈判中，翻译者需要特别注意数字的准确性，因为这些数字可能关系到公司的利益和声誉。

另外，谈判策略通常隐藏在表面的语言之下，而且往往需要根据文化背景来理解。例如，一方可能通过使用暗示、讽刺或者其他修辞手法来传达他们的意图和策略。翻译者需要敏锐地捕捉到这些修辞手法，并通过适当的翻译方法，如等效翻译或意译，来准确地传达这些策略。

假设在一场中美商务谈判中，美方使用了一个常用的商务谈判策略，即“以小见大”（making a mountain out of a molehill）。他们可能会对一些细节问题进行夸大，以此来争取更大的利益。翻译者需要理解这个策略，并在翻译时，不仅准确翻译出美方的言辞，也要传达出他们的策略。

四、翻译谈判中的非语言信号

在商务谈判中，非语言信号在沟通中占据了相当大的一部分。这些信号包括身体语言，面部表情，手势，触摸，目光接触，语调和音调等等。它们可以增强、改变，甚至否定语言信息的含义。然而，非语言信号并不是普遍适用的，它们可能会因文化背景的不同而变得模糊或产生误解。因此，在进行翻译时，理解和解读这些非语言信号至关重要。

举例来说，在英国，握手是一个常见的商务礼仪，通常在会议的开始和结束时进行。它通常是快速而坚定的，旨在传递自信和尊重。而在中国，握手也很常见，但通常持续的时间更长，力度更轻。过于强烈的握手可能被认为是粗鲁和侵略性的。

因此，在一个中英商务谈判的场景中，如果英国商人给出一个短而有力的握手，中国商人可能会误解为他缺乏礼貌。相反，如果中国商人的握手轻且持久，英国商人可能会误解为他缺乏决心或自信。

在这种情况下，翻译者的角色就显得尤为重要了。他们需要解释这种非语言信号的文化差异，并帮助双方理解对方的行为。例如，他们可以告诉英国商人：“在中国文化中，一个轻而持久的握手是尊重和礼貌的表现，而不是缺乏决心。”反过来，他们也可以告诉中国商人：“在英国文化中，一个短而有力的握手表示自信和决心，而不是粗鲁。”通过这样的解释，翻译者可以帮助双方理解和适应对方的文化，从而提高商务谈判的效率和成功率。

五、考虑谈判的文化与情境适应性

在商务谈判中，了解并适应不同的文化和情境是至关重要的。这种适应性不仅需要理解和尊重对方的文化，还需要在适当的时候调整自己的行为，以便更有效地沟通和达成共识。

以中国和美国的商务谈判为例，两国的商务文化有很大的差异。在美国，商务谈判通常非常直接，快节奏，并且倾向于解决问题。而在中国，商务谈判通常需要更多的时间，以建立关系和信任，更注重过程而不是结果。

例如，一位美国商人可能在第一次会议上就提出具体的业务提案，期望迅速达成协议。然而，这可能会让中国的商务人士感到不舒服，他们可能更希望先花时间了解对方，建立关系，然后再讨论业务细节。在这种情况下，如果美国商人不能适应中国的商务文化，他可能会误解为中国方面对他的提案不感兴趣，从而损害谈判的进展。

因此，作为翻译者，我们的任务不仅是准确地翻译语言，还需要理解和解释文化差异，帮助双方适应对方的商务文化。例如，我们可以建议美国商人在初次会议中不要急于提出具体的业务提案，而是先花时间与中国的商务人士建立关系。同时，我们也可以解释给中国的商务人士，美国的直接和结果导向的谈判风格并不是不尊重，而是他们的商务文化的一部分。

通过这种方式，我们可以帮助双方更好地理解对方的文化，改进他们的谈判策略，提高商务谈判的效率和成功率。这就是考虑谈判的文化和情境适应性的重要性。

六、管理谈判的过程与结果

谈判的过程和结果管理是确保商务谈判成功的重要部分。这包括谈判的筹备，进行以及后期的反馈和总结。在整个过程中，不仅要注重谈判的内容，还要注重谈判的方式和技巧，确保信息的准确传递和有效沟通。

以中美两国的商务谈判为例，两国的谈判风格有很大的差异。美国的谈判风格通常比较直接，实事求是，强调逻辑和事实。而中国的谈判风格则较为委婉，强调建立关系和信任。在这种情况下，翻译者在传递信息的同时，还需要传递这些风格上的差异，确保双方能够理解和适应对方的谈判方式。

此外，谈判的过程管理也非常重要。这包括保持谈判的流程顺畅，处理突发事件，以及适时调整谈判策略。例如，如果在谈判过程中出现了意料之外的情况，翻译者需要快速准确地翻译这些信息，并帮助双方找到解决方案。

至于谈判结果的管理，这包括对谈判结果的确认和记录，以及对谈判过程的反馈和总结。例如，翻译者可以帮助双方明确谈判的结果，确保双方对谈判的结果有清晰的理解和记录。同时，翻译者还可以帮助双方反馈和总结谈判过程，从中学习和改进，以提高未来谈判的效率和成功率。

第三节 商务谈判中的翻译实例分析

商务谈判是一项非常复杂的任务，尤其是涉及跨文化和跨语言的谈判，这使得翻译在其中起着至关重要的作用。下面，我将分析一个商务谈判的翻译实例，以揭示商务英语翻译的复杂性和重要性。

场景 1：假设中国的一家公司（China Co.）正在与英国的一家公司（UK Ltd.）进行合作谈判，他们需要通过一名翻译进行交流。

实例 1：某次会议上，China Co. 的代表说："我们的产品在国内市场十分受欢迎，因此我们认为，如果推向英国市场，也一定能够受到消费者的喜爱。"

翻译需要充分理解这句话的含义，并准确地翻译成英文。但如果翻译直译为："Our product is very popular in the domestic market, so we think that if it is introduced to the UK market, it will surely be loved by consumers."，可能无法准确地传达出 China Co. 代表的意图，因为这句话没有考虑到英国市场的特殊情况和消费者的喜好可能与中国市场不同。

一个更好的翻译可能是："Our product has been well received in our home market. We believe that with the right approach and understanding of the UK market, it also has the potential to appeal to British consumers."

实例 2：在谈判中，UK Ltd. 的代表反驳说："我们需要确保你们的产品能够符合我们的质量标准。"

如果翻译直译为："We need to make sure that your product can meet our quality standards."，可能会让 China Co. 的代表感到他们的产品质量被质疑。一个更加婉转的翻译可能是："We just need to ensure that your product aligns with our quality expectations, which I'm sure it does."

场景 2：一家中国企业（买方）正在与一家英国企业（卖方）谈判购买大批量的高科技设备。在谈判中，英国企业表达了对中国市场的热忱，并希望能够达成合作。

实例 1. 英方代表说："We are thrilled to have this opportunity to enter the Chinese market. We believe our top-notch technology and superior service can bring great value to your company."

翻译："我们对有机会进入中国市场感到十分激动。我们相信，我们一流的技术和卓越的服务可以为贵公司带来巨大的价值。"

这个翻译保留了原文的主要信息，并适当地增加了语言的正式度，以符合中国商务文化的语境。

实例 2. 在后续的讨论中，中国方面提出了对价格的质疑。

中方代表说："我们对你们的产品技术和服务确实非常认可，但是你们的报价比我们预期的要高出不少。我们希望能够进一步讨论价格问题。"

翻译："We indeed appreciate your product technology and service, but your quoted price is significantly higher than our expectation. We hope to further discuss the price issue."

在这个翻译中，考虑到英语商务文化的直接性，直接地传达了中国方面对价格的质疑，而没有使用过于委婉的语言。

实例 3. 英国方面回应价格问题。

英方代表说："We understand your concern about the price. Let's explore together the possibility of achieving a win-win solution."

翻译："我们理解您对价格的关注。让我们一起探索实现双赢的可能性。"

这个翻译将英方的回应翻译得既准确又礼貌，符合中国商务文化中对和谐和合作的重视。

第六章　跨文化商务写作与翻译

第一节　商务写作的跨文化特性

一、不同文化背景对商务写作的影响

商务写作，或称商业写作（Business Writing），是一种通过书面的方式传递和交换具有商业意义的信息的沟通形式。这种信息的表达方式，它的形式、风格、语言和内容等，往往会受到文化背景的深远影响。

对于风格和语言的影响，文化背景起着决定性的作用。美国文化背景下的商务写作，以其直接、明确的沟通方式而著称。在这样的文化环境下，商务信函的开头直接陈述目的，无需过多的铺垫和废话。例如，一封询价信可能会直接以“Inquiring about the price of Product A...”（询问产品 A 的价格 ...）作为开头，没有过多的闲话，直接切入主题。而相应的，在日本这样的文化环境下，商务写作通常会更婉转，更注重礼貌和尊重。同样的询价信，可能会以一种更为客套的方式开头，比如“首先，我们对贵公司的产品表示出浓厚的兴趣，尤其是产品 A...”。

文化背景对商务写作内容和结构的影响也不容忽视。在许多西方文化中，商务写作常常遵循“主题 - 细节”的逻辑结构，先提出最重要的信息，然后逐步介绍相关的细节。这种直截了当的写作方式有助于接收者快速抓住信息的关键。然而，在许多东方文化中，商务写作可能遵循一种更为“间接”的结构。先提供背景信息，然后逐步引导读者进入主题。这种方式往往体现出对读者的尊重，不给对方造成压力。

此外，文化背景还会对商务写作中对社交礼仪和礼貌表达的处理产生影响。在一些东方文化中，商务写作可能需要更多的问候语和礼貌表达。比如在中国，商务信函通常会以“敬启者：”开头，表达对接收者的尊重。而在很多西方文化中，商务写作可能更注重效率和准确性，因此不需要过多的礼貌表达。一封英文商务信件，可能会直接以对方的名字或职务开始，如“Dear Mr. Smith”，并直接进入主题。

二、跨文化沟通中的语言和文化障碍

在全球化的今天，跨文化沟通已经变得越来越普遍，同时也带来了一系列的挑战。其中，语言和文化障碍是影响有效跨文化沟通的主要因素。

在语言方面，单纯的词汇理解和语法运用的能力并不足以确保一次有效的跨文化沟通。即使两个人都能流利地使用一种语言，他们之间的沟通也可能因为方言、口音、语用习惯等方面的差异而受到影响。例如，美国英语和英国英语在词汇、拼写和发音上都有一些差异，这可能会导致双方在沟通中产生误解。此外，语境和语用也是影响跨文化沟通的重要因素。同一句话在不同的语境中可能会有完全不同的含义，而这些含义往往需要根据具体的文化背景来理解。

文化障碍是另一个阻碍有效跨文化沟通的因素。每一种文化都有其特有的价值观、信仰、习俗和行为规范。如果在跨文化沟通中忽视了这些差异，可能会导致沟通失效，甚至引发冲突。例如，在一些文化中，直接表达自己的观点和需求是被鼓励的，而在另一些文化中，这可能被视为粗鲁和自私的行为。又如，眼神接触在西方文化中通常被认为是表示诚实和自信的重要手段，但在一些亚洲文化中，过度的眼神接触可能被认为是不尊重和挑衅。

此外，人们对待时间的态度也是一个文化差异的重要表现。在一些西方文化中，时间被视为有限且宝贵的资源，“时间就是金钱”是他们的生活哲学。因此，西方人在商务沟通中通常会更加注重效率，讨论会非常直接和有目的性。而在一些东方文化中，人们更注重建立和保持人际关系，因此他们的商务沟通可能会更加间接和婉转，可能需要更多的时间来建立信任和关系。

三、跨文化敏感性与商务写作的关系

随着全球化的不断深入，商务写作已经不再局限于单一的文化环境，而是涉及了跨文化的交流。在这个过程中，跨文化敏感性对于有效的商务写作至关重要。

跨文化敏感性，也被称为文化智商或文化敏感度，是指一个人对不同文化背景下的习俗、行为、价值观和信仰的理解、接纳和适应能力。这种能力能够帮助我们理解和尊重其他文化，避免在沟通中产生误解和冲突。

在商务写作中，跨文化敏感性的表现形式有很多。比如，在写作风格上，如果我们对目标读者的文化背景有足够的了解和敏感性，我们就可以选择更符合他们习惯的写作方式，使他们更容易理解和接受我们的信息。例如，如果目标读者来自比较直接的文化背景，我们可以选择使用简洁明了的语言和直接的写作结构；如果目标读者来自比较婉转的文化背景，我们可以选择使用更丰富的修辞手法和间接的写作结构。

同样，在商务写作的内容上，我们也需要展现出跨文化敏感性。例如，我们需要注意避免使用可能引起文化冲突和误解的词语和表达方式，尊重每种文化的价值观和习俗。在一些场合下，我们甚至需要根据不同的文化背景，使用不同的论证方式和观点。

此外，跨文化敏感性还体现在我们对待其他文化的态度上。我们应该以开放和尊重的态度来接触和理解其他文化，而不是试图将自己的文化强加给其他人。

第二节　以跨文化视角进行商务英语写作

一、跨文化意识在商务英语写作中的重要性

跨文化意识在商务英语写作中占据着举足轻重的位置。随着全球化的不断推进，商务活动的跨文化性日益凸显。因此，深入理解并适应不同文化背景下的商务交流习俗成为商务英语写作的重要能力。

（一）跨文化意识有助于提升商务英语写作的有效性

跨文化意识在提升商务英语写作有效性方面的作用是巨大的。每种文化都有其独特的交流习惯和风格，这种差异可能会对商务英语写作产生深远影响。对于那些希望在商务英语写作中实现最大效益的人来说，理解并适应这些文化差异是至关重要的。

举例来说，让我们看看东方和西方的文化之间的一些基本差异。在西方文化中，人们倾向于使用直接和具体的交流方式。他们习惯于明确表达自己的想法和意图，重视事实和细节，而不是依赖于含蓄的暗示和猜测。因此，他们的商务英语写作通常是明确、准确和直接的，主题清晰，点题明确。

而在东方文化中，人们往往更善于以婉转、隐晦的方式表达思想和感情。他们重视细微的暗示和非语言的信号，并倾向于通过故事或象征性的语言来表达复杂的想法。因此，他们的商务英语写作可能更加富有诗意和象征性，同时也更注重情感和人际关系的维护。

这些差异在商务英语写作中的影响是显而易见的。如果一个商务英语写作者不理解或不尊重目标文化的交流习惯和风格，那么他的写作可能会被误解，或者甚至可能引发冲突。相反，如果他能够理解并适应这些差异，他的写作就有可能在目标文化中找到共鸣，从而实现更好的交流效果。

例如，当一个商务英语写作者针对一个西方的商务场景进行写作时，他可能需要更直接和明确地表达他的观点和建议，以减少歧义和误解。然而，当他针对一个东方的商务场景进行写作时，他可能需要使用更富有诗意和含蓄的语言，以尊重该文化的交流风格。

（二）跨文化意识能够防止可能的文化冲突

在商务英语写作中，跨文化意识的缺乏可能会导致许多严重的问题，其中最大的问题之一就是可能引发的文化冲突。这种冲突通常源于对目标文化习俗和价值观的误解或无知。这种误解或无知可能会在商务文本中造成重大的误解，甚至可能触犯到目标文化的禁忌，从而导致无意的冒犯。

举例来说，让我们考虑一个假设的情景，即一个没有足够跨文化意识的商务英语写作者正在编写一个针对中国市场的广告文案。如果他没有意识到中国文化对数字 4（发音类似于“死”）的特殊恐惧，那么他可能会在文案中无意中使用这个数字，从而引发潜在的中国消费者的不安和反感。这种情况下，无论文案的其他部分有多么吸引人，数字 4 的使用都可能会给目标消费者留下深刻的负面印象，从而损害产品的市场前景。

类似的情况在商务英语写作中并不少见。在写作的过程中，如果写作者对目标文化的习俗和价值观没有足够的了解，那么他可能会无意中使用一些在目标文化中被视为不恰当或冒犯的语言和表达。这种语言和表达可能会对目标读者产生强烈的负面影响，从而导致商务关系的破裂，甚至可能引发更严重的文化冲突。

因此，为了防止这类问题，商务英语写作者需要具备足够的跨文化意识。他们需要了解不同的文化习俗和价值观，并尊重这些差异。他们需要对目标文化有深入的了解，包括其历史、宗教、语言、社会结构、权力关系、沟通风格等方面。只有这样，他们才能编写出真正符合目标文化风格的商务文本，从而有效地防止可能的文化冲突。

除了对目标文化有深入的了解，商务英语写作者还需要开展全面的文化背景研究。这包括了解目标市场的商业环境、消费者行为、法律法规、市场趋势等方面。这些信息可以帮助他们更好地理解目标市场的需求和期望，从而使他们的写作更具针对性和有效性。

此外，商务英语写作者还需要开发和维护一个跨文化的心态。这意味着他们需要尊重文化差异，保持开放和灵活的态度，愿意接受和适应新的文化环境。他们需要避免文化中心主义和偏见，尊重所有文化的平等和多样性。

（三）跨文化意识有助于建立跨文化的商务关系

跨文化意识在建立和维护跨文化商务关系中起着至关重要的作用。在全球化的商业环境中，商务活动往往涉及不同文化的交流和合作。为了有效地建立和维护这种跨文化的商务关系，译者必须尊重并理解不同的文化。

当我们谈到尊重和理解不同的文化时，我们所指的不仅仅是对其他文化的表面特征的了解，如食物、音乐、服装和节日等。更重要的是，我们需要深入了解其他文化的价值观、信仰、行为规范和思维方式。这种深入的理解可以帮助我们更好地理解和适应其他文化的行为规范，避免误解和冲突，从而建立和维护良好的商务关系。

例如，如果一个商务英语写作者理解并尊重印度文化中对于时间的宽松理解，他就可以更好地理解为什么他的印度合作伙伴在商务会议上可能会迟到，并因此能够调整自己的期望和行为，避免不必要的冲突和误解。

同时，理解和尊重其他文化也可以帮助商务英语写作者更好地展现自己的尊重和理解，从而赢得合作伙伴的信任和尊重。例如，如果一个商务英语写作者了解并尊重日本文化中的礼节，他就可以在与日本合作伙伴的交流中展现出这种尊重，例如通过恰当地使用敬语，或者在适当的时候鞠躬致谢。这种尊重和理解的展现可以大大增强他在合作伙伴眼中的形象和信誉，从而帮助他建立和维护良好的商务关系。

此外，跨文化意识也可以帮助商务英语写作者更有效地沟通和谈判。不同的文化可能有不同的沟通风格和谈判策略。了解这些差异可以帮助商务英语写作者更好地理解他们的合作伙伴的需求和期望，从而更有效地沟通和谈判。

例如，美国文化通常更倾向于直接和明确的沟通风格，而中国文化则更倾向于间接和含蓄的沟通风格。如果一个商务英语写作者理解这种差异，他就可以更好地调整自己的沟通风格，以满足他的合作伙伴的期望，从而更有效地沟通和谈判。

（四）具备跨文化意识可以增强译者的创新能力

在全球化的商业环境中，跨文化意识已经成为成功的关键因素之一。其实，跨文化意识不仅有助于更有效地沟通和建立良好的商务关系，而且还可以增强译者的创新能力。在理解和适应不同文化的过程中，译者可以从不同的视角看待问题，从而激发新的思考和创新。

首先，跨文化意识能够提供一个全新的视角来看待问题。每一种文化都有其独特的思维方式和解决问题的策略。通过理解不同的文化，译者可以从新的角度看待问题，从而有可能发现新的解决方案。例如，一个美国的商务英语写作者可能习惯于用直接和理性的方式来解决问题，而当他理解和适应了中国的文化之后，他可能会学会从关系和和谐的角度来看待问题，从而找到新的解决方案。

其次，跨文化意识能够帮助译者挖掘新的思维资源。不同的文化都有其独特的知识和智慧，这些知识和智慧可以成为译者创新的资源。通过深入了解不同的文化，译者可以学习和吸收这些知识和智慧，从而丰富他们的思维库存，激发他们的创新思维。

再次，跨文化意识还能够提高译者的适应能力。在理解和适应不同文化的过程中，译者需要不断调整自己的思维方式和行为模式，这种调整过程本身就是一种创新的过程。通过这种过程，译者可以提高他们的适应能力，从而更好地应对未来的挑战和变化。

最后，跨文化意识还能够帮助译者建立和维护跨文化的合作关系。在全球化的商业环境中，创新往往需要跨文化的合作。通过理解和适应不同的文化，译者可以更好地与不同文化的合作伙伴进行沟通和协作，从而促进跨文化的创新。

二、跨文化沟通策略与商务英语写作的结合

在全球化日益深入的今天，商务英语写作已经不再是简单的语言转换，更是文化的翻译和传递。因此，将跨文化沟通策略与商务英语写作相结合，不仅能够提高商务英语写作的有效性，还能够防止可能的文化冲突，建立跨文化的商务关系，并增强译者的创新能力。在这方面，我们可以从以下几个方面进行深入探讨。

理解和尊重文化差异是跨文化沟通策略的基础。在商务英语写作中，译者需要深入了解目标市场的文化习俗和价值观，以编写出符合目标市场需求和期望的文本。同时，译者还需要尊重目标市场的文化差异，避免使用可能引发文化冲突的语言和表达。只有这样，商务英语写作才能

真正成为跨文化沟通的桥梁。

在这个过程中，译者需要开展全面的文化背景研究，包括对目标市场的历史、宗教、语言、社会结构、权力关系、沟通风格等方面的深入了解。此外，译者还需要对目标市场的商业环境、消费者行为、法律法规、市场趋势等方面进行详尽的研究。这些研究可以帮助译者更好地理解目标市场的需求和期望，从而提高商务英语写作的有效性。

在理解和尊重文化差异的基础上，译者还需要学会从文化的角度看待商务问题。每种文化都有其独特的视角和解决问题的方式，译者需要学会从这些不同的视角出发，去看待和解决商务问题。例如，西方文化通常更强调个人主义和竞争，而东方文化则更强调集体主义和合作。在这种情况下，译者需要学会在商务英语写作中融入这些文化视角，以提高商务文本的沟通效果。

同时，译者还需要学会利用文化差异来创新。在理解和适应不同文化的过程中，译者可以从不同的视角看待问题，这种视角的变换本身就可以激发新的思考和创新。例如，译者可以尝试将西方的直接和理性的沟通风格与东方的间接和情感的沟通风格相结合，以创造出全新的商务英语写作风格。这种创新的商务英语写作风格不仅能够满足不同文化的沟通需求，还能够提供全新的沟通体验，从而提高商务英语写作的吸引力。

在这个过程中，译者需要具备批判性思维和创新性思维。批判性思维可以帮助译者深入理解文化差异，并从中发现新的解决方案。创新性思维则可以帮助译者将这些解决方案融入商务英语写作中，从而创造出全新的商务英语写作风格。

三、适应不同文化背景的商务英语写作技巧

适应不同文化背景的商务英语写作技巧需要深入了解目标市场的文化特征，了解其语言习惯，交际方式，价值观和行为规范等。以下是一些可能的技巧：

（一）理解目标文化的语境

理解目标文化的语境在商务英语写作中扮演着至关重要的角色。语言不仅是文字和语音的总和，更是一种文化的载体。同样的词汇和表达在不同的文化背景下可能具有完全不同的含义，因此，译者在编写商务文本时必须深入理解目标文化的语境，以确保他们的文本可以准确地传达信息。

理解语境需要译者对目标文化的词汇有深入的了解。词汇是语言的基本组成部分，它承载了大量的文化信息。每个词汇都有其独特的文化内涵，这种内涵在不同的文化中可能有着截然不同的解读。因此，译者需要深入研究目标文化的词汇，理解每个词汇的真正含义，从而在编写商务文本时使用恰当的词汇。

理解语境还需要译者对目标文化的语法有深入的了解。语法是语言的规则体系，它规定了词汇如何组合成有意义的句子。不同的文化可能有着不同的语法规则，这些规则反映了该文化的思维方式和交流风格。译者需要了解这些规则，以确保他们的文本在结构和表达上符合目标文化的习惯。

理解语境还涉及对目标文化的习语和俚语的理解。习语和俚语是每种语言的独特表达方式，它们充满了文化色彩，深入人心。译者需要了解目标文化的习语和俚语，并适当地在商务文本中使用，以增强文本的文化氛围和吸引力。

理解语境需要译者模仿目标文化的语言风格。语言风格是语言的个性特征，它反映了一个文化的特点和价值观。译者需要学会模仿目标文化的语言风格，使他们的文本在音韵、节奏、语气等方面与目标文化保持一致，从而提高文本的接受度。

（二）遵守目标文化的交际规则

遵守目标文化的交际规则是商务英语写作的重要方面。语言不仅是用来传达信息的工具，更是一种社交工具。不同的文化有不同的交际规则和礼节，这些规则和礼节规定了人们如何使用语言进行交流。译者需要了解并遵守这些规则，以避免误解和冒犯。这需要译者有深入的文化理解，敏锐的观察力和灵活的应变能力。

译者需要了解目标文化的交际风格。交际风格是每种文化的独特特征，它反映了一个社会的交际习惯和价值观。例如，美国文化倾向于直接，明确的交流方式，而日本文化则更倾向于间接，婉转的交流方式。译者需要理解这些风格的特点，以确保他们的商务文本符合目标文化的交际风格。

译者需要了解目标文化的礼节。礼节是一种文化的行为规范，它规定了人们在特定情境下应该如何表现。每种文化都有其独特的礼节，这些礼节体现了一个社会的道德观和价值观。译者需要了解这些礼节，以确保他们在编写商务文本时遵守目标文化的礼节。

译者还需要了解目标文化的交际习惯。交际习惯是人们在交流过程中形成的稳定的行为模式。它们反映了一个社会的交际风格和交际理念。译者需要了解这些习惯，以确保他们的商务文本能够与目标文化的交际习惯保持一致。

译者需要学会在不同的交际情境下灵活运用交际规则。商务交流涉及各种不同的情境，每种情境都有其特定的交际规则。译者需要能够根据情境的变化灵活运用交际规则，以确保他们的商务文本能够适应各种不同的交际情境。

（三）了解目标文化的价值观和行为规范

了解目标文化的价值观和行为规范对于商务英语写作至关重要。每个文化背景都有自身独特的价值观和行为规范，它们影响着人们的思考方式、决策过程以及对信息的接受和处理方式。译者需要将这些价值观和行为规范纳入他们的写作中，以确保信息能够有效地传递给目标市场的读者。

价值观是一种文化的灵魂，它们是由该文化的历史、宗教、哲学等各方面共同塑造的。价值观影响着人们的世界观，决定着人们在生活中的选择和行为。译者需要深入理解目标文化的价值观，以便在写作中创造出能够引起目标市场读者共鸣的内容。例如，美国文化通常强调个人主义，追求独立和自由；而日本文化则更倾向于集体主义，强调和谐和团结。在写作时，译者需要将这些价值观的特点考虑进去，以便创造出符合目标市场读者期待的内容。

行为规范是一种文化的具体表现，它们规定了在特定情况下应该如何行动。行为规范反映了一种文化的道德标准和社会期望，它们决定了人们在交流中的行为方式。译者需要了解目标文化的行为规范，以便在写作时使用恰当的表达方式和语气。例如，德国文化通常强调精确和规则，喜欢明确的语言和结构；而印度文化则更倾向于随和和灵活，喜欢富有象征意义的语言和多样的表达方式。在写作时，译者需要将这些行为规范的特点考虑进去，以便创造出符合目标市场读者习惯的内容。

在实际的商务英语写作中，理解目标文化的价值观和行为规范并将其纳入写作中是一项复杂而微妙的任务。译者需要有广泛的文化知识，敏锐的观察力和创新的思维。只有这样，译者才能创造出既符合目标市场读者的文化习惯，又能有效传达信息的商务文本。在这个过程中，译者不仅能够提高自己的写作技能，也能够增进自己对不同文化的理解和尊重，从而提升自己的跨文化交流能力。

（四）尊重和欣赏文化差异

尊重和欣赏文化差异在跨文化商务英语写作中具有极其重要的地位。它不仅涉及道德层面，更在实质上影响到商务英语写作的质量和效果。如果译者对目标文化的特质和风俗持有偏见或抵触心理，这种情绪很可能会无意识地反映在他们的写作上，导致商务文本无法得到目标读者的理解和接受。

在一种文化中被视为理所当然的事物，可能在另一种文化中被视为奇怪甚至是不可接受的。例如，许多西方文化倾向于直接、明确的沟通方式，而东方文化则倾向于更为含蓄、间接的表达方式。这样的差异在商务英语写作中可能会导致严重的误解和困扰。然而，这并不意味着其中一种方式就是错误的或者低效的，它们只是各自文化背景下的不同表达方式而已。译者需要尊重这种差异，并试图理解和欣赏其中的原因和意义。

在欣赏文化差异的过程中，译者可以学习到新的思维方式和表达技巧，这对于提高商务英语写作的创新性和效果具有积极的影响。例如，对于习惯于直接、明确的西方译者来说，他们可以从东方的含蓄、间接的沟通方式中学习到如何在保持清晰、明确的同时，以更为微妙、优雅的方式传达信息。这种学习和借鉴可以让他们的商务英语写作更加丰富多元，更具吸引力。

尊重和欣赏文化差异还有助于译者建立良好的跨文化人际关系。当译者对目标文化的特性和风俗表现出尊重和理解时，他们的态度和行为会给合作伙伴和目标读者留下深刻的印象，从而促进商务关系的建立和维护。在全球化的商务环境中，建立良好的跨文化人际关系对于商业成功具有关键的影响。

然而，尊重和欣赏文化差异并不意味着译者需要完全放弃自己的文化背景和价值观。实际上，译者应该保持自我认知的清晰，明确自己的立场和观点。在理解和尊重差异的同时，译者也需要保持自己的独立性和批判性思维，避免盲目地接受和模仿其他文化。在这种平衡中，译者可以最大限度地发挥自己的优势，为跨文化商务英语写作提供独特的视角和价值。

（五）创新和灵活

在跨文化商务英语写作中，创新和灵活的思维是非常重要的素质。这不仅涉及语言和文体的创新，也包括对文化差异的理解和处理方式的创新。这是因为，不同的文化对信息的理解和接受方式可能有很大的差异，译者需要具备创新和灵活的思维，以便创造性地调整他们的写作策略，使其更符合目标文化的习惯。

一方面，创新意味着要敢于突破传统的语言和文体规范，尝试新的表达方式。这并不是说要放弃语言的规范性，而是要在遵循规范的基础上，尽可能地寻找和尝试新的表达方式。这对于提升商务英语写作的效果和吸引力非常重要。例如，译者可以尝试使用更生动、形象的语言来描述复杂的商务概念，或者使用故事化的方式来阐述商务理念，这些都可能使他们的文本更具吸引力。

另一方面，灵活意味着要能够随时调整自己的写作策略，以适应不同的文化背景和需求。这需要译者对各种文化有深入的了解，并能够准确把握目标文化的特征和规则。例如，一些文化可能更重视个人主义，而其他文化则可能更重视集体主义。译者需要根据这些差异，灵活调整他们的写作方式，例如在描述商务决策时，或许需要强调个人的责任和贡献，或者强调团队的合作和协作。

在这种创新和灵活的思维指导下，译者可以更好地适应各种文化背景，更有效地完成跨文化商务英语写作任务。同时，通过这种思维方式，译者也可以不断地学习和成长，提高自己的商务英语写作水平。

然而，需要注意的是，创新和灵活并不意味着可以任意妄为，译者仍需要遵循商务英语写作的基本规范，如准确性、简洁性和清晰性。只有在这些基本规范的基础上，创新和灵活的思维才能发挥出它的真正价值，帮助译者实现有效的跨文化商务英语写作。

第三节 商务翻译的技巧和策略

一、精准理解原文

对原文的精准理解是商务翻译成功的关键。这涉及的不仅仅是对原文的字面含义的理解，更是对其背后的含义，比如作者的意图、商务环境、行业背景和专业术语等的全面理解。仅仅理解语言是远远不够的，商务翻译要求翻译者能够深入原文的核心，揣摩作者的观点，理解并遵循原文的基调和语境，只有这样，才能做到真正的精准翻译。

一个好的翻译者需要有耐心和细致入微的观察力，通过深度阅读，对原文进行全面而深入的理解。他们需要理解每一个词汇、每一句话，甚至每一个标点符号的含义。对于原文中可能存在的模糊不清的地方，需要进行深入的分析和推理，找出最可能的含义。

在理解原文的过程中，有时候难免会遇到困难，这是因为商务翻译往往涉及专业领域的知识。对于这种情况，翻译者应当寻求帮助，如查阅相关资料，咨询专业人士，甚至参加专业培训，以确保对原文的正确理解。这种对专业知识的学习和研究，不仅能够帮助翻译者更好地理解原文，还能够增强他们的专业素养，提高他们的翻译技能。

理解原文的过程也是一个了解新知识的过程。每一份需要翻译的文档都包含了丰富的信息和知识。翻译者可以通过理解这些文档，增加自己的知识库，提高自己的专业技能。这种学习和理解的过程，既能够提高翻译的质量，也能够提高翻译者的职业素养。

二、准确传递商务信息

在商务环境中，准确传达信息是至关重要的，因为任何误解或错误的解读都可能导致严重的商业后果，如丢失重要的商务机会或产生法律纠纷。在商务翻译过程中，翻译者必须保证译文能够精准地传达源文中的所有信息，包括明示和暗示的信息。

为了达到这一目标，翻译者需要不仅理解文本表面的含义，还要理解隐藏在字词、短语和句子之间的深层含义。这通常需要翻译者对源语言和目标语言的文化、社会和商业背景有深入的了解。例如，当翻译商务合同时，翻译者不仅需要理解合同条款的字面含义，还需要理解这些条款在特定商业和法律环境中的含义。

同时，翻译者也需要掌握专业知识，才能准确地翻译商务文本中的专业术语和概念。这可能需要翻译者对商务、经济、法律等领域有一定的了解。例如，当翻译财务报告时，翻译者需要理解“资产负债表”“现金流量表”等专业术语的含义，才能准确地翻译这些术语。

举例来说，英文商务信件中可能会出现这样的句子：“We have decided to pursue other avenues.”这句话的字面含义是“我们决定寻求其他途径”，但在商务环境中，这通常是拒绝建议或提案的委婉方式。因此，如果直接将其翻译为“我们决定寻求其他途径”，可能无法准确传达源文的真实含义。在这种情况下，更准确的译文可能是“我们决定考虑其他方案”。

三、注意文化差异和跨文化适应性

在商务翻译中，对文化差异的敏感和跨文化适应性是非常关键的。因为不同的文化背景会有不同的价值观、习惯和交流风格，这些因素都会影响商务沟通的效果。一个优秀的翻译应该能够理解这些文化差异，并能在翻译过程中进行适当的调整，以确保译文在目标文化中的可接受性和有效性。

例如，中美在商务沟通风格上存在较大差异。在中国，人们通常习惯使用较为间接、委婉的表达方式，而美国人则更倾向于直接、明确的沟通方式。比如在商务谈判中，一个中国商务人士可能会说："我们再考虑考虑"（我们需要进一步考虑）。在美国文化背景下，这个表达可能被直接理解为需要更多时间进行决策，但在中国文化中，这常常是一种更为礼貌、间接的拒绝方式。因此，翻译这样的表达时，应当根据目标文化的沟通风格进行调整，比如可以翻译为"We might need to decline"（我们可能需要拒绝）以符合目标文化的直接表达习惯。

此外，在翻译中英商务文档时，我们也要注意处理好各种专有名词和术语。比如，在金融领域，"股权融资"这个词在英文中对应的是"equity financing"，而并非字面上的"stock right financing"。因此，熟悉目标语言的专业词汇和表达习惯是非常重要的。

四、维持翻译的一致性与连贯性

在商务翻译中，维持翻译的一致性与连贯性是十分关键的。一致性主要体现在整个文本中相同概念或术语的翻译保持一致，而连贯性则要求整个文本的翻译内容在语义、逻辑、结构等方面能够流畅地连贯起来。

例如，我们翻译一个涉及商业合同的文本，文中出现了"breach of contract"这个词组，首次出现时我们翻译为"违反合同"，那么在后文中，无论这个词组的上下文环境如何变化，我们都应该尽量保持对它的翻译一致，避免出现像"破坏合同""违背合同"这样的不一致翻译，否则会让读者产生混淆。

同样的，连贯性也非常重要。让我们以一段商务报告的翻译为例，英文原文是："Our company experienced a significant increase in sales last quarter. However, the production costs also soared. This has affected our net profit." 在翻译这段话时，我们不仅要准确传达每个句子的意思，也要保证整段话的逻辑连贯性。因此，一个合适的翻译可能是："我公司上个季度销售额大幅增长。然而，生产成本也飙升，这影响了我们的净利润。"

五、运用现代翻译工具与资源

随着科技的进步，现代翻译工具和资源已成为商务翻译工作的重要助力。这些工具和资源可以有效提高翻译效率，保证翻译质量，甚至在某些情况下，可以帮助翻译人员解决复杂的翻译问题。

电子词典和在线参考资源：电子词典和在线参考资源是最基本的翻译工具，可以帮助翻译人员快速查找词汇、词组的准确含义和用法，准确理解源语言文本。比如，Oxford English Dictionary, Cambridge Dictionary 等都是优秀的英语参考资源。而像汉典网、有道词典等也提供了丰富的中文词汇信息。

翻译记忆工具：翻译记忆工具，如 Trados、MemoQ 等，能够保存并复用之前的翻译，这在处理大型项目或长期合作的项目时，尤其有用。通过使用翻译记忆工具，翻译人员可以确保对相同或类似文本的一致翻译，从而保证翻译的质量和效率。

机器翻译和人工智能：像谷歌翻译、DeepL 等机器翻译工具，以及像 OpenAI 的 GPT−3 等人工智能模型，能够提供快速的初步翻译结果。尽管这些工具的翻译质量可能无法与专业翻译人员相比，但在时间紧迫或资源有限的情况下，它们仍可以作为一个有效的辅助工具。

专业社区和论坛：诸如 ProZ.com、TranslatorsCafe 等翻译专业社区和论坛，可以让翻译人员分享经验、寻求帮助、参与培训等。这些社区的资源丰富，能够帮助翻译人员提高自身的专业技能。

六、商务翻译的审校与质量控制

商务翻译的审校和质量控制是翻译过程中至关重要的步骤，因为它们直接影响到最终翻译的质量和准确性。审校不仅涉及语言和语法的准确性，还涵盖了翻译内容的完整性、连贯性以及对商务和文化背景的正确理解。以下是这个过程中的一些关键策略和建议。

一是实施多轮审校。多轮审校可以增加发现和纠正错误的机会。初步审校主要关注语法、拼写和标点错误，同时也要注意保持原文意思的准确传达。在后续的审校中，审校者应进一步考虑文本的连贯性、一致性和对目标读者的适应性。

二是运用审校工具。审校工具，如翻译记忆库（TM）和术语管理系统（TB），可以提高审校的效率和准确性。翻译记忆库可以存储以前的翻译，帮助审校者在新的翻译中保持一致性。术语管理系统可以管理专业术语的使用，保证翻译的专业性和准确性。

三是利用外部审校资源。外部的专业审校者或审校机构可以提供第三方的视角，帮助发现并改正可能被内部审校者忽视的问题。这是一个有效的方法，特别是在翻译项目涉及重要商务文件或需要达到特定质量标准时。

四是实行质量管理体系。质量管理体系，如 ISO 9001 或 ISO 17100，可以为翻译项目提供一套完整的流程和质量控制机制。这不仅可以提高翻译质量，还可以帮助翻译机构和团队建立和维护良好的商务关系。

以上这些策略和建议均证明了审校和质量控制在商务翻译中的重要性。要保证翻译质量，就必须实施有效的审校和质量控制流程。这将帮助翻译者和翻译机构不仅满足客户的期望，还能进一步提高其专业水平和市场竞争力。

第四节　商务翻译的实例分析

一、商务合同翻译的案例分析

商务合同翻译是一项专业且重要的任务。错误的翻译可能会导致合同意义的改变，甚至引发法律纠纷。然而，在实际操作中，商务合同翻译面临着诸多问题，需要译者具备一定的解决能力。以下，我们将探讨一些常见问题及其解决方法。

在商务合同翻译过程中，译者可能会面临各种挑战。以下我们将通过一些具体的中英文例子，分析一些常见的问题以及解决这些问题的方法。

（一）法律术语的翻译

由于各国的法律体系差异，特定的法律术语在不同语言中可能会有完全不同的含义。例如，英文合同中常见的“equity”一词，在商务和法律背景下通常表示所有权或股权。然而，如果直接将其翻译为中文的“权益”，就可能导致含义的严重偏差，因为在中文法律语境中，“权益”更多地被理解为个人或团体应当享有的权利和利益，而不专指股权。

解决方法：对于这类问题，翻译者需要有充分的法律背景知识，理解源语言和目标语言中法律术语的具体含义。在此基础上，译者还需要熟悉两种语言的法律表述习惯，确保翻译的准确性。在我们的例子中，“equity”应当翻译为“股权”或“所有权”，以准确地表达原文的含义。

又如，法律术语“waiver”，它表示放弃某种权利或豁免责任的行为或声明。然而，在中文中直接翻译为“放弃”可能不够准确，因为“放弃”更多地强调主动放弃权利的意思，而不是根据法律规定进行豁免。

解决方法是根据具体上下文和法律背景，采用更合适的翻译方式。在中文翻译中，可以将“waiver”翻译为“豁免”“免除”“放弃权利”或“不追究”，以确保翻译结果准确传达原文的法律含义。

对于这样的法律术语，译者需要具备扎实的法律背景知识，并熟悉源语言和目标语言中相应的法律概念和用语。在翻译过程中，译者应该对法律文件的整体内容进行综合分析，考虑到法律条款的相互关系和整体逻辑，以确保翻译的准确性和一致性。

（二）格式问题

不同语言和文化背景下的合同格式可能有所不同。例如，英文合同通常会使用一种结构化的格式，每一项内容都会有对应的标题，然后详细地列出具体条款。然而，中文合同通常采用更为直接的表述方式，不一定会为每一项内容设定标题。

解决方法：在进行翻译时，译者需要尊重目标语言和文化的表述习惯，对源文本进行适当的格式调整。在我们的例子中，译者可以尝试对英文合同的结构进行调整，将标题和具体条款融合在一起，以适应中文的表述习惯。

又如，针对英文合同中的“Whereas”和“Hereby”这样的用语，在中文合同中可以选择更为简洁直接的表述方式，不需要过多地使用类似的引导词语。

解决方法是根据中文合同的习惯和表述方式进行适当的调整。可以将“Whereas”翻译为“鉴于”或“鉴此”，将“Hereby”翻译为“特此”或“特此声明”，以使翻译结果更符合中文合同的格式和语言习惯。

在处理合同格式问题时，译者还应注意保持合同条款的准确性和一致性。即使在调整格式的同时，也要确保所翻译的内容能够准确地反映原文的意图和约定。此外，还要注意译文的清晰度和可理解性，以便读者能够准确理解合同的内容。

在翻译过程中，译者可以参考相关的法律和商务文件，以了解目标语言和文化中常用的合同格式和表述方式。此外，与委托方或相关专业人士进行沟通和协商，以确保对合同格式的调整和翻译结果的符合性。最终的目标是以准确、清晰和可理解的方式呈现合同内容，以满足双方的需求和法律要求。

（三）语义不明

合同中可能存在一些模糊的表述，这在翻译过程中可能会造成一些问题。例如，英文合同中常见的“best efforts”一词，这个词组的含义相当模糊，因为“best”是一个相当主观的词语。

解决方法：面对这样的问题，译者应尽可能地寻求原文作者的澄清。如果无法获取更多的信息，译者可以尝试使用一些更为具体的词语来替代原文的模糊表述。在我们的例子中，“best efforts”可以根据上下文的具体情况，翻译为“尽最大努力”或“全力以赴”。

又如，在合同中可能出现的“reasonable time”一词，它的含义也比较模糊，因为“reasonable”是一个相对主观的词语。

解决方法是在翻译过程中根据具体情境和合同内容，尽量确保翻译的准确性和清晰度。可以参考相关法律或商务文件中对类似表述的解释，或者根据行业惯例和商业实践进行翻译。

例如，对于“reasonable time”，可以根据具体合同条款和相关背景信息，翻译为“合理时间”“合理期限”或根据具体情况使用更具体的时间描述，如“在 30 天内”“在合理的时间范围内”等。关键是根据上下文和合同的目的，以及翻译文本所涉及的法律和商务背景，进行恰当的表述。

在翻译过程中，译者应尽量保持与原文的一致性，并确保所选择的表述能够准确传达原文的意图和约定。如果遇到较为模糊的表述，可以通过与委托方或相关专业人士进行沟通，以获取更多的解释和指导，以确保翻译结果的准确性和可理解性。

以上只是商务合同翻译中的一部分问题，译者需要通过不断学习和实践，提高自己的专业素质和翻译技能，以应对更多的翻译挑战。

二、商务报告翻译的案例分析

商务报告的翻译需要综合运用多种翻译技巧，包括对行业术语的精准把握、对数据信息的准确翻译以及对文化差异的敏感处理。以下我们将通过一个中英文翻译的实例，详细分析商务报告翻译中可能出现的问题以及相应的解决方案。

（一）行业术语的翻译

英文原文：

“The report states that the emerging digital landscape is disrupting the retail sector, with e-commerce players gaining significant market share.”

这段文字中，“digital landscape”“retail sector”和“e-commerce players”是商务报告中常见的行业术语，直接翻译可能无法准确表达其在源语言中的含义。

正确翻译：“报告指出，新兴的数字化环境正在颠覆零售行业，电商行业的市场份额正在显著增长。”

在这个例子中，我们将“digital landscape”翻译为“数字化环境”，将“retail sector”翻译为“零售行业”，将“e-commerce players”翻译为“电商行业”，准确地传达了源文的意思。

（二）数字信息的翻译

英文原文：

“According to the report, e-commerce sales have seen a 25% increase in the last quarter.”

这段文字中的数字信息对于理解整个句子至关重要，因此在翻译过程中需要特别注意。

正确翻译：“报告显示，过去一个季度，电商销售额增长了 25%。”

在这个例子中，我们准确地翻译了数字信息，确保了翻译文本的信息完整性。

（三）处理文化差异

英文原文：

“The report predicts that Black Friday sales will continue to drive e-commerce growth.”

这段文字中的“Black Friday”是西方特有的文化现象，如果直接翻译，可能会使目标语言读者感到困惑。

正确翻译：“报告预测，黑色星期五的销售额将继续推动电商行业的增长。”

在这个例子中，我们保留了“Black Friday”的原文，同时在译文中添加了“的销售额”，使得中文读者可以更好地理解这个文化现象在商务报告中的含义。

以上三个例子详细地展示了商务报告翻译中可能出现的问题以及相应的解决方案，希望对商务翻译有兴趣的读者提供一些参考和启示。

三、商务信函翻译的案例分析

商务信函是企业间进行交流和商务活动的重要载体，其中的内容和语言特点要求翻译者不仅要理解文本的表面含义，还需要理解其深层的商务背景和意图。下面我们将通过一个中英翻译实例，探讨商务信函翻译的具体情况。

（一）正式语言的翻译

英文原文：

“We appreciate your prompt response to our previous letter. We wish to remind you that the payment of Invoice No.1234 is overdue.”

在商务信函中，通常使用较为正式和严谨的语言。在翻译时，需要在保证语义准确的同时，传达出这种正式感。

正确翻译：“我们感谢您对我们上一封信件的迅速回复。我们在此提醒您，发票编号 1234 的付款已经逾期。”

在这个例子中，我们注意保留了信件中的正式语言风格，如“appreciate”翻译为“感谢”，“remind”翻译为“提醒”，“overdue”翻译为“逾期”，准确地反映了原文的语境。

（二）商务术语的翻译

英文原文：

“We hereby submit for your consideration our proposal for the supply of office stationery.”

商务信函中常常出现各种商务术语，如“submit”，“proposal”，“supply”，“office stationery”等，直接翻译可能无法准确表达其在商务语境中的真实含义。

正确翻译：“我们在此提交给您我们的办公用品供应提案供您考虑。”

在这个例子中，“submit for your consideration”被译为“提交给您…供您考虑”，而“proposal for the supply of office stationery”则被翻译为“办公用品供应提案”，保证了术语在商务语境中的准确性。

（三）礼貌用语的翻译

英文原文：

"We look forward to hearing from you at your earliest convenience."

商务信函通常含有各种礼貌用语，以表达尊重和谦逊。这些礼貌用语在不同文化中可能有不同的表达方式，需要翻译者灵活处理。

正确翻译："我们期待在您方便时收到您的回复。"

在这个例子中，"at your earliest convenience"被翻译为"在您方便时"，较好地传达了原文的礼貌用语，同时保证了语义的准确性。

四、商务演示文稿翻译的案例分析

商务演示文稿是企业进行商业交流、产品展示、推广策略等活动的重要工具，其内容精准、语言简练、信息量大。因此，其翻译要求翻译者在保证信息完整和准确的同时，还需兼顾易读性和吸引力。以下是两个商务演示文稿翻译的案例分析：

案例一：数据和统计翻译

英文原文：

"Our user base has grown by 30% in the past year, reaching over 2 million users worldwide."

数据和统计在商务演示中非常常见，它们为观众提供了可量化的证据，增加了信息的说服力。在翻译时，我们需要确保数据的准确性，同时也要注意数字的表达方式。

正确翻译："过去一年，我们的用户基数增长了 30%，全球用户已超过 200 万。"

在此例中，数据和增长率的表达准确无误，并保留了原文的信息量。

案例二：专业术语的翻译

英文原文：

"We use artificial intelligence algorithms to optimize our ad placements."

商务演示文稿中常常包含特定行业的专业术语。在翻译这类术语时，我们需要确保其专业性和准确性。

正确翻译：“我们利用人工智能算法来优化我们的广告投放。”

在此例中，“artificial intelligence algorithms”被准确翻译为“人工智能算法”，“optimize our ad placements”也被翻译为“优化我们的广告投放”，表达了原文的精准含义。

这两个案例体现了商务演示文稿翻译中的一些关键点，包括准确翻译数据和统计、保持专业术语的准确性，同时保持文稿的简练和吸引力。

五、商务宣传资料翻译的案例分析

商务宣传资料是为了推广商品、服务或品牌而设计的重要工具，其目标在于吸引和保持潜在客户的兴趣，并鼓励他们进行购买行为。以下是两个商务宣传资料翻译的案例分析：

（一）广告语的翻译

英文原文：

“Innovation for Everyone”

广告语是商务宣传资料中的核心元素，它需要精炼、有影响力，并能够准确传达品牌的核心价值。在翻译时，我们既要保持其简洁和吸引力，也要传达原文的含义。

正确翻译：“创新，为了每一个人”

在此例中，我们在保持原文的精炼和有力度的同时，也准确地传达了其原本的含义。

（二）产品描述的翻译

英文原文：

“Our skincare products are made with natural ingredients, are cruelty-free, and designed to give your skin the care it needs.”

产品描述需要详尽而具体地描述产品的特点和优势。在翻译时，我们需要保证信息的完整性和准确性。

正确翻译：“我们的护肤产品由天然成分制成，无动物试验，旨在给您的肌肤提供所需的护理。”

在此例中，产品的所有关键特性都得到了准确的翻译，包括“天然成分”“无动物试验”和“给您的肌肤提供所需的护理”。

（三）营销标语的翻译

英文原文：

“Your Health. Our Commitment.”

营销标语是商务宣传资料中的一种重要元素，需要创新且直接地传达品牌的理念和承诺。在翻译时，我们应保持其简洁和独特性，同时尽可能地忠实于原文的含义。

正确翻译：“您的健康，我们的承诺。”

这个翻译不仅保持了原文的精炼和有力度，同时也传达了其原文的含义。

（四）宣传文本的翻译

英文原文：

“Experience a whole new world of gaming with our state-of-the-art VR technology. Dive into a fully immersive, 360-degree environment that will leave you wanting more.”

宣传文本需要详细介绍产品的特性和优势，以激发目标受众的兴趣。在翻译时，我们需要确保信息的完整性和准确性，同时考虑到目标语言的习惯和表达方式。

正确翻译：“利用我们先进的虚拟现实技术，体验全新的游戏世界。深入全方位、身临其境的环境，让您流连忘返。”

在这个案例中，我们成功地翻译了所有关键信息，包括“先进的虚拟现实技术”，“全新的游戏世界”，以及“全方位、身临其境的环境”，并且在保持原意的同时，也注意到了中文的习惯表达。

通过这四个案例，我们可以看到商务宣传资料翻译的重要性。它不仅需要保持原文的精炼和吸引力，而且需要准确地传达原文的信息和意图。这既需要对源语言和目标语言的深入理解，也需要对商务和市场策略的熟悉。

第七章　商务英语口译的技巧和策略

第一节　商务英语口译的挑战

一、语言差异

（一）语法结构的差异

在商务英语口译中，语法结构的差异是无法避免的挑战。因为英语和其他语言（比如中文）的语法结构有本质的不同，这使得从一种语言到另一种语言的转换带有很大的困难。

英语作为一种主谓宾（SVO）结构的语言，其语序逻辑性强，有严谨的语法规则和丰富的时态。相反，中文等很多语言的语序更加灵活，对主谓宾的顺序没有严格的规定，往往更注重语境和修辞的运用。这使得在口译过程中，译员往往需要在短时间内完成语序的转换和调整。

此外，英语中的被动语态和各种复杂的句型结构，对于口译来说也是一大挑战。在这些情况下，译员需要深入理解源语言的语法规则，同时也需要了解目标语言的表达方式和习惯，才能做出准确而流畅的口译。

为了有效应对这些语法结构的差异，译员需要具备扎实的语言学知识和丰富的实践经验。他们需要熟悉不同语言的语法规则，同时也要对比较语言学有一定的了解，能够在不同的语言之间进行有效的转换。通过大量的实践，译员可以熟练掌握各种语言的语法结构，从而在口译中做出准确而自然的转换。

而在实际的商务场合中，语法结构的差异更会对口译造成一定的困扰。因为商务语言通常更为正式，语法结构也更为严谨。这就要求译员在理解和表达商务语言时，要更加注意语法结构的准确性和合理性。这也是为什么商务英语口译在语法结构的处理上，需要更高的技巧和更多的实践训练。

（二）词汇应用的差异

商务英语口译中的另一大挑战是词汇应用的差异。不同的语言有着各自独特的词汇体系，这包括但不限于单词的意义、词义的宽窄、词义的深浅、词汇的搭配以及词义的引申等等。在口译过程中，译员不仅需要理解源语言词汇的确切含义，同时还需要找到在目标语言中最贴切的对应词汇，这是一项需要精确掌握语言词汇和丰富经验的任务。

以英汉两种语言为例，词汇应用的差异表现在多个方面。首先，某些英语词汇并没有在汉语中对应的精确译词，如“accountability”“empowerment”等商务词汇，直译到汉语可能并不能准确传达其在英语中的含义，需要译员根据上下文和语境，选用更为符合语境的词汇或词组来表达。反之亦然，汉语中的某些词汇在英语中可能没有准确的对应，例如“面子”“关系”等，这就需要译员在翻译时进行适当的解释或者采用近义词替代。

在英语中，我们通常说“take a shower”，而在汉语中我们更常说“洗个澡”。如果按照英语的字面习惯直译成“拿一个淋浴”，会让读者感到非常奇怪。因此，译员需要熟悉目标语言的词汇搭配习惯，才能在口译时做到准确而自然。

英语中的“pay the piper”，字面意思是“付给吹笛者”，但其实际含义是“承担后果”或者“付出代价”。如果直译，可能会让读者感到困惑。因此，译员需要理解源语言词汇的引申意义，然后找到目标语言中的相应表达，如在这个例子中，可能会译为“自食其果”或者“付出代价”。

在英语中，表达“white elephant”的含义是指一种昂贵但无用或不便之物。这个短语源自西方文化，其中象征了一种负担或者成本高昂但没有实际价值的物品或项目。然而，在中国文化中，并没有直接对应的传统表达方式来译解“white elephant”的含义。

当翻译“white elephant”时，译者需要考虑目标读者的文化背景和理解能力。如果译者的目标读者是英语母语的西方人，可以直接保留“white elephant”的表达方式，并通过上下文的解释来帮助读者理解其意义。但如果译者的目标读者是中国人，可以选择使用类似的表达方式，以便更好地传达“white elephant”的含义。例如，可以翻译为“昂贵却无用的东西”或者“负担较大的无用之物”。这样的翻译方式更符合中国文化背景，并能够更好地让读者理解所指的物品或概念。

需要注意的是，翻译时应根据具体的语境来选择最合适的翻译方式。例如，在商务场合中，“white elephant”可能会与项目、投资或资产相关。译者需要根据具体情况，灵活运用相关的商务术语和表达方式，以保证准确传达源文的含义，并在目标语言文化中具备可理解性和自然性。

此外，词汇的引申意义和文化含义也是考验译员能力的一大挑战。词汇往往不只有字面意思，还包含丰富的文化和情感色彩。例如，英语中的“dragon”在西方文化中通常代表恶，但在中国文化中龙却是吉祥的象征。这样的文化差异需要译员在口译过程中进行适当的调整和处理，才能确保信息的准确传达。

二、文化差异

（一）商务习俗的差异

商务习俗在全球各地的差异可能在商务英语口译过程中构成难题。文化差异，包括社会习俗、商务礼节以及一些特定的商务实践，都可能导致译者面临理解上的挑战，从而影响翻译的准确性。

例如，商业会议是商务活动中常见的一种形式，但各地的商业会议习俗可能存在巨大差异。在西方，商业会议通常是决策和交流信息的重要场所，会议中鼓励积极参与和开放讨论，强调透明和效率。而在中国，商务会议可能更多地作为传递上级决策和指示的场所，层级和尊重权威的观念更为重要。译者在处理这种文化差异时，不仅需要理解两种不同习俗的含义，还需要在口译过程中准确地传达出来。

再如，在西方，商业活动中的一些习俗和行为，比如与人握手、直接用名字称呼对方、直截了当的商务谈判方式等，可能在中国等亚洲国家的商业环境中并不常见。反过来，中国的一些商务习俗，比如交换名片时需使用双手、在商务宴会上的一些礼节等，也可能会让西方商人感到陌生。这些差异在商务英语口译过程中都可能构成挑战，译者需要有足够的文化敏感性和知识来妥善处理这些问题。

此外，商务文档中可能出现的专有名词、专业术语以及特定行业的商务实践等，也可能会因为文化背景和地域差异而变得难以理解。因此，译者不仅需要掌握语言技能，还需要有足够的商务知识和文化背景知识，才能在商务英语口译中做到准确而有效。

（二）商务礼节的差异

商务礼节，作为商务活动中的重要环节，其在不同文化背景下的表现形式也大相径庭。译者需要了解并掌握这些差异，才能在口译过程中准确无误地传达信息。

例如，西方商务礼节强调直接性和效率。他们在商务活动中一般不需要复杂的仪式和过分的谦虚，交流风格偏向坦率和直接。然而，在东方，特别是在中国，商务礼节则更强调面子和尊重。谦虚和敬业被视为重要的商务素质，交流方式常常比较婉转和间接。

比如在商务会议中，西方人士可能更倾向于用简单明了的语言表达自己的观点和想法，而中国人士可能会用更多的隐喻和含蓄的方式来表达。对于译者来说，了解这种文化差异并灵活运用在口译中，能够帮助他们更准确地传达双方的意图和需求。

此外，商务宴请也是一个很好的例子。在西方，商务宴请比较随意，参与者可以自由交流，重点在于交换信息和构建关系。然而在中国，商务宴请通常带有更多的仪式感和规定，如主客座次，敬酒次序，甚至菜品的选择都含有特殊的含义。

对于译者来说，理解并熟悉这些礼节差异是十分重要的。这不仅能帮助他们在口译过程中避免误解和尴尬，也有助于他们更好地为听众提供必要的背景信息和语境解释。

三、技术性问题

（一）专业词汇的处理

在商务英语口译过程中，处理专业词汇是译者面临的一大挑战。特别是在高度专业化的领域，如金融、法律和科技等，专业词汇的翻译和理解需要精确无误。译者需要对这些词汇有深入的了解，并能够准确地将它们翻译成目标语言。

例如，金融词汇如“负债对冲（Liability Hedging）”，“剥离（Strip）”和“回购（Repurchase）”等在不同的文化和语言环境中可能有不同的解释和应用。译者需要深入理解这些词汇的定义和应用，才能在口译中做到准确无误。

处理专业词汇的另一个挑战是，一些词汇可能在源语言中有明确的定义和含义，但在目标语言中可能没有相应的对应词汇。在这种情况下，译者需要找到最接近的表达，或者用简洁的语言来解释这个概念。例如，“蓝筹股（Blue Chip）”这个词在英文中被广泛接受和理解，但在中文中并没有完全对应的词汇。在这种情况下，译者可以选择将其翻译为“优质股”，并可能需要在适当的情况下进行额外的解释。

此外，为了处理专业词汇，译者需要不断地学习和更新知识，跟上行业的发展。新的技术和趋势可能会带来新的词汇和表达，译者需要随时掌握这些新的词汇，以保证他们在口译过程中的准确性和专业性。

（二）口译的速度与准确性问题

在商务英语口译中，译者需要同时处理的两个主要因素是速度和准确性。一方面，口译需要译者有足够的速度来跟上说话者的语速，以确保信息的连续性和流畅性。另一方面，译者必须保证翻译的准确性，确保信息的完整性和真实性。

处理速度和准确性之间的平衡是口译中的一个重要技巧。过快的口译速度可能会影响到译者对源语言的理解和目标语言的输出，从而影响到翻译的准确性。而过慢的口译速度则可能打断会议或谈话的节奏，影响到信息的连续性和流畅性。

例如，在商务会议中，如果一位英文母语的演讲者在演讲时使用了一些复杂的术语和概念，译者需要有足够的速度去理解并翻译这些信息。如果译者无法跟上演讲者的语速，可能会导致翻译的信息出现遗漏或错误。但同时，译者也不能因为追求速度而忽视了翻译的准确性。如果译者在翻译时过于匆忙，没有足够的时间去理解和思考源语言的信息，可能会导致翻译的信息出现偏差或误解。

为了处理速度和准确性的问题，译者需要不断地进行训练和实践，提高自己的语言能力和口译技巧。这包括提高对源语言和目标语言的理解能力，提高记忆和思维的速度，以及提高在压力下进行准确翻译的能力。只有这样，译者才能在口译过程中找到速度和准确性之间的平衡，有效地完成翻译任务。

第二节　商务英语口译的基本技巧

一、掌握核心词汇

（一）学习并应用商务专业词汇

在商务英语口译中，掌握并妥善运用专业词汇是至关重要的。专业词汇是表达特定主题或领域信息的关键工具，而在商务环境中，专业词汇的正确理解和使用更是关乎交流效果和商务成果。

例如，如果一个英国公司的经理在与中国合作伙伴的会议中提到了“cash flow”（现金流），这是一个财务管理中的专业术语，它指的是企业在一定时期内，现金流入和流出的情况。译者需要准确理解并翻译这个词，才能确保信息的正确传递。

再如，如果一位美国的销售代表在谈判中提到了“benchmarking”（对标），这是一个商务策略中的专业术语，它指的是将自身的产品、服务或流程与行业内最佳实践进行对比，以便发现改进的空间。译者不仅需要准确理解并翻译这个词，还需要对其背后的商务理念和实践有所理解，才能更好地完成翻译任务。

译者需要通过阅读专业书籍、参加专业培训、积累实践经验等方式，不断学习和更新自己的商务专业词汇库。同时，译者也需要学会根据具体的语境和听众，灵活应用这些词汇，以确保翻译的准确性和有效性。只有这样，译者才能更好地适应商务英语口译的要求，提高自己的口译质量和效率。

（二）对常见词汇的理解与运用

在商务英语口译中，不仅专业词汇的正确理解和运用至关重要，对常见词汇的深入理解和灵活运用也同样重要。因为很多常见词汇在不同的语境和商务环境中可能有不同的含义和用法。

例如，“deal”这个词在日常英语中一般用作动词，意为“处理”，如“deal with problems”（处理问题）。但在商务环境中，“deal”也常被用作名词，表示一项商业交易或协议，如“a business deal”（一笔生意）。如果译者不能根据语境准确理解和翻译这个词，可能会影响到交流的效果。

又如，“address”这个词在日常英语中通常表示“地址”的意思，如“What's your address?”（你的地址是什么？）。但是，在商务环境中，“address”可能被用来表示“处理”或“应对”的意思，如“We need to address this issue immediately”（我们需要立即处理这个问题）。如果译者没有根据语境准确理解和翻译这个词，可能会导致误解。

再例如，“table”在日常英语中一般用作名词，表示“桌子”。然而，在商务环境中，“table”作为动词使用时，可能表示“搁置”或“推迟讨论”的意思，如“The manager decided to table the discussion until the next meeting”（经理决定推迟讨论，等到下次会议）。如果译者没有根据上下文准确理解和翻译这个词，可能会产生误导。

因此，译者需要对常见词汇有深入的理解，了解它们在不同语境和商务环境中的多样性和灵活性。同时，译者也需要根据具体的语境和听众，灵活运用这些词汇，以确保翻译的准确性和有效性。这既需要译者具有丰富的词汇知识，也需要译者有足够的语言敏感度和适应能力。

二、熟悉文化背景

（一）对源语言文化的理解

在商务英语口译中，理解源语言的文化背景是至关重要的。许多时候，语言并不是孤立存在的，它深深植根于特定的文化背景之中，这种背景会对语言的使用和理解产生深远影响。因此，要想准确地理解和翻译源语言，必须深入理解源语言所代表的文化。

以中英两种语言为例，英语和汉语代表了两种完全不同的文化背景。在中国，尊重、礼貌和谦逊是人们交流的重要部分，这体现在语言中，如“您过奖了”，“可能”等表达方式，可能意味着谢绝或否定。而在英语中，人们倾向于直接，这反映在直接的表达方式，如“I disagree”（我不同意）或“I can’t”（我不能）。译者需要理解这些文化特征，以便在翻译时保持原始的意图和风格。

此外，源语言的文化背景也会影响语言的一些具体表达方式。例如，汉语中有许多谚语和成语，如“画龙点睛”“一石二鸟”等，它们在直接翻译到英语后，可能会使人感到困惑。因此，译者需要熟悉这些表达方式的文化背景和含义，以便找到恰当的英语表达方式。

（二）对目标语言文化的理解

商务英语口译过程中，理解目标语言文化同样具有关键性重要。这是因为翻译并非仅仅是单词的替换，而是需要准确传达源语言信息在目标语言文化中的等效含义。无论是口头交流还是书面交流，目标语言中的文化元素都会对其产生深远影响。

对目标语言文化的理解首先表现在对礼节和风俗习惯的认识上。以中英两种语言为例，英美等西方国家的商务交流常常更为直接和开放，而在中国，尊重和礼貌是必不可少的元素。因此，译者在进行口译时，需要熟悉目标语言的礼节和习俗，以保证翻译内容在目标语言环境中能被恰当地接受和理解。

其次，对目标语言文化的理解还表现在对语言习惯的掌握上。例如，英语中经常使用被动语态来表达某种含蓄或避免直接指责的意图，而汉语则偏向于使用主动语态。因此，译者在进行翻译时，需要注意调整语态，使其符合目标语言的习惯。

最后，对目标语言文化的理解还需要考虑到各类隐含的文化符号和象征。例如，中英两种语言中对颜色的象征意义有所不同。在中国文化中，红色通常代表好运和庆祝，而在西方文化中，红色可能象征危险或爱情。这类文化符号的理解有助于更准确地传达原文的意图。

三、提高记忆能力

（一）记忆技巧的培养

商务英语口译过程中，记忆能力的重要性不言而喻。无论是同声传译还是交替传译，都需要译者能够在短时间内记住大量的信息，然后准确无误地将这些信息用目标语言表达出来。因此，提高记忆能力，特别是短期记忆能力，对于提升口译效果具有显著的效果。

记忆技巧的培养首先可以从提升注意力入手。人的注意力集中时，记忆的效率最高。因此，进行口译时，译者需要将全神贯注于当下，尽可能减少外界的干扰。例如，可以选择在安静的环境中进行翻译练习，或者使用耳机来屏蔽噪声。

其次，分块记忆也是一种有效的记忆策略。大脑更容易记忆有组织的信息，因此，译者可以尝试将长句或复杂信息进行分块，这样可以提高记忆效率。例如，在记忆一段长句时，可以将其分为几个独立的信息块，如主语、动词和宾语等。

最后，使用心理图像也是提高记忆能力的有效方法。人类的记忆大部分是以图像的形式存在的。因此，译者可以尝试将要记忆的信息转化为图像，这样可以更容易记住。例如，如果要记住“the company's annual revenue has increased by 20%”（公司的年收入增长了 20%），可以在脑中构建一个向上的箭头图像，箭头上写着 20%，旁边有一个充满金币的公司大楼。

（二）记忆训练的实践

培养记忆技巧是重要的一步，但更关键的是将这些技巧运用到实际的口译实践中，这就需要进行有目的的记忆训练。

在实际的口译过程中，翻译的速度和准确性往往受记忆力的影响。因此，对记忆力的训练可以分为两个层面：短期记忆和长期记忆的训练。

短期记忆的训练：短期记忆在口译过程中起着至关重要的作用。译员在听完原文后，必须在短时间内完成对原文的理解和翻译，这就需要强大的短期记忆能力。一种有效的训练方式是通过模拟口译的场景，译员可以先听一段短的语音或视频片段，然后尝试在没有任何笔记的情况下进行口译。随着训练的进行，译员可以逐渐增加语音或视频片段的长度，以此提高短期记忆的能力。

长期记忆的训练：对于长期记忆的训练，主要涉及对专业词汇和常用表达的记忆。译员可以通过记忆卡片、在线学习平台等工具，定期复习和测试这些词汇和表达。这种记忆方式是增强长期记忆的有效手段。

在记忆训练的过程中，要注重的是持续性和系统性。一方面，译员需要定期进行记忆训练，不能断断续续；另一方面，训练要有计划，不同的记忆内容和难度应有不同的训练策略和方法。只有这样，才能真正提高口译的记忆能力，进而提高口译的质量和效率。

第三节　商务英语口译的实例分析

一、企业商务会议的口译实例分析

（一）会议背景与口译内容分析

商务会议是全球化企业的日常活动，会议内容复杂多样，包括但不限于产品发布、战略规划、财务报告、人力资源管理等。口译人员需要对会议的背景和内容进行深入了解和分析，才能准确地传递信息。

以一次虚拟的跨国企业的战略规划会议为例，会议的主题是“未来五年的发展规划”，参会人员包括公司的高级管理层和全球各地的部门负责人。

首先，口译人员需要了解会议的背景。这包括了解公司的基本信息（如企业文化、产品或服务、业务领域等）、会议的目的、参会人员的角色和期望等。这样，译员可以提前预料到可能出现的专业词汇和相关话题，进行预习和准备。

其次，对会议内容进行分析。这包括了解会议的议程，比如此次会议可能会讨论的问题包括市场趋势分析、新产品开发、市场拓展策略、人力资源配置等。对这些议题，译员需要有一定的了解，如知道市场趋势分析可能涉及的经济模型、新产品开发可能涉及的技术术语等。通过对内容的深入理解，译员可以更准确地把握讲话者的意图，更有效地进行口译。

最后，从实例中分析。假设在会议上，公司 CEO 说："Looking at the economic trends, we foresee a significant opportunity in the green technology sector. Our plan is to invest heavily in R&D and form strategic partnerships with leading institutes." 这句话涉及经济趋势分析和公司的战略规划。译员可以翻译为：“从经济趋势来看，我们预见到绿色科技领域有巨大的机遇。我们计划在研发上大力投入，并与领先的研究机构形成战略合作。”

（二）会议口译策略与技巧应用

商务会议口译是一个具有挑战性的任务，要求译员既要对会议内容有深入的理解，又要在极短的时间内提供准确的翻译。在应对这种压力时，有几种策略和技巧可以提供帮助。

预先准备：在会议开始前，译员应尽可能获取并熟悉会议议程和相关资料。这些资料可以帮助译员了解可能会出现的专业词汇和概念，以及会议的总体流程。例如，如果会议的议题是关于新产品开发，译员可以预先研究相关的科技和市场术语。

笔记技巧：由于口译的实时性，译员常常需要在听取演讲者的发言的同时，迅速做下关键点的笔记。这些笔记可以帮助译员回忆发言的内容和结构，尤其在处理长句和复杂观点时非常有用。有效的笔记方法包括使用符号和缩写，以及对重要信息的视觉突出。

管理时间：在口译过程中，有效的时间管理是非常重要的。译员需要在确保准确性的同时，尽可能快地进行翻译。一种有效的方法是尽可能地同步翻译，也就是说，在理解演讲者意图的同时进行翻译。此外，译员也可以利用演讲者的停顿和重复，来赶上或者稍作休息。

策略选择：根据情况，译员可以采取不同的口译策略。比如，在处理一些专有名词或新词时，可以选择直译或意译。例如，CEO 的话："We plan to invest heavily in R&D and form strategic partnerships with leading institutes." 可以直译为："我们计划大量投资于研发，并与领先的研究机构形成战略合作。" 这里的 "R&D" 和 "strategic partnerships" 就采取了直译。

保持冷静：在高压的口译环境下，保持冷静是必不可少的。译员应接受并适应这样的事实：没有人能做到百分之百的准确无误。当遇到困难或者失误时，译员应保持冷静，迅速调整，并继续前进。

二、商务谈判的口译实例分析

（一）谈判背景与口译内容分析

商务谈判是企业经营中的一项重要活动，其目的在于通过对话和讨论解决双方的差异，达成利益的最大化。在这个过程中，口译人员的角色至关重要，他们不仅需要对谈判内容进行准确的翻译，更需要准确地传达双方的谈判策略和立场。对于此，理解谈判的背景以及口译内容的分析尤为关键。

设想一场中美企业间的投资谈判，美国企业希望进入中国市场，而中方则希望引进技术和管理经验。这一场景设定的谈判背景不仅涉及两家企业的利益，更有涉及两国的商业环境，文化习惯，甚至国际关系等复杂背景因素。

谈判内容的口译分析则需要更深入具体，译员需对可能出现的商务词汇和法律术语有充分理解。例如，“equity investment”可能直译为“股权投资”，但在具体应用中，可能还涉及“优先股投资”或“普通股投资”等具体类别。再如，“due diligence”，在法律术语中指“尽职调查”，译员需知道这涉及企业财务，经营，法律事务等多个方面的全面审查。

在内容的口译过程中，译员也需注意各种谈判策略的表现，如“BATNA”（Best Alternative to a Negotiated Agreement，谈判协议的最佳替代方案）是谈判中常用的一种策略，译员需要对这类策略有所了解，以便准确地传达谈判方的意图。

最后，译员也需要敏感地捕捉和翻译非言语信息，如语调，语速，面部表情等，因为这些都可能暗示谈判方的真实情绪和立场。如英文中的“I see”，在口音，语速等因素影响下，可能表达出赞同，疑惑，反驳等不同的情绪，译员需根据语境进行准确翻译。

（二）谈判口译策略与技巧应用

在商务谈判中，口译人员需要运用策略和技巧，以确保双方的交流顺畅，达到最大的交流效果。其中，既包括对源语和目标语的准确翻译，也包括对谈判过程的恰当处理。

理解和掌握谈判的各种策略和技巧，是口译人员在谈判中能够准确传达信息，促进谈判顺利进行的关键。如“bracketing”（设定范围）是一种常见的谈判策略，译员需要理解其意图，并将其准确地传达给听众。例如，当一方提出设定价格范围时，译员需要清晰地表达这一范围，以及背后的谈判策略。

在技巧应用方面，口译人员需要灵活运用各种口译技巧，如预读，笔记，适时转换直译和意译等。预读可以帮助口译人员提前理解和准备源语言的内容，笔记可以帮助记忆和提取关键信息，适时转换直译和意译则可以根据实际情况，选择最佳的翻译方式。

以一个实例进行说明，例如在一场谈判中，一方说：“Our offer stands at 10 million, but we're willing to discuss within a bracket of 1 million.”在这里，译员需要准确理解“bracket”的含义，并用合适的中

文进行表达，如："我们的报价是1000万，但我们愿意在100万的范围内进行讨论。"这样，接收者就可以明白发言者的意图。

同时，译员还需要注意谈判中的非言语信息，如语调，面部表情，肢体语言等，并将其翻译到目标语中。例如，当一方表现出紧张，犹豫或者不安时，译员可能需要选择更委婉，含蓄的词语，以准确地传达其心理状态。

以上的策略和技巧的应用，不仅能够帮助口译人员在谈判中准确地传达信息，也能够促进双方的理解和交流，提高谈判的效果。

三、商务公文的口译实例分析

（一）公文背景与口译内容分析

在商务环境中，商务公文是商务沟通的重要载体，是一种常见且重要的文本类型，包括但不限于合同、协议、报告、电子邮件等。这类文本通常具有严肃、准确和专业的特点。其背景与口译内容具有一定的复杂性。因为公文不仅包括商务信息，还包含了相关法律法规，公司政策等信息，这就对口译人员的专业知识，理解能力提出了更高的要求。

考虑到公文的特性，通常来说，公文的内容较为正式且规范，语言精练且专业。这就需要口译人员在理解源文的同时，也能够准确无误地表达出这些信息。同时，公文也常常包含一些行业专有术语，这就要求口译人员具有一定的行业背景知识，以便于准确理解和翻译这些术语。

考虑一个常见的商务公文：合同。合同中包含了各种专业的法律术语，还涉及双方的权益，违约责任等内容。在这种情况下，口译人员不仅需要理解每个词汇的含义，还需要理解整个句子，甚至整段文字的意思。此外，对于合同中的一些专有词汇，例如"liquidated damages"（违约金），"force majeure"（不可抗力）等，译员需要有清晰的理解，并用合适的词汇进行翻译。

（二）公文口译策略与技巧应用

在这类公文的口译过程中，需要运用一些策略和技巧来确保口译的质量。

在口译策略方面，公文口译最为关键的是保证准确性，对于公文中的专业词汇和表述，译者需要做到严谨对待，尽量避免误解或误译。同时，译者还需要考虑到文化差异，对于一些特定的商务术语或习语，需要寻找在目标语言中最恰当的对应表达。此外，公文口译也需要考虑公文的格式和结构，译者需要确保翻译后的文本符合目标语言的公文写作规范。

在口译技巧方面，一些常见的技巧如预读、查词典、借助外部知识等都在公文口译中得到应用。预读可以帮助译者更好地理解公文的大意和结构，有利于进行更为顺畅的口译。查词典则可以帮助译者准确理解并翻译公文中的专业词汇。借助外部知识，比如查阅相关的专业资料或者参考其他译者的翻译，可以帮助译者对公文的背景和内容有更深的理解。

假设我们需要口译的商务公文是一份关于合作协议的邮件，原文如下："Dear Sir/Madam, We are pleased to inform you that we have received the signed agreement. We are looking forward to a fruitful cooperation. Best regards, ABC Company." 在口译这个公文时，译者需要注意邮件的格式和礼貌表达，不能直接口译为"亲爱的先生 / 女士，我们很高兴地通知你们，我们已经收到签署的协议。我们期待着富有成果的合作。最好的祝愿，ABC 公司。"这样的翻译显得过于直译，没有考虑到中文的表达习惯和礼貌用语。一个更好的口译应该是："尊敬的先生 / 女士，我们非常高兴通知您，我们已经收到您签署的协议。我们期待与您开展富有成效的合作。此致敬礼，ABC 公司。"

第八章　虚拟环境下的跨文化商务沟通和翻译

第一节　虚拟环境下的沟通挑战与应对

一、跨时区和跨地域沟通的挑战与应对

跨时区和跨地域沟通是虚拟环境下常见的挑战之一。这种沟通方式涉及来自不同时区和地域的参与者，可能面临时间差异、工作时间冲突和会议调度困难等问题。为了应对这些挑战，译者需要采取一些策略，以确保沟通的顺利进行。

首先，译者需要灵活安排沟通时间。他们应该了解各个时区的工作时间和参与者的可用性，以找到一个适合所有人的时间段。这可能涉及一些妥协和调整，比如早起或加班，以满足不同时区的需求。通过合理安排时间，可以最大限度地减少时间差异对沟通的干扰。

其次，译者可以利用现代科技工具来促进跨时区和跨地域的沟通。视频会议、在线聊天和电子邮件等工具都可以提供实时的交流管道。译者可以利用这些工具进行语言转译或实时翻译，以帮助参与者之间的交流和理解。此外，协同办公工具和项目管理软件也可以帮助团队协作，提高工作效率。

再次，了解不同地区的商务习惯和文化差异也是至关重要的。不同地域的商务文化可能存在差异，包括工作节奏、沟通方式和偏好等方面。译者需要进行文化调研，了解并尊重各地区的商务礼仪和文化背景，以在翻译过程中避免误解和文化冲突。他们应该努力提供准确的翻译和语

言支持，以帮助参与者之间建立有效的沟通。

最后，及时沟通和反馈对于跨时区和跨地域沟通至关重要。译者应保持与参与者的良好沟通，并及时回复消息、解答疑问。他们应该尽力提供翻译服务，确保沟通的顺利进行。及时的沟通和反馈可以减少沟通障碍和误解的发生。

二、文化差异引起的沟通问题与应对

在虚拟环境下进行跨文化的商务沟通时，不同文化背景的人员之间可能会面临一系列的沟通问题。这些问题主要源于语言习惯、交流方式和社交礼仪等方面的文化差异。作为译者，了解和尊重不同文化的差异，并提供适当的翻译支持，是促进跨文化有效沟通的关键。

首先，语言习惯的差异可能导致沟通障碍。不同文化有着不同的表达方式、用词习惯和语言节奏。译者需要了解并熟悉目标文化的语言特点，以便准确传达信息。例如，在英语中，使用直接和简洁的表达方式较为常见，而在一些亚洲文化中，更加注重间接表达和尊重他人的面子。译者应根据参与者的文化背景和需求，选择适当的翻译方式，使沟通更加顺畅。

其次，交流方式的差异可能导致误解和冲突。不同文化对于非语言交流的重视程度和解读方式存在差异。例如，眼神接触、身体姿势和手势的使用在不同文化中可能具有不同的含义。译者需要了解并注意这些文化差异，避免非语言交流带来的误解。在虚拟环境中，译者可以通过准确的语言转译和口译，以及适当的解释和说明，帮助参与者理解并适应不同的交流方式。

最后，社交礼仪的差异也可能成为沟通的障碍。不同文化对于社交礼仪和商务礼仪有着不同的要求和期望。在商务沟通中，尊重对方的社交礼仪和文化习惯至关重要。译者需要了解参与者所属文化的礼仪规范，并提供适当的翻译支持，以确保沟通的顺利进行。译者可以解释和说明某些文化习惯的背景和含义，以促进参与者之间的理解和合作。

为了应对这些跨文化沟通问题，译者需要具备广泛的跨文化知识和敏感度。他们应该不断学习和了解不同文化的沟通方式、社交礼仪和商务习惯，以提供准确的翻译支持。此外，译者还可以与参与者保持良好的沟通和反馈，及时解决可能出现的问题和误解。通过充分的准备和适应性的翻译策略，译者可以帮助参与者在虚拟环境中实现跨文化的有效沟通。

三、非语言沟通的限制

在虚拟环境下，非语言沟通的限制可能给商务沟通带来一些挑战。非语言沟通，如面部表情、手势和身体语言，通常在面对面的交流中扮演重要的角色，用于传达情感、强调重点以及补充语言信息。然而，在虚拟环境中，这些非语言元素受到限制，可能导致信息传达的不准确或不完整。

首先，面部表情的传达受到限制。面部表情在交流中扮演着重要的角色，可以传达情感、态度和意图。然而，在虚拟环境中，面部表情的传达受到摄像头的限制以及网络延迟等因素的影响。这可能导致参与者无法准确捕捉到面部表情的细微变化，从而影响对话的理解和情感的传达。为了弥补这一限制，译者可以通过适当的语言表达来传达情感和态度，例如使用形容词和副词来描述情感状态，或者使用感叹句和问句来引起对方的共鸣。

其次，手势和身体语言的传达也受到限制。手势和身体语言可以用于强调重点、展示信心和支持语言信息的传达。然而，在虚拟环境中，参与者通常只能看到上半身或面部，无法完整捕捉到参与者的手势和身体语言。为了弥补这一限制，译者可以使用适当的动词和形容词来描述参与者的动作和姿势，或者使用对话框中的表情符号和图示来传达一些基本的手势意义。

最后，虚拟环境中的音频和视频质量也可能对非语言沟通造成影响。网络连接不稳定、音频质量不清晰或视频延迟等因素都可能导致非语言信息的传达不准确。译者应注意这些限制，并在翻译中注重对语言信息的准确传达，以弥补非语言沟通的不足。

四、技术故障和网络问题的影响

在虚拟环境下，技术故障和网络问题对商务沟通产生了明显的影响。这些问题可能导致沟通中断、信息丢失或延迟，从而对沟通的顺利进行构成威胁。译者作为翻译专业人士，需要具备一定的技术知识，以应对可能出现的技术故障和网络问题，并提供相应的解决方案，以确保沟通的顺利进行。

首先，技术故障可能导致沟通中断。在虚拟环境中，参与者之间通过各种通信工具进行沟通，如视频会议软件、实时通信工具等。然而，这些工具在使用过程中可能出现故障，如软件崩溃、连接中断等。译者需要具备基本的技术知识，以解决常见的技术问题或寻求技术支持，确保沟通能够顺利进行。例如，译者可以建议参与者重新启动软件、检查网络连接或使用备用的通信工具。

其次，网络问题也会对沟通产生影响。网络连接的稳定性和带宽限制可能导致音视频质量下降、信息传输延迟等问题。这些问题可能使得沟通变得困难，影响信息的传达和理解。为了应对网络问题，译者可以提前与参与者协商，并建议使用适当的通信方式，如调整视频分辨率、关闭其他网络负荷较大的应用程序等，以提高网络连接的稳定性和传输效果。

最后，译者还可以提供备用通信方式或解决方案，以应对可能出现的技术故障和网络问题。例如，如果视频会议软件无法正常工作，译者可以建议使用电话会议或实时通信工具进行文字沟通。在技术故障和网络问题发生时，译者需要迅速反应，提供备选方案，并与参与者密切合作，确保沟通不受干扰。

第二节　电子沟通的翻译方法

一、文字沟通的翻译方法

在现代商务环境中，特别是虚拟环境，文字沟通的重要性日益显著。无论是实时消息，社交媒体互动，还是更为正式的电子邮件交流，都在大量地运用文字沟通。由于商务交流的特殊性，商务英语的翻译应注重准确性、专业性和时效性。在此背景下，译者需要掌握一系列针对文字沟通的翻译方法。

商务英语翻译的首要原则是准确传达信息。商务交流中的每一句话都可能含有决定性的信息，译者需要精确理解原文的含义，避免因为误解而导致的信息差异。这就需要译者具有扎实的语言基础和良好的理解能力。同时，商务交流的翻译往往要求译者具有一定的行业知识和专业背景，才能对专业术语和行业内的特定表达方式有所了解，确保翻译的专业性和准确性。

然而，仅仅准确地传达信息是不够的。在商务英语翻译中，译者还需要考虑到文化差异的影响。不同的文化背景会影响人们的思维方式和表达习惯，这就需要译者有足够的文化敏感性和跨文化交流的能力。在翻译过程中，译者需要理解和尊重源语言和目标语言的文化差异，尽可能地保持原文的文化特色，同时确保译文在目标语言文化中的接受度。

再者，由于文字沟通的实时性和便捷性，往往会出现大量的缩写和简化语言。诸如“BTW”（by the way），“FYI”（for your information）等常见的网络语言，在商务英语中也可能出现。译者需要掌握这些网络语言的含义，以确保信息的完整性。同时，由于这些网络语言往往与特定的文化和语境紧密相连，译者需要寻找适合的翻译方法，既能保持原文的口语化特色，又能让目标语言的读者理解。

译者还需要掌握适应文字沟通的技巧，包括使用简洁明了的语言，保持良好的语言风格，以及避免不必要的复杂性和歧义。在商务英语翻译中，语言的简洁性和明了性尤其重要，因为在商务环境中，接收者往往没有太多的时间和精力去解析复杂的句子和段落。因此，译者应尽可能地使用简单明了的语言，避免使用复杂的句型和难懂的词汇。

二、视频会议的翻译方法

在现代商务环境中，视频会议成为越来越重要的沟通工具。它克服了地域的限制，使得跨国、跨区域的商务交流成为可能。在视频会议中，译者需要掌握一系列适应该环境的翻译方法。

对于视频会议中的翻译，口译技巧至关重要。这涉及译者对原语言的精准理解，对目标语言的流畅表达，以及在保证翻译质量的同时，做到及时反馈。译者需要具备快速思维和高效反应的能力，这既包括对话语内容的理解，也包括对语境、语调和言外之意的把握。与此同时，译者也需要注重自身的语言表达，确保其准确、流畅且符合目标语言的习惯。

视频会议通常有固定的流程和节奏，译者需要跟随会议的节奏进行翻译。这不仅需要译者有出色的语言理解和表达能力，还需要有很好的时间管理能力。例如，如果译者无法在规定的时间内完成翻译，可能会导致会议的延误。因此，译者需要通过提前准备、熟悉议程等方式，提高翻译的效率和效果。

视频会议的特点还体现在它更接近面对面的交流，因此处理口语表达和非语言交流成为译者需要考虑的问题。在口语表达上，译者应考虑到口语的特点，如更直接、更简洁和更具个性化等，尽可能地保留这些特点。同时，非语言交流，如肢体语言、面部表情等，也是视频会议中不可或缺的部分。译者应充分考虑这些非语言因素对交流的影响，避免因为忽视这些因素而导致信息的丢失。

三、实时聊天的翻译方法

实时聊天工具在商务交流中占据了重要的位置。它的便捷性和实时性使得商务沟通变得更加灵活和高效。然而，对于译者而言，实时聊天也提出了一系列独特的挑战和要求。为了在即时聊天环境中提供高质量的翻译服务，译者需要掌握一系列特殊的翻译技巧和方法。

快速回应是实时聊天翻译的一个重要要求。与传统的文本翻译或视频会议翻译相比，实时聊天的翻译需要在很短的时间内完成。这就要求译者具有较高的反应速度和处理能力，以确保信息能够在第一时间被准确地传递。这种快速回应的能力不仅包括对原文的快速理解，还包括对目标语言的快速生成。

处理缩写和表情符号是实时聊天翻译的另一个重要方面。在即时聊天中，人们经常使用缩写和表情符号来表达情感和态度，这些元素对于交流的效果具有重要的影响。译者需要理解并熟练掌握各种缩写和表情符号的意义，同时，也需要知道如何在目标语言中恰当地表达这些元素。

准确传达意图也是实时聊天翻译的关键。在即时聊天中，由于缺乏面对面交流的非语言信息，译者需要依赖于文本信息来判断和理解说话人的意图。这就要求译者具有良好的理解和分析能力，以避免因为误解或误译而导致信息的偏差。

四、电子邮件的翻译方法

电子邮件作为一种重要的商务沟通方式，其翻译既需要保持邮件的正式和结构性，又要注重文化差异和礼貌表达。在电子邮件的翻译过程中，译者需要兼顾精准、礼貌、文化和格式等多个方面的考虑。

使用礼貌用语是电子邮件翻译中的关键一环。由于电子邮件常用于正式场合，因此在翻译过程中要使用礼貌、正式的用语，如正确使用敬语、使用官方或行业内的标准术语等，以保证翻译文本的正式性和规范性。此外，考虑到不同语言和文化对礼貌表达的理解可能存在差异，译者在处理邮件翻译时需要注意这些差异，并在翻译中适当调整。

准确表达意思是电子邮件翻译的基本要求。电子邮件通常包含较为具体和详细的信息，对准确性的要求较高。因此，译者在翻译过程中要仔细理解原文的内容和意图，避免出现误解或漏译。同时，译者还需要有足够的语言表达能力，能够准确地把原文的意思表达出来，保证译文的信度。

注意格式和文化差异是电子邮件翻译中需要考虑的重要因素。电子邮件作为一种书面沟通方式，其格式具有一定的规范性，如邮件的结构、用词的规范等，译者在翻译过程中需要注意这些格式规范，并在译文中体现出来。此外，不同文化对于一些表达方式、礼貌用语等的理解和习惯可能存在差异，译者需要了解并考虑这些文化差异，避免在翻译过程中出现不适当的表达。

通过针对不同的电子沟通方式提供相应的翻译方法，译者可以更好地应对虚拟环境下的跨文化商务沟通挑战，并确保信息的准确传达和有效交流。

第九章　商务英语翻译中的误译研究

第一节　跨文化视角下商务英语翻译常见误译诊断与分析

一、商务翻译中语用语言层面的误译

语用学语言层面是指语言的表层形态，包括语音、词汇、句法和修辞等方面。由于英汉两种语言在语言形态上存在明显差异，商务翻译中常常出现跨文化语用语言层面的误译。以下将从词汇、句法和修辞三个方面进行分析，并结合具体案例进行说明。

（一）词义理解错误造成的误译

1. 词义转换不准确

词义转换是商务英语翻译的基础，而词义转换的准确性直接影响到翻译质量。在商务英语翻译过程中，由于词汇量、理解能力、商务知识储备等方面的原因，译者可能会对原文词汇的含义产生误解，导致词义转换不准确。例如，英文中的“equity”在金融领域通常被翻译为“股权”，但在一些非专业译者手中，可能被误译为“公平”或“公正”。

2. 专业术语的误解

商务英语涉及大量专业术语，这些词汇在不同的语境中可能具有不同的含义。因此，译者需要注意词义的准确理解，避免出现误译。例如，

在商务英语翻译中，“collection”一词在普通英语中意为“收集、采集”，而在商务英语中的含义是“托收”。又如，英文中的“leveraged buyout”（杠杆收购）是一个金融领域的专业术语，如果译者对这个术语不熟悉，可能会误译为“杠杆购买”，这就导致了专业术语的误解。如果译者没有对商务英语的语言特点进行充分理解，可能会将其误译为“收集”，导致信息传达不准确。

例如，保存期为二至三星期的袋装饼干。

误译：

Packets of biscuits with a guarantee period of two or three weeks.

评析：译文中的“guarantee period”意为“保修期 / 保用期”，但在这个语境下应该理解为食品的保存期限。正确的译文应该是：“Packets of biscuits with a shelf life of two or three weeks.”这样才能准确传达原文的意思。

3. 常用词汇在商务语境中的误译

许多英文词汇在日常生活中和商务语境中的含义可能会有所不同。如果译者只掌握了这些词汇在日常生活中的用法，而忽视了它们在商务语境中的特殊含义，可能会出现误译。例如，英文单词“run”在日常生活中通常被理解为“跑步”，但在商务语境中，“run a business”应该被翻译为“经营一家企业”，而不是“跑一家企业”。

（二）句法理解错误造成的误译

1. 句子结构和语序的误解

中英两种语言在句法结构上存在较大差异，因此在商务翻译中容易出现句法理解错误导致的误译。译者需要准确理解句子的句法特点、逻辑关系和语义重心，避免误译的发生。例如，在商务翻译中，“随函附寄我方试订单一份，请供现货。”如果译者不了解英语句法中语义重心的特点，可能会将其误译为：“Enclosed is our trial order list，please supply us with your current goods.”然而，这样的翻译忽视了句子的连贯性和正确的语法结构。

2. 语法规则的不同理解

英汉两种语言在语法规则上的不同，也是导致商务翻译误译的一个重要原因。英语中的被动语态、虚拟语气和复杂句子结构等，如果译者不能准确理解和掌握，很可能会导致误译。例如，“Should any questions arise, please feel free to contact us.”在被动语态和虚拟语气的双重作用下，可能被误译为“如果有任何问题，我们会随时与您联系。”正确的翻译应该是“如果有任何问题，请随时与我们联系。”这是因为“feel free to contact us”中的主语应该是“你”，而不是“我们”。

3. 句子连贯性的忽视

在商务翻译中，句子连贯性是非常重要的。如果译者在翻译时过于关注单句的翻译，而忽视了句子之间的连贯性，可能会导致整个文本的意义模糊不清。例如，“The meeting has been postponed. All attendees will be informed of the new date.”如果译者只关注每句话的字面意思，可能会将其翻译为“会议已经推迟。所有与会者将会被告知新的日期。”这样的翻译虽然没有错误，但却忽视了两句话之间的逻辑关系。正确的翻译应该强调两句话之间的因果关系，如“会议已经推迟，新的日期将会通知所有的与会者。”

（三）修辞理解错误造成的误译

1. 修辞手法的误解

英语商务文本中常常使用各种修辞手法来强化表达效果和文本吸引力。例如，比喻、夸张、悖论和反语等都是常见的修辞手法。如果译者不能准确理解这些修辞手法的使用意图和表达效果，可能会导致误译。例如，英文广告语“Red Bull gives you wings.”中，“gives you wings”是一种比喻修辞，表示“红牛能给你带来活力”，而不是字面上的“红牛能给你长出翅膀”。如果译者误解了这种修辞意图，可能会将其误译为“红牛能让你飞起来”。

2. 文化差异引起的修辞误译

由于英汉两种语言背景的文化差异，相同的修辞手法在两种语言中可能具有不同的表达效果和内涵。这种文化差异可能会导致译者在理解和翻译修辞手法时产生误解。例如，“kick the bucket”直译为“踢桶”，在汉语中并无任何意义，但在英语中它的含义却是“去世”。因此，对于这样充满文化色彩的表达，直译是无法准确传达其含义的，而需要译者具备相应的文化知识，并进行意译，比如将“kick the bucket”译为“去世”。

3. 修辞表达的失真和不当转译

修辞是语言表达中常用的手法，不同语言和文化之间的修辞方式存在差异。如果译者对原文的修辞手法理解错误，容易造成误译。譬如西方人喜欢用 donkey（驴）来比喻人的愚蠢，但是中国人却喜欢用猪。中国人喜欢“挥金如土”，西方人则用 spend money like water。例如，“He is a man that eats no fish.”如果译者不了解英语中“eat no fish”这个表达方式，可能会直译为：“他不吃鱼。”然而，这个表达实际上是一种修辞手法，用来表示一个人忠诚可靠的特点。正确的翻译应该是：“他是个忠实可靠的人。”这样才能准确传达原文的修辞意义。

二、商务翻译中跨文化层面的误译

（一）社交礼仪的误解导致的误译

1. 礼貌用语和客套话的处理不当

中西文化中对礼貌用语和客套话的处理和理解存在差异，这可能导致在商务翻译中出现误译。例如，英文商务信函通常以“Yours sincerely”或“Yours faithfully”等正式的结束语作为结尾，而直译成中文的“你真诚的”或“你忠诚的”显然与中文的表达习惯相去甚远，更符合中文表达的译文应为“顺祝商祺”或“敬祝商祺”。

2. 社交习俗和文化差异的忽视

不同的文化有其特定的社交习俗和礼节，这些差异在商务翻译中需要特别注意。如英文商务语境中的“small talk”指的是一种轻松、无关紧要的聊天方式，用于破冰或拉近人际关系。如果译者不了解这一文化背景，可能会将其误译为“小聊”或“少聊”，而忽略了它在商务交际中的重要作用。

汉英两种语言中各自有不少反映宗教信仰的词汇。汉语如“菩萨、慈悲、报应、鬼门关”等；英语如 God（上帝）、angel（天使）、savior（救世主）、gospel/glad tidings（福音）等。两种语言的不同宗教信仰造就了各自不同的文化语境，并潜移默化地对其语用产生影响。在商务翻译中，若忽视宗教信仰对语用的影响，很容易造成误译。

以下是一个案例来说明宗教信仰造成的误译。

原文示例：

We must have faith in the project's success. God will guide us through this journey.

直译示例：

我们必须对项目的成功保持信念。上帝会在我们的旅程中指引我们。

在这个示例中，原文表达了对上帝的信仰和依赖，这与基督教文化的价值观和习俗密切相关。然而，如果译者将其直译为字面意思，可能无法传达原文中宗教信仰的含义。在汉语中，对上帝的信仰可能更多地使用佛教或道教的词汇，而不是基督教的术语。因此，直译可能会导致信息的丢失或误解。

改译示例：

我们必须对项目的成功保持信心。我们相信会有力量引领我们完成这一旅程。

通过适度调整表达方式，译文传达了原文中对上帝的信仰和依赖的含义，同时避免了宗教术语的直接使用。改译后的版本更符合汉语读者的理解和表达习惯。

3. 社交称谓和尊称的误用

在商务英语中，对他人的称呼和尊称是非常重要的，尤其是在书信和邮件中。然而，在中文和英文中，对尊称的使用存在显著的文化差异。例如，英语中可能直接使用名字来称呼对方，而在中文中，这样的行为可能被视为不礼貌或过于亲近。同样，英文中对长者的尊称一般为“Sir”或“Madam”，而中文中可能会根据对方的年龄、职务、地位等选择合适的称呼。

（二）文化价值观念的误解导致的误译

1. 文化观念的对立和冲突

中西方的文化观念存在较大的差异，这在商务英语翻译中可能会引发问题。例如，西方社会倾向于直接、坦率的交流方式，而东方社会通常更倾向于委婉、含蓄的表达方式。在此背景下，西方的直接表达方式可能会在东方文化中被视为冒犯，因此在翻译时需要考虑到文化的差异，以准确地传达原文的意思。

2. 价值观念的背后含义的误解

每个文化都有其特定的价值观念和信念，这些在商务翻译中需要特别注意。例如，美国文化中高度重视个人主义和独立性，而中国文化中则强调集体主义和和谐。这可能导致在商务翻译中出现误译，如将英文的“self-reliance”（自力更生）误译为“孤立无援”，而忽视了其背后的积极含义。

3. 社会习俗和价值观念的误译

商务翻译不仅是语言翻译，还包括文化翻译。译者需要理解并尊重目标文化的习俗和价值观念，以避免误译。例如，英文中的“face time”直译为“面子时间”，在中文中并无任何意义。然而，如果理解为“和上司或客户面对面交流的时间”，则更能准确传达其含义。

（三）社会角色和身份的误解导致的误译

1. 职务和职称的处理不当

职务和职称在商务翻译中十分重要，需要准确翻译。然而，由于中英两种语言的职务和职称系统存在显著差异，直接翻译可能会引发误解。例如，英文中的“CEO”通常被翻译为“首席执行官”，但在中国的企业文化中，该职务的功能和地位可能与“总经理”或“董事长”更为接近。

2. 社会地位和身份的误译

不同文化对社会地位和身份的认识和表达方式不同，这可能导致在商务翻译中出现误译。例如，英文中的“senior manager”直译为“高级经理”，在中文中，这种表述可能并不清晰地表达其在企业中的地位和职责。在中国的企业文化中，这个职位可能更准确地被翻译为“总监”。

3. 社会角色的文化差异导致的误解

在跨文化商务交流中，相同的社会角色在不同文化背景下可能存在着不同的含义和表达方式，如果不能准确把握，可能会导致严重的误解。

以“助理”为例。在西方企业中，职位名称“assistant”通常指的是一个为主管或经理提供行政支持的角色，职责可能包括接待、档处理、日程安排等。这个职位通常不涉及决策职责。然而，在中文环境中，“助理”可能被理解为辅助主管进行决策的角色，职责可能涉及项目管理、商务谈判等更为重要的任务。因此，在进行商务翻译时，译者需要依据上下文和具体业务环境，准确把握和翻译“助理”这一职务。

以“老板”为例。在中文中，“老板”一词通常指的是企业或商店的所有者，拥有企业或商店的最高决策权。但在英文中，同样的角色可能被称为“owner”“boss”或者“employer”。其中，“owner”强调所有权，“boss”强调管理权和指挥权，“employer”则强调雇佣关系。当我们将“老板”翻译成英文时，需要根据上下文和具体情境，选择最为准确的词汇。

另外，对于“员工”这个词，西方文化中的“employee”通常指在公司中有固定工作的人，而在中国文化中，“员工”可能指的是所有在公司工作的人，包括正式员工和临时工。因此，在进行翻译时，需要根据实际情况选择最为适当的词汇。

三、商务翻译中跨文化认知层面的误译

（一）逻辑推理和思维方式的误解

1. 演绎推理和归纳推理的区别理解不准确

中西方的思维方式在某些方面存在差异，西方通常偏向演绎推理，即从一般到特殊，而中方更偏向归纳推理，即从特殊到一般。这种思维方式的差异在商务英语翻译中表现得尤为明显，如果译者没有意识到这一点，就可能导致翻译出现偏差。

例如，英文的商务报告常常先提出结论，然后再提供支持这一结论的证据或论点，这是典型的演绎推理方式。例如，一篇英文商务报告可能会以这样的方式开头：“We have decided to invest in the real estate market because...”，然后列举一系列的证据或理由来支持这个决定。

然而，如果这种结构被直译到中文，可能会使中文读者感到困惑，因为他们通常习惯于先看到详细的证据或论点，然后再根据这些信息得出结论，即归纳推理的方式。如果我们按照原文的结构翻译，可能会得到这样的译文：“我们已经决定投资房地产市场，因为……”。这样的翻译可能会让中文读者感到不知所云，他们可能会好奇：“你们为什么要投资房地产市场呢？你们有什么证据支持这个决定？”在这种情况下，一个更好的翻译策略可能是先将英文原文的证据或理由翻译出来，然后再翻译结论，如：“鉴于……的情况，我们决定投资房地产市场。”

因此，译者在翻译商务英语时，需要注意英汉两种语言在思维方式上的差异，适当地调整原文的结构，以符合目标语言读者的阅读习惯。同时，译者还需要具备一定的跨文化交际能力，了解不同文化背景下的

思维方式和逻辑推理方式，以准确地传达原文的意思。这就要求译者不仅需要具备扎实的语言功底，还需要拥有广泛的知识面和深厚的文化素养。

商务英语翻译不仅仅是文字层面的转换，更是思维方式和文化背景的转换。因此，翻译过程中的误译往往不仅仅源于语言技能的不足，更可能是由于对跨文化认知差异的理解不准确所导致的。因此，译者在进行商务英语翻译时，除了关注语言表达的准确性，还需要注意思维方式和文化背景的准确转换，这样才能更好地实现有效、准确的商务英语翻译。

2. 逻辑结构和论证方式的误解

中英文在逻辑结构和论证方式上也存在明显的差异。理解这些差异，并在翻译时予以考虑，对于避免误译至关重要。

以商务提案为例，英语商务提案通常按照“问题—解决方案—优势—结论”的逻辑顺序进行。这种方式准确、明确，方便读者理解。例如，一份英文的商务提案可能会这样开始：“Our company has been facing a significant decrease in sales. We propose a new marketing strategy to tackle this issue. The proposed strategy has several advantages... Based on the above reasons, we recommend adopting the proposed strategy.”

然而，如果将此提案直接按照这一结构翻译成中文，可能会忽视中文读者的阅读习惯，从而造成理解障碍。因为相对于英语的直接和明确，中文表达习惯于通过间接和温和的方式提出问题和建议。直白地说出问题可能会被视为冒犯，而且中文的论证方式往往更注重细节的论述和过程的描绘。因此，一个更贴近中文习惯的翻译可能是：“我司近期销售额有所下降，我们认为可以通过一种新的营销策略来解决这个问题。这个策略有许多优势……基于以上的分析，我们建议采纳这项新策略。”

此外，中文在句法和表达方式上的特点也决定了其论证逻辑的差异。在中文的论证中，我们更倾向于使用引证和类比等方法，而不是像英文那样依赖事实和数据的陈述。因此，译者在处理英文商务文本的逻辑结构和论证方式时，必须综合考虑源语和目标语的特点，力求在保持原文信息的同时，使译文符合目标语的逻辑习惯和表达方式。

3. 隐喻和比喻的理解误差

隐喻和比喻在商务英语中的应用非常广泛，可以有效地丰富语言，增加说话者的说服力。然而，对于非英语母语者来说，正确理解和翻译这些隐喻和比喻可以说是一大挑战，因为这需要译者对源语言文化有深入的了解，同时还需要具有较高的语言敏感度。

例如，一句典型的商务英语表达是："The company is drowning in red ink."在这里，"red ink"是一个典型的隐喻，用来表示财务亏损或负债累累。如果译者不熟悉这个隐喻，可能会误译为"公司在红色的墨水中溺水"，这显然无法准确传达原句的含义。正确的翻译应该是："公司深陷财务困境。"或者"公司负债累累。"

另一个例子是"silver bullet"的比喻，这在商务英语中常用来表示一种能够迅速且有效解决问题的方法。例如，一句英文的商务报告可能会写道："There's no silver bullet for this issue." 如果译者对这个比喻不了解，可能会误译为"这个问题没有银色的子弹。"然而，正确的翻译应该是："这个问题没有万能的解决办法。"

对于这种涉及文化知识和语言独特性的翻译问题，译者必须深入学习源语言文化，并在实践中不断积累经验，提高对语言中隐喻和比喻的敏感度。只有这样，才能够在翻译过程中准确地捕捉到这些隐喻和比喻的含义，从而避免误译，确保译文的质量。

（二）文化概念和思维模式的误解

1. 文化概念的多义性和误解

商务英语充满了与特定文化息息相关的概念，这些概念在翻译过程中往往具有多重含义，需要译者准确地理解其在特定语境中的含义。由于英汉两种语言背景的文化差异，相同的词汇在两种语言中可能具有不同的含义和感知，这就给译者带来了很大的挑战。

以"team spirit"为例。在英语中，这个词通常被理解为一种强调团队合作、互相支持的精神。然而，当我们将其直译为中文的“团队精神”时，其原始含义可能就会变得模糊不清。因为在中国文化中，这个概念更多地被理解为“集体主义精神”，强调的是集体利益高于个人利益，而不仅仅是团队合作和相互支持。这种细微的差别可能会导致译者对文化概念的误解，从而影响到翻译的质量。

这个例子揭示了一个重要的问题，即在商务英语翻译过程中，我们需要对源语言和目标语言的文化背景有深入的了解，才能正确理解这些文化概念，并准确地将它们翻译成目标语言。

此外，翻译过程中还需要考虑到文化概念的多义性。同一个词在不同的语境中可能有不同的含义，这就需要译者根据具体语境灵活处理，避免误解。例如，英文中的“engagement”在商务环境中通常指的是一种聘用关系或者约会，但在一般环境中可能会被理解为婚约。因此，翻译时就需要根据语境的差异选择合适的译文。

2. 文化隐喻和象征的误译

隐喻和象征是人类语言的一种重要表现手法，通过它们，我们能够以更生动、形象的方式表达思想和情感。然而，每种文化都有其独特的象征和隐喻，这些在翻译过程中需要特别注意。直接将一种语言中的隐喻和象征翻译为另一种语言，可能会导致信息的丢失或误解，因为不同文化对于同一隐喻或象征的理解可能会有所不同。

以英文中的“an elephant in the room”为例。这个短语用来形象地描述一个明显存在但被忽视或不愿讨论的问题。在英美文化中，这个隐喻已经非常普遍，人们都能理解其真正的含义。然而，如果我们直接将其翻译成中文的“房间里的大象”，可能就会让读者感到困惑。因为在中文语境中，这个表达没有被广泛接受或理解，因此，译者需要将其意译为“眼中的钉”或“明显的问题”，以确保信息的准确传达。

此外，商务英语中也充满了各种文化象征，比如颜色、动物、数字等。比如在西方，黑色常常代表庄重、严肃，用于商务场合；而在东方，黑色则常常象征不吉利，用于丧葬等悲伤场合。因此，翻译中需要注意这些文化象征的差异，避免产生误解。

3. 概念转换和文化因素的忽视

商务翻译是一项涉及语言和文化的复杂工作，翻译者需要熟知两种或多种语言，还需要理解不同的文化背景。尤其是在进行商务英语翻译时，由于英语广泛地使用于世界各地，有很多与特定文化、历史和社会现象密切相关的词汇和概念。忽视这些文化因素，可能会导致概念的误解和转换错误。

以英语中的“rain check”为例，如果直接翻译为中文“雨票”，可能会让中国的读者感到困惑，因为在中国并没有这样的概念或习俗。其实，“rain check”起源于美国的棒球运动，如果因为下雨比赛被推迟，观众可以保留他们的票据，在以后的时间里再来观看比赛，因此称为“雨票”。然而，现在这个短语在日常英语中已经演变成了对未来某个行动的暂时延后的礼貌表达。例如，如果你邀请一个美国朋友参加聚会，他可能会说“Can I take a rain check?”，意思是他现在不能参加，但希望有机会在未来的某个时间参加。

因此，在翻译“rain check”这样的词汇时，直接的字面翻译无法准确传达其真正的含义。译者需要考虑如何在目标语言中找到一个能够体现其在源语言中的文化含义和功能的表达，或者在适当的地方添加注释，说明其在源语言文化中的具体用法和含义。这样才能保证译文的准确性，同时也让目标语言的读者能够理解并接受这些源语言中特有的文化概念。

同样，其他一些和特定文化、地区、历史事件相关的词汇，比如“Wall Street”“Silicon Valley”“Brexit”等，都需要在翻译时特别注意。译者不能仅仅停留在语言层面的翻译，而应该深入文化层面，理解这些词汇在其源语言和文化中的具体含义和指代，从而在目标语言中找到恰当的翻译，或者适当地添加注释，以帮助读者理解。

第二节　商务英语翻译误译的对策和修正

一、准确理解源文本的意义

（一）深入研究专业领域知识

商务英语翻译中，对专业领域知识的深入理解与研究无疑是实现源文本准确理解的前提与基础。专业领域知识的广度和深度决定了译者对文本内容的理解程度，同时也影响着译者的翻译策略选择与应用。

在商务英语的领域内，其所涵盖的专业知识广泛，包括但不限于财经、市场营销、人力资源、供应链管理、企业战略等多个细分领域。因此，对于译者来说，针对不同的专业领域，深入研究相关的知识和信息，理解该领域的基础概念、理论框架、常用术语和表达方式，是保证翻译质量的关键。

如何进行专业领域知识的深入研究？一种可能的方法是阅读和学习该领域的核心文献和最新研究。例如，如果翻译的文本与市场营销有关，译者可以阅读市场营销的教科书和专业论文，了解市场营销的基本理论和最新动态。这样可以帮助译者理解市场营销的专业语言和术语，以及在特定语境下的含义和用法。

除此之外，译者还可以参加相关的专业培训或研讨会，听取专家的讲解和解读，增强对专业知识的理解。同时，译者还可以通过实践来学习专业知识，例如，译者可以参与一些与专业领域相关的项目，通过实际操作来深化对专业知识的理解。

对专业领域知识的深入研究，不仅可以帮助译者准确理解源文本的意义，而且可以提升译者的专业素养，提高翻译效率，减少误译的可能性。译者对专业领域知识的理解和掌握，直接影响了译者对源文本的理解和翻译质量。

（二）分析上下文和语境

在商务英语翻译领域，深度解析上下文和语境是非常重要的一环，是保障翻译质量的基本环节。只有深入剖析原文所在的上下文和语境，译者才能更准确地理解其包含的含义、指代关系以及潜在信息，以便进行更为精确的翻译。

语篇结构的理解是首要考虑的要素。商务文本往往作为一个完整的语篇出现，其中的句子和段落都存在着有机的联系。对于译者来说，必须留意分析文本的整体构造和段落之间的逻辑关系，这样才能把握文本的主旨以及主题，并在翻译过程中保持一致性和连贯性。

接着是对词义和句意的准确把握。在不同的语境中，同一词语可能具有多种含义，译者需要结合上下文来确定单词和短语的实际含义，并挑选合适的译文。句子的意思也可通过语法结构、词序以及修饰成分等进行推断和理解。

另外，上下文的指代关系也是译者需要注意的重要因素。上下文中的代词、名词以及动词等词语，往往与前文或后文存在明确的指代关系。译者必须细致地分析这些指代关系，以确保译文中的代词、名词的指代明确，避免产生歧义。

除此之外，理解隐含信息和文化背景也是译者的必备技能。商务文本中可能存在一些不太明显的信息，译者需要通过对上下文以及文化背景的了解来进行推断和解读。需要注意的是，文化差异可能会对隐含信息产生一定影响，译者需要具备跨文化的敏感性，以避免误解或者歧视。

最后，行文风格和目标读者也是影响翻译策略选择的重要因素。译者应该分析文本的目标读者群体，了解他们的文化背景、专业知识水平以及交际习惯，以确保译文在语用上的准确性和适应性。

可以看出，深入分析上下文和语境在商务英语翻译中占有重要的地位，它是避免误译的关键步骤之一。只有深入分析文本的语篇结构、词义和句意、指代关系、隐含信息以及目标读者的需求，译者才能做出准确的翻译决策，确保译文与源文本的意义一致并符合目标语言的用语规范。这种分析的能力需要通过学习和实践不断提升，结合专业知识和语言技巧，培养译者的翻译直觉和敏感度。

（三）反复阅读和解读源文本

在商务英语翻译的过程中，源文本的反复阅读和解读被视为一个关键环节，它保证了翻译的准确性和完整性。反复阅读能使译者更深入地理解源文本的细枝末节、内在含义和语言特性，从而为翻译的准确性提供保障。

源文本的多次阅读有助于全面把握文本内容。每一次阅读，译者都可以将注意力聚焦在不同的方面，例如词汇选用、句子构造、修辞手法等，这样可以更好地捕获细节信息。多次阅读不仅有助于译者理解全局，也能帮助他们找到并理解深藏在细节之中的信息。

注意细节和上下文的理解在阅读过程中也是非常关键的。源文本中的细节，如专有名词、数值、日期、地名等，这些都需要译者准确理解其含义，并在翻译中恰当地传达。同时，译者需要明白句子和段落之间的关系，以此来正确理解和表达其中的含义。

源文本中可能包含一些隐含信息，这些信息需要译者通过精读来揭示。隐含信息可能与文化、背景知识或者作者的意图有关。译者需要结合上下文和文化背景进行推理和解读，以确保翻译的准确性。

识别出源文本中的关键字和短语对于理解和翻译来说至关重要。译者需要确定关键字的准确含义，然后在翻译中使用对应的词汇或短语以传达原文的意思。这里涉及专有名词、行业术语和习惯用语的准确理解和运用。

在解读源文本的过程中，译者需要反复斟酌和校对自己的理解和翻译。这包括反复比对源文本和译文，以确保译文与源文本的一致性和准确性。在遇到疑惑或者不确定的地方时，译者需要进行深入研究或者咨询，以获取更准确的理解和翻译。

二、注重目标语言的表达准确性

（一）确保译文符合目标语言的语法和语义规范

在商务英语翻译中，准确性和清晰度是评价翻译质量的两个重要指标。作为翻译者，应始终保持对目标语言的敏感性，尤其是其语法和语义规范。译文必须符合目标语言的语法规则，同时在语义层面上也要准确地反映源文本的含义。这不仅是保持信息传递准确无误的基础，也是确保译文读者能够顺畅理解的关键。

语法规范是目标语言结构的核心，它规定了词汇、短语和句子如何组合形成意义。一个没有语法错误的翻译可以保证译文的流畅度，使读者能够顺畅地阅读和理解。为了确保译文符合目标语言的语法规范，翻译者需要有深入的语言学知识和丰富的实践经验。这包括了对词汇、句法和标点的准确掌握，以及对各种语言表达方式的深入理解。翻译者需要在翻译过程中不断地审查和校对自己的译文，以确保其语法的准确性和一致性。

除了语法规范，语义准确性同样重要。每一种语言都有自己独特的语义系统，它规定了词汇、短语和句子的含义以及如何理解和使用它们。翻译者需要深入理解源语言和目标语言的语义系统，以确保在翻译过程中能够准确地理解和传达源文本的含义。这包括对源文本的全面理解，包括其主旨、观点、论据、细节等；对源文本中的关键字和短语的准确理解和翻译；对源文本的隐含信息、暗示和文化背景的深入解读和准确表达等。只有当翻译者能够准确理解并传达源文本的语义，才能保证译文的准确性和有效性。

然而，保证译文符合目标语言的语法和语义规范并非一项容易的任务。它需要翻译者有深厚的语言学知识，丰富的翻译经验，以及对源语言和目标语言文化的深入理解。这就要求翻译者在日常工作中不断学习和实践，持续提高自己的语言能力和翻译技巧。这种努力不仅包括对语言学知识的系统学习，也包括对商务领域知识的积累，对各种翻译工具和技术的掌握，以及对自己翻译过程和结果的反思和总结。只有这样，翻译者才能在保证译文符合目标语言的语法和语义规范的同时，提供高质量的商务英语翻译服务。

（二）避免过度直译和机械翻译

在商务英语翻译中，避免过度直译和机械翻译是一项重要任务。过度直译和机械翻译往往会导致译文的语法错误，语义不准确，甚至含义的严重扭曲。这不仅会影响译文的质量和准确性，也可能引发商务沟通的误解和冲突。因此，翻译者需要提高自己的翻译能力和技巧，以便在保持源文本意义的同时，准确地表达其内容和精神。

过度直译通常是由于翻译者对源语言和目标语言的不熟悉或者对翻译过程的理解不深导致的。这种翻译方式往往忽视了源语言和目标语言的语法和词汇差异，直接将源文本的词汇和句子结构复制到译文中，导致译文的语法错误和语义混乱。翻译者应当对源语言和目标语言的语法和词汇有深入的理解，根据目标语言的语法规则和词汇习惯进行灵活地转换和调整，以确保译文的流畅性和准确性。

机械翻译则是由于翻译者对翻译过程的理解过于简单，过于依赖词汇和句子的直接对应，而忽视了源文本的语境和语用信息，导致译文的含义偏离或者缺失。翻译不仅是语言的转换，也是文化的传递和交流。翻译者应当理解和尊重源文本的语境和语用信息，如作者的观点和态度，语言的风格和情感，文化的背景和引申等。在翻译过程中，翻译者需要综合运用各种翻译策略和技巧，如意译、音译、借译、转译等，以确保译文的含义完整和准确，同时保持源文本的风格和情感。

然而，避免过度直译和机械翻译并非一项容易的任务。它需要翻译者有深厚的语言学知识，丰富的翻译经验，以及对源语言和目标语言文化的深入理解。这就要求翻译者在日常工作中不断学习和实践，提高自己的语言能力和翻译技巧，同时也需要翻译者有较高的职业素养和责任感，对每一份翻译任务进行认真的审查和校对，确保译文的质量和准确性。在这个过程中，翻译者也可以借鉴和学习前人的翻译理论和方法，如纳达的功能对等理论，赖奇的文化翻译理论，纽马克的语用翻译理论等，以指导自己的翻译实践和提高翻译能力。

（三）采用合适的商务术语和习用语

商务英语翻译在保持原文信息准确传递的同时，也要考虑到目标语言读者的理解和接受度。在这个过程中，合适的商务术语和习用语的运用是至关重要的一环。在商务环境中，专业术语和习用语是表达特定商务概念和活动的有效工具，对于增强沟通效果和理解度有着重要作用。然而，由于语言和文化的差异，源语言的商务术语和习用语往往不能直接翻译到目标语言，而需要翻译者有足够的语言知识和文化理解，才能找到恰当的目标语言表达。

商务术语是商务活动中使用的专业词汇，如“balance sheet”（资产负债表），“cash flow”（现金流），“merger and acquisition”（并购）等。这些术语在商务文本中常常出现，是传递专业信息的关键。对于这些术语，翻译者需要有清晰的定义和理解，并知道其在目标语言中的对应词汇或表达方式。有时，这些术语在目标语言中可能没有完全等价的表达，翻译者就需要利用语言的灵活性和创造性，找到能够准确传达术语含义的表达方式，同时考虑到目标读者的认知习惯和理解能力。

商务习用语则是商务沟通中常用的表达方式或习语，如“push the envelope”（挑战极限），“the bottom line”（最重要的事实或结果），“get the ball rolling”（开始行动）等。这些习用语的意义往往不能从字面上理解，而需要在特定的语境和文化背景下才能理解其含义。对于这些习用语，翻译者不仅需要理解其字面和引申的含义，还需要了解其背后的文化和社会含义。在翻译过程中，翻译者需要找到目标语言中的相应习用语或表达方式，以保持译文的自然度和可读性。如果目标语言中没有相应的习用语，翻译者可以采用转译、意译等策略，使译文能够准确传达源语言的意义，同时符合目标语言的表达习惯和读者的理解习惯。

对商务术语和习用语的准确翻译，对于商务英语翻译的质量和效果具有决定性的影响。在翻译过程中，翻译者需要持续学习和积累商务术语和习用语的知识，提高自己的商务英语水平和文化理解能力，以确保译文的准确性和自然度。同时，翻译者也需要关注行业动态和语言变化，适时更新和扩充自己的商务术语和习用语库，以适应商务环境的不断变化和发展。

三、注重文化适应和语用准确性

（一）了解源语言和目标语言的文化差异

文化差异对商务英语翻译有着深远的影响，因为语言不仅仅是文字和语音，它也是文化的一部分。文化元素在词汇、表达方式、语法结构、沟通习惯等方面均有体现，且在商务交流中，这些元素更是对信息传达起到关键作用。

了解源语言和目标语言的文化差异是避免误译，提高翻译质量的重要步骤。翻译者需要通过多种管道了解源语言文化和目标语言文化的差异，这些管道包括但不限于学术研究、媒体报道、社交网络、国际交流等。同时，翻译者也可以通过读书、旅行、与不同文化背景的人交流等方式，来增进对各种文化的理解。

在商务英语翻译过程中，文化差异的理解尤其重要。这是因为商务环境中存在许多专业术语和习用语，这些词汇和表达方式往往蕴含丰富的文化信息。如果忽视这些文化信息，可能会导致译文的意义产生偏差，甚至无法被目标读者理解。比如，英语中的“put all eggs in one basket”这个习语，在中国文化中没有直接对应的表达方式，如果直译为“把所有的鸡蛋放在一个篮子里”，可能会让读者感到困惑。这时，翻译者就需要运用自己的文化知识，找到一种在目标文化中能够传达同样意义的表达方式。

除了语言层面的文化差异，商务交流中还涉及行为习俗、价值观、商业伦理等方面的文化差异。比如，西方商业环境中强调合作和竞争并存，而在东方商业环境中，人际关系和面子问题可能更重要。这些文化差异可能会影响商务活动的方式和结果，因此翻译者在进行商务英语翻译时，不仅要了解语言文化，也要了解商业文化。

（二）理解并运用正确的语用习惯和礼貌用语

理解并正确使用目标语言的语用习惯和礼貌用语是商务英语翻译中的重要因素。语用学是研究语言在实际使用中的规律的学科，包括研究语境对语言意义的影响、语言行为的规则等内容。在商务英语翻译中，正确的理解和使用语用规则，可以使翻译文本更符合目标语言读者的阅读习惯，更有效地传达信息。

在语用规则方面，不同的文化和语言可能有不同的表达习惯和礼节。比如在英语中，人们在商务信件或邮件中通常会使用一些固定的开头和结尾语，如“Dear Sir/Madam”，“Best regards”等，而在中文的商务信件中，通常会使用“尊敬的先生/女士”，“敬祝商祺”等表达方式。对于商务合作的提议，英文通常会直接表达，如“We should cooperate on this project.”（我们应该在这个项目上进行合作）。然而，相应的中文表达则更倾向于使用婉转的语气，如“我们是否可以考虑在这个项目上进行合作呢？”，这种表达方式更能体现出中文商务交流中的谦逊和敬意。翻译者在进行翻译时，需要理解并适应这些语用习惯，使翻译文本在保持原文信息的同时，也符合目标语言的礼节和习惯。

在商务英语翻译中，礼貌用语的正确使用也非常关键。商务交流中，礼貌用语不仅是尊重和礼貌的体现，也是建立和维护良好商务关系的重要手段。翻译者需要了解目标语言中的礼貌用语，以及何时何地使用这些用语，从而使翻译文本更具说服力和亲和力。

为了更好地理解并运用目标语言的语用习惯和礼貌用语，翻译者需要进行大量的阅读和实践。阅读目标语言的商务文本，比如报告、文章、信件、合同等，可以帮助翻译者了解和学习语用规则和礼貌用语。实践翻译，特别是实践商务英语翻译，可以使翻译者更加熟悉和适应商务环境中的语用规则和礼貌用语。

在理解和运用语用习惯和礼貌用语的过程中，翻译者应时刻注意反思和总结，以便不断提高自己的翻译技能。一方面，翻译者需要思考如何在保持原文信息和风格的同时，将语用习惯和礼貌用语融入翻译文本中。另一方面，翻译者也需要考虑如何在翻译过程中，尽可能避免误解和误译，确保信息的准确传达。

（三）适应目标语言的商务交际风格和惯例

适应目标语言的商务交际风格和惯例是商务英语翻译的重要组成部分。这不仅要求译者熟知两种语言的语法和词汇，也要求他们对两种文化中商务交际的特点有深入的理解和认识。

商务交际风格的差异往往与文化背景紧密相关。在商务环境中，某种交际风格的接受程度可能会因地域、行业、公司文化等因素的差异而有所不同。例如，美国商务环境中往往倾向于直接、简洁的沟通方式，强调效率和结果，而在许多东方文化中，如中国，间接、委婉的表达方式可能更为常见，强调关系建设和面子问题。

理解这些差异并能够适应目标语言的商务交际风格，译者需要有足够的文化敏感度，对两种文化的商务交际风格和惯例有深入的理解。译者需要了解如何在保持原文信息和意图不变的情况下，使译文符合目标文化的商务交际风格和惯例，使接收者能够顺畅地理解和接受译文信息。

此外，译者还需要了解并适应目标语言的商务文档格式和结构规范。商务档中常见的各种格式和结构，如信函、报告、议程、合同等，每种类型的档都有其固定的格式和结构，译者需要熟悉并遵循这些规范，以确保译文的格式和结构符合目标语言环境的期望。

四、审校和校对译文的准确性

（一）审查译文的语法、拼写和标点符号

在翻译过程中，审查译文的语法、拼写和标点符号是至关重要的一步。在翻译完成后，对译文进行仔细的审查和校对，可以帮助我们找出并修正可能存在的错误，提高翻译的质量。

语法是语言的骨架，决定了语言的结构和规则。在翻译中，我们需要确保译文遵循目标语言的语法规则，语句结构准确，动词形式、时态和语态等使用正确。任何语法错误都可能改变句子的意义，造成读者的误解。

拼写错误可能会降低译文的专业性和可读性。它不仅会使读者对翻译的质量产生怀疑，还可能改变单词的意义，造成严重的误解。因此，我们需要使用拼写检查工具，并手动检查那些可能被拼写检查工具忽略的错误，如同音异义词错误。

标点符号在语言中起着至关重要的作用，它们可以改变句子的节奏，强调某部分信息，甚至改变句子的意义。在翻译中，我们需要确保使用正确的标点符号，并注意它们在源语言和目标语言中可能存在的差异。

（二）核对专业术语和商务术语的准确性

商务英语翻译中对专业术语和商务术语的准确性的核对是翻译质量的关键。翻译过程中应保证这些术语在源语言和目标语言中的准确对应，因为这些术语包含了特定领域的专业知识，是信息传递的重要载体。

具有准确性的专业术语翻译有助于保持原始信息的完整性，降低因翻译误解导致的信息偏差。不正确的专业术语翻译可能会导致严重的误解，影响整个商务活动的进行。在商务英语翻译过程中，译者应进行充足的研究，熟悉源语言和目标语言中的专业术语，使用权威的术语库或术语词典，保证专业术语翻译的准确性。

同时，商务术语的准确性也是至关重要的。商务术语具有高度的专业性和特定的商务背景，只有准确理解并正确翻译这些术语，才能确保商务信息的准确传递。因此，译者需要了解商务术语的特性和用法，熟悉商务活动的背景和环境，以确保商务术语翻译的准确性。

译者应利用各种工具和资源进行术语核对。例如，可以使用术语管理工具进行术语对照和整理，可以使用在线词典和术语库进行查询和验证，也可以参考专业文献和翻译作品进行比较和学习。此外，参加专业培训和研讨会，与同行交流和分享也是提高术语翻译准确性的有效方式。

（三）请他人进行译文审阅和反馈

在商务英语翻译过程中，寻求他人对译文进行审阅和反馈是提高翻译质量的重要手段。这不仅能帮助译者发现并改正可能的翻译错误，还能从多元视角对译文进行评估和改进，提高译文的准确性、完整性和适应性。

寻求他人审阅的过程可以视为一种形式的协作。译者、审阅者、客户、专家等不同角色的参与者可以通过协作共享专业知识和资源，提供不同视角和思考方式，帮助解决复杂的翻译问题。在此过程中，译者可以从他人的反馈中学习和成长，提升自身的翻译技能和专业素养。

审阅者的角色尤为重要。他们需要对源语言和目标语言都有深入的理解，能够准确识别翻译问题，提出切实可行的修改建议。此外，他们也需要具备良好的沟通和协作能力，以建设性的方式提供反馈，帮助译者理解和接受建议，共同改进译文。

客户的反馈也非常重要，他们对商务信息和目标市场的深入了解，对译文的实用性和有效性有直接的评价。他们的反馈可以帮助译者更好地理解和满足翻译需求，提高译文的商务价值。

专家的审阅和反馈可以提供专业领域的深度知识和理解，帮助译者更准确地翻译专业术语和概念，提高译文的专业水平。

通过请他人进行译文审阅和反馈，译者可以从多元视角对译文进行全面评估和改进，提高商务英语翻译的质量。同时，这也是一种有效的专业发展机会，帮助译者扩大知识视野，提升翻译技能，提高翻译的专业性和竞争力。

五、持续学习和提升翻译能力

（一）不断积累领域知识和专业术语

在商务英语翻译中，领域知识和专业术语的掌握程度直接决定了译者能否准确、恰当地完成翻译任务。商务英语翻译不仅是语言转换的过程，更是文化和专业知识的传递。因此，不断积累领域知识和专业术语是提高翻译质量的关键步骤。

领域知识的积累不是一朝一夕能完成的任务，而需要通过长期的学习和实践才能逐渐形成。译者可以通过阅读专业书籍、参加专业讲座、访问相关网站和论坛、研究相关案例和报告等多种方式来增加领域知识。此外，译者还可以通过参与实际的商务活动，如会议、谈判、项目管理等，来获取第一手的领域经验和知识，深化对商务活动的理解。

专业术语的掌握是领域知识积累的重要组成部分。译者需要掌握各种商务术语的确切含义、用法和上下文关系，以便在翻译过程中做出恰当的选择和使用。为了更好地记忆和使用专业术语，译者可以创建个人的术语库，收集、分类和整理相关的术语和表达。同时，译者还需要定期更新和复习术语库，以跟上商务领域的发展和变化。

领域知识和专业术语的积累是一项持续和动态的过程，需要译者具有良好的学习能力和适应能力。在这个过程中，译者不仅能提升翻译的专业水平，更能增强自身的专业素养和竞争力，为商务英语翻译工作的长期发展奠定坚实的基础。

（二）关注行业动态和新兴商务用语

在商务英语翻译领域，关注行业动态和新兴商务用语是提升翻译质量和效率的重要环节。译者需密切跟踪商务领域的新趋势、新概念和新表达方式，以便在翻译过程中能准确、及时地反映源语言文本的内容和风格。

行业动态主要包括行业的新发展、新变化、新趋势等。译者可以通过阅读行业报告、参加行业论坛、访问行业网站、关注行业新闻等方式来了解行业动态。对行业动态的理解和把握能帮助译者更好地理解源语言文本的背景和语境，从而做出更准确、更生动的翻译。

新兴商务用语是商务领域不断发展和变化的产物。它们可能是新的商务概念、新的商务模式、新的商务策略等的表达方式。译者需要关注新兴商务用语的出现和使用，了解其含义、用法和语境，以便在翻译过程中能恰当地处理这些用语。

译者在关注行业动态和新兴商务用语时，应采取主动、积极的态度。他们需要定期搜索和浏览相关信息，定期更新和补充知识库，定期对知识库进行复习和巩固。只有这样，译者才能跟上商务领域的步伐，才能在翻译过程中准确、自然地传达源语言文本的信息。

在这个过程中，译者也会不断提高自己的翻译能力和专业素养，为商务英语翻译的长期发展打下坚实的基础。总之，关注行业动态和新兴商务用语，是译者提升翻译水平、增强自身竞争力的重要途径。

（三）参与培训和专业翻译组织，与同行交流经验和技巧

在商务英语翻译领域中，积极参与培训活动和专业翻译组织，以及与同行交流经验和技巧，是提升自身翻译水平的重要方式。这不仅可以提升翻译能力，还可以增强对商务领域知识的理解，提升对文化差异的感知，以及提高对行业发展趋势的敏感度。

参与培训活动可以让译者接触到最新的翻译理论和技术，学习更科学、更有效的翻译方法。培训活动的形式多样，包括在线和线下的讲座、研讨会、研究项目等。译者可以根据自身的需求和情况选择合适的培训活动。

加入专业翻译组织则可以让译者接触到更广泛的译者群体和翻译资源，包括翻译研究的最新成果、各种类型的翻译案例，以及各种翻译工具和技术。此外，专业翻译组织通常还会举办各种交流活动，如翻译竞赛、翻译研讨会、翻译讲座等，这些都可以帮助译者增强专业技能和扩大人脉。

与同行交流经验和技巧是提升翻译水平的重要方式。通过分享和讨论，译者可以了解到其他译者如何解决翻译中的问题，如何处理复杂的翻译任务，以及如何提高翻译效率和质量。这对于译者的专业成长有着重要的促进作用。

第三节　预防误译：提前的准备工作与策略

一、详细了解项目要求和背景

（一）研究项目背景和目标

在商务英语翻译项目中，深入研究项目背景和目标是至关重要的预防误译的一项工作。项目背景涵盖了项目的业务类型、公司的业务范围、文档的类型和用途、目标读者的背景等，而项目目标则包括翻译文本的目的、需要传达的核心信息、希望达成的效果等。

项目背景的研究有助于译者更好地理解原文，并在翻译过程中做出更准确的判断。例如，如果译者了解到该项目来自金融行业，并且目标文档是一份投资报告，那么在遇到专业术语或行业常用语时，译者将能够准确地翻译，而不会误解其含义。此外，对于一些难以理解的表述或内容，译者也可以从项目背景中找到线索，帮助理解和翻译。

项目目标的研究则有助于译者更准确地把握翻译的方向和重点。在知道翻译文本的目的和需要传达的核心信息后，译者可以把这些因素考虑进翻译过程，确保翻译文本能够满足这些要求。例如，如果项目的目标是要让目标读者了解公司的新产品，那么译者在翻译时，就需要特别关注和准确翻译与新产品有关的信息，而对于一些次要信息，则可以适当简化或省略。

通过详细研究项目背景和目标，译者能够更好地理解和把握翻译任务，从而有效预防误译。这需要译者具备良好的研究能力、批判性思考能力，以及对商务领域的深入了解。

（二）确定翻译要求和标准

在预防商务英语翻译误译的过程中，确定翻译要求和标准是必不可少的一环。准确地理解并遵循这些要求和标准，对保证翻译质量具有重要影响。

翻译要求一般来自翻译的委托方，可能包括翻译的目标读者、翻译的风格（如正式或非正式、简洁或详细）、翻译的紧急程度、翻译文档的提交方式等。译者需要通过详细阅读和理解这些要求，以确保翻译结果能满足委托方的期望。此外，如果翻译要求不清晰或有疑问，译者应该主动与委托方沟通，以免因误解要求而造成误译。

翻译标准则更多地反映在翻译的质量上，包括语言的准确性、流畅性、语境的适应性、文化的妥协性等。一份高质量的翻译文本，应该做到既忠实于原文，又符合目标语言的语法和语境，同时也需要考虑到文化的差异和读者的感受。因此，译者需要不断学习和提升自己的语言技能和文化知识，以便更好地达到这些翻译标准。

确定翻译要求和标准是一项需要译者具有高度责任感和专业素养的任务。通过这一步骤，译者能够更准确地把握翻译任务，从而更有效地预防误译。

二、建立有效的术语和词汇管理系统

（一）创建术语数据库和词汇表

在商务英语翻译过程中，特定的专业术语和商务词汇是一个不容忽视的因素。这些术语和词汇通常具有特定的含义和使用情境，如果处理不当，很可能导致误译。因此，为了预防误译，译者需要创建术语数据库和词汇表，以有效管理这些专业术语和商务词汇。

术语数据库和词汇表的创建可以通过各种方式进行。译者可以通过阅读相关领域的文献、报告、文章等收集和整理术语；也可以参考已有的术语库或词典；另外，互联网和各种计算机辅助翻译工具也提供了丰富的资源供译者使用。无论选择哪种方式，译者都需要确保收集到的术语和词汇的准确性、一致性和适用性。

在术语数据库和词汇表的使用上，译者需要注意以下几点：首先，术语数据库和词汇表不是一成不变的，译者需要根据新的翻译任务或行业发展进行更新和修订。其次，不同的翻译任务可能需要不同的术语和词汇，译者需要根据具体情况灵活运用。最后，尽管术语数据库和词汇表能够提供帮助，但译者仍然需要依靠自己的语言能力和专业知识来做出最佳的翻译选择。

（二）统一术语翻译和使用规范

商务英语翻译中，术语的翻译和使用是确保翻译准确性的关键因素。任何对术语理解的微小偏差都可能导致严重的误解和误译。因此，为了防止误译，译者需要统一术语的翻译和使用规范。

在术语翻译和使用规范的建立过程中，翻译者应秉持以下几个原则：准确性、一致性和适用性。在准确性方面，翻译者需要确保每个术语的翻译都反映了原语中的确切含义，并且符合目标语言的语法和语义规则。在一致性方面，翻译者需要确保在同一文本或者同一项目中，相同的术语使用相同的翻译，避免混淆和歧义。在适用性方面，翻译者需要考虑术语的翻译是否适应目标语言的文化、社会和行业环境。

此外，翻译者还应采用各种策略来统一术语翻译和使用规范。例如，创建术语数据库和词汇表，整理和记录每个术语的翻译和使用情况；进行词汇比较和对比，发现并纠正术语翻译的差异和错误；使用计算机辅助翻译工具，自动化处理术语的检查和替换等。

三、建立与客户的良好沟通和合作关系

（一）主动与客户交流，了解其需求和期望

在商务英语翻译过程中，主动与客户进行交流并了解他们的需求和期望是极为重要的步骤。不仅有助于提高译文的质量，还能够避免可能出现的误译问题。

译者与客户的交流并非单纯的业务谈判，更是一个信息获取和确认的过程。通过这个过程，译者可以全面地了解项目的背景、目标、时间表以及其他具体的翻译要求，如文体风格、专业术语的使用、译文格式等。这些信息对于确保翻译质量和满足客户期望都起到了关键的作用。

在交流过程中，译者需要积极提问，确保对项目的每个方面都有清晰的理解。对于可能引起误解或不确定的问题，译者应该不怕麻烦，直接向客户询问。译者也可以主动提出建议和想法，帮助客户完善翻译计划和策略。

同时，译者还需要建立起与客户的信任关系。译者应该展示其专业知识和技能，证明自己是可以依赖的翻译专家。译者应该及时反馈工作进度和存在的问题，保持透明和开放的沟通。译者也应该尊重和欣赏客户的反馈和建

（二）寻求客户反馈和指导，及时沟通解决问题

商务英语翻译项目的成功执行至关重要的一环就是寻求客户的反馈和指导，以及及时的沟通以解决可能出现的问题。翻译并不是一项可以在完全孤立的环境中完成的工作，它需要译者、客户以及有时候的其他相关方之间的紧密协作。

客户的反馈和指导是翻译者得以了解其翻译是否达到预期目标，是

否满足客户的具体需求的关键途径。客户对于译文的评价、对于某个特定表达方式的偏好，或者对于某个业务术语的指定译法，都是译者在翻译过程中需要考虑和接纳的。这样的反馈有助于译者更好地理解目标读者的阅读习惯和期待，进而更准确、更自然地传达原文的信息。

另一方面，译者还应主动寻求客户的指导，特别是在遇到具有挑战性的翻译问题时。例如，某些复杂的业务概念、专有名词的翻译，或者针对特定读者群体的翻译策略等，都可能需要客户的深度介入和具体指导。译者应以开放的心态接受这样的指导，并灵活地应用到翻译实践中。

有效、及时的沟通在这一过程中发挥着关键作用。译者应确保自己始终可达，随时准备与客户进行交流。遇到问题时，译者应立即通知客户，明确表达自己的困惑和需求，而不是等到问题变得无法解决时才寻求帮助。同时，译者也应该主动向客户报告翻译进度，与客户共享项目的每一个关键时刻，使客户始终感到被尊重和重视。

四、选择合适的翻译工具和技术支持

（一）使用计算机辅助翻译工具提高效率和准确性

在今天的翻译行业中，计算机辅助翻译（CAT）工具的使用已经成为标配。CAT 工具不仅能够提高翻译的效率，而且也能够显著提高翻译的准确性。

CAT 工具的一个重要功能是提供翻译记忆库。翻译记忆库能够存储译者过去翻译的句子或段落，并在译者遇到相似的句子或段落时提供参考翻译。这大大减少了重复劳动，使得译者能够更快地完成翻译任务。另外，由于翻译记忆库中的翻译已经被译者或其他人进行过审校，因此它们的准确性通常很高。

CAT 工具还能够提供术语管理功能。译者可以在工具中创建术语表，对每个术语设定特定的翻译。当这些术语在文本中出现时，工具会自动提示译者使用术语表中的翻译。这样不仅能保证术语的翻译统一，而且也能减少译者查找术语的时间。

此外，许多 CAT 工具还能够与云端的语料库和机器翻译系统对接。

这使得译者能够利用大量的在线资源进行翻译参考，而且在翻译过程中也能得到机器翻译的实时帮助。虽然机器翻译的结果不能直接用于专业的翻译任务，但它能为译者提供一个初步的翻译方案，节省译者的思考和打字时间。

（二）利用在线资源和语料库进行翻译参考

在当今的翻译实践中，利用在线资源和语料库进行翻译参考已经成为必不可少的步骤。在线资源和语料库为译者提供了海量的信息和丰富的参考，能够帮助译者解决翻译过程中遇到的各种问题，提高翻译的效率和质量。

首先，网络是获取各种信息的重要管道。对于需要翻译的文本，译者可以通过搜索引擎查找相关的背景信息、专业知识、行业趋势等，以帮助自己更好地理解原文和确定合适的翻译。此外，网络上的各种专业论坛、社区和博客也是译者获取行业新闻、最新术语和翻译技巧的好地方。

其次，译者可以使用各种在线词典和术语库进行词语查询。这些工具通常提供多语种的释义，包括单词的基本意义、行业内的专用意义、各种习惯用法等。这对于译者精确理解和翻译文本中的词语至关重要。

最后，语料库是译者获取真实语言用法和参考翻译的重要工具。语料库收集了大量的双语或多语种的文本，包括新闻、文学、专业文章、法律档等。通过查询语料库，译者可以查看某个词语或表达在实际语境中是如何被翻译的，这对于提高译文的自然度和准确度非常有帮助。

虽然在线资源和语料库为译者提供了强大的支持，但译者应该注意，这些工具只能作为参考，不能完全取代译者的专业知识和判断力。在使用这些工具时，译者应该根据原文的语境和目标读者的需要，适当地调整和优化查询结果，以达到最佳的翻译效果。

五、进行细致的审校和自我反思

（一）审查翻译结果，纠正错误和不准确之处

审查翻译结果是翻译流程中至关重要的一步。只有通过精细的审查，才能确保翻译结果的质量，纠正可能出现的错误和不准确之处。这一步骤对于维护翻译质量，提高译者的专业技能，提升客户满意度都有着重大的意义。

翻译审查通常包括对翻译结果的语言准确性、专业性、一致性以及文化适应性的审查。语言准确性主要涉及语法、拼写、标点符号等基础语言规则的正确性。专业性则涉及专业术语、行业表达等内容的准确性和专业性。一致性则需要保证在一篇文档或一系列相关文档中，同一术语的翻译要保持一致。而文化适应性则要求翻译结果要适应目标语言的文化习惯和交际规则。

在审查过程中，译者需要有足够的耐心和专业知识，对每一个可能存在问题的地方进行认真的检查和对比。如果发现错误或不准确的翻译，需要及时进行纠正。有时，这可能需要查阅相关资料，进行进一步的研究，甚至需要和原作者、专业人士或其他译者进行讨论。译者不仅要有足够的语言知识和专业知识，还要有解决问题的技巧和勇气。

审查翻译结果不仅是保证翻译质量的必要步骤，也是译者提高自己专业技能的重要途径。通过对翻译结果的审查，译者可以发现自己的弱点，提升自己的专业知识和翻译技巧。同时，译者也可以从审查中获得满足感和成就感，增强对翻译工作的热爱和投入。

（二）反思翻译过程中的问题和改进点

反思翻译过程是提升翻译能力的重要环节，它对于译者而言是一个深化理解，提升技能，改进策略的过程。在翻译结束后，对翻译过程进行反思可以帮助译者发现问题，找到改进之处，并在未来的翻译实践中避免犯同样的错误。

首先，反思可以帮助译者更好地理解翻译的过程和策略。翻译不仅

仅是一种语言转换的过程，它也包含了理解，分析，解决问题等多种认知活动。通过反思，译者可以更深入地理解这些过程，并找出更有效的翻译策略。

其次，反思可以帮助译者找到自己的翻译弱点。在翻译过程中，译者可能会遇到各种困难，如理解难题，表达困难，用词不当等。通过反思，译者可以找到这些问题的源头，从而在未来的翻译中避免同样的错误。

再次，反思也是提升译者专业素养的重要手段。翻译是一项需要专业知识和技能的工作。通过反思，译者可以发现自己在专业知识和技能方面的不足，从而找到提升自己的方向。

最后，反思还可以帮助译者提高自我评价能力。在翻译过程中，译者需要对自己的翻译结果进行评价。通过反思，译者可以提高自我评价的能力，从而更准确地判断翻译的质量。

第十章　未来跨文化商务沟通与翻译的趋势

第一节　预期的发展趋势

一、科技在商务沟通与翻译中的影响

在 21 世纪的今天，科技无疑在商务沟通与翻译中的角色越来越重要。随着新的科技工具的出现，商务沟通已经发生了深刻的变化。具体来说，科技在商务沟通与翻译中的影响体现在以下几个方面：

首先，科技的进步使得商务沟通的速度得到极大的提升。例如，电子邮件、实时消息、视频会议等工具使得沟通不再受限于地点和时间，人们可以在任何时间、任何地点进行交流。这种快速的沟通方式对翻译工作也提出了更高的要求，译者需要在保证翻译质量的同时，提高翻译的速度。

其次，科技的发展使得商务沟通更加多元化。现在的商务沟通不仅包括文字、语音，还包括图像、视频等多种形式。这使得商务翻译也从单一的文字翻译扩展到多模态翻译，译者需要掌握各种类型的翻译技巧。

再次，科技带来了大量的翻译工具和资源。例如，机器翻译、在线词典、语料库等工具为译者提供了强大的支持。利用这些工具和资源，译者可以更准确、更快速地完成翻译任务。

最后，科技的发展也给翻译教育带来了新的机遇。在线教育平台、虚拟实境技术等新的教学工具为商务英语翻译教育提供了更多可能性。教师可以利用这些工具设计出富有创新性的教学活动，提高学生的学习

兴趣和效果。

科技的影响是全方位的，它既带来了新的机遇，也带来了挑战。因此，未来的商务英语翻译人才不仅需要掌握翻译理论和技能，还需要具备一定的科技素养，能够灵活运用科技工具，适应商务沟通与翻译的新变化。

二、跨文化商务沟通的全球化与本地化趋势

在当今全球化的经济环境中，跨文化商务沟通已经成为日常工作的重要组成部分。企业在全球范围内开展业务，这就需要他们能够跨越文化差异，与不同文化背景的人进行有效沟通。然而，全球化并不意味着忽视本地文化，而是需要在尊重和理解本地文化的基础上，找到适合的沟通方式。这就是全球化与本地化的关系。

全球化是一个宏观的概念，它涉及跨国公司的运营策略、市场研究、产品设计等多个层面。在商务沟通中，全球化体现为采用统一的沟通方式，以适应不同地区的市场。例如，大多数跨国公司都会设立总部，通过总部统一制定商务沟通策略，保证在全球范围内的沟通效率和一致性。全球化的商务沟通有助于提高企业的品牌影响力，实现全球市场的扩张。

然而，全球化的商务沟通并不能完全满足所有市场的需求。每一个本地市场都有其独特的文化特征，如果忽视这些特征，可能会引起误解，甚至导致业务失败。这就需要企业进行本地化的商务沟通。

本地化是一种微观的策略，它关注的是如何将全球化的商务沟通策略适应到具体的本地市场。本地化的商务沟通需要对本地文化有深入的了解，包括语言、风俗、价值观等方面。例如，当跨国公司在新的市场开展业务时，他们可能需要聘请本地员工，进行本地化的市场研究，甚至修改产品或服务，以符合本地市场的需求。

全球化与本地化是跨文化商务沟通的两个重要趋势，它们在商务沟通中的角色将越来越重要。随着全球化的深入，企业需要找到适合自己的全球化与本地化的平衡点，以实现最有效的跨文化商务沟通。

在未来，我们可以预见到这两种趋势将进一步发展。一方面，随着科技的发展，企业将有更多的工具可以用于全球化的商务沟通，例如，

通过使用

人工智能和大数据，企业可以更精准地了解全球市场的需求，制定更有效的沟通策略。另一方面，随着消费者对个性化服务的需求增加，企业也需要加大本地化的投入，提供更符合本地文化的产品和服务。

三、商务英语翻译的多元化与个性化发展

在商务环境中，沟通无疑是非常关键的一环。尤其是在全球化的背景下，商务英语翻译不仅要传达准确的信息，还需要理解和尊重不同文化的差异。未来的商务英语翻译可能会朝着多元化和个性化的方向发展。

多元化的商务英语翻译强调的是翻译过程中的文化敏感性和对目标语言文化的深入理解。随着跨文化交际的增多，译者需要具备足够的跨文化沟通能力，能够理解并适应各种不同的文化背景。这就需要译者不仅具备丰富的语言知识，还需要具备广泛的文化知识和跨文化交际能力。例如，商务翻译中常见的习语、谚语和隐喻等都是文化的载体，理解和翻译这些元素，就需要译者具备一定的文化素养。

个性化的商务英语翻译则更注重翻译的定制化和个性化。在全球化的商务环境中，企业和个人对于翻译服务的需求越来越多样化。不同的企业、不同的行业、不同的场合都可能需要不同类型和风格的翻译。因此，商务英语翻译需要有足够的灵活性和创新性，以满足各种不同的需求。例如，一些大型企业可能会需要一支专门的翻译团队，专门负责企业的内部和外部翻译工作；而一些小型企业或者个人可能只需要一种特定类型的翻译服务，如网站翻译、产品说明翻译等。

在未来，随着科技的发展，如人工智能和机器学习等技术的应用，可能会对商务英语翻译的多元化和个性化发展产生深远影响。一方面，这些技术可以提高翻译的效率和质量，使翻译更加精确和快速；另一方面，也可以通过大数据和人工智能等技术，对用户的需求进行深度挖掘和精准匹配，实现更加个性化的翻译服务。

四、多模态沟通在商务英语翻译中的应用与影响

在 21 世纪，商务沟通的形式正在经历深刻的变化，其中最具影响力

的趋势之一就是多模态沟通。多模态沟通指的是结合文字、声音、图像、视频等多种模式的信息传播方式。在商务英语翻译中，多模态沟通的应用也日益显著。

多模态沟通的优势在于它能够更全面地表达信息，吸引接收者的注意力，提高信息的理解和记忆效果。在商务沟通中，多模态沟通的应用广泛，例如企业宣传视频、产品介绍、在线会议、互动平台等都是多模态沟通的体现。而在商务英语翻译中，译者需要能够熟练地处理各种模态的信息，保证信息的完整性和准确性。

然而，多模态沟通在商务英语翻译中的应用，也带来了一些新的挑战。首先，多模态翻译要求译者具备更高的专业技能。不同于传统的文本翻译，多模态翻译需要译者同时处理文字、声音、图像等多种信息，这就要求译者具备跨学科的知识和技能。例如，对于视频翻译，译者不仅需要掌握语言翻译技能，还需要有一定的影像处理技能。

其次，多模态翻译的过程比单一模态的翻译过程更为复杂。在多模态翻译中，译者需要考虑到不同模态之间的相互影响，例如文字和图像的关系、声音和视频的同步性等。这就要求译者在翻译过程中，既要关注每一种模态的翻译，又要考虑到整体的效果。

未来，随着科技的发展，多模态沟通在商务英语翻译中的应用可能会进一步增加。例如，虚拟现实、增强现实等新技术可能会为多模态沟通提供更多的可能性。对于商务英语翻译而言，掌握多模态翻译的技能，将成为重要的竞争优势。

五、商务英语翻译中文化智能的提升

在全球化的背景下，跨文化的商务沟通越来越重要。商务英语翻译作为跨文化沟通的重要工具，其作用不仅是语言的转换，更是文化的传递。因此，提升文化智能成为商务英语翻译的重要课题。

文化智能，也称为CQ（Cultural Intelligence），指的是一个人理解、适应和处理不同文化背景下的问题和挑战的能力。在商务英语翻译中，文化智能的提升有助于译者更好地理解源语和目标语的文化差异，避免文化误解，提高翻译的质量。

提升文化智能的关键在于提高译者的文化敏感性和文化适应性。文化敏感性指的是译者能够敏锐地察觉和理解文化差异；文化适应性则是指译者能够灵活地适应和处理文化差异。这需要译者不仅有丰富的语言知识，还需要有广泛的文化知识和深入的文化理解。

此外，提升文化智能也需要建立在充足的实践基础上。通过参与跨文化交际的实践，译者可以不断地磨炼自己的文化智能，增强对不同文化的理解和适应能力。例如，译者可以通过参加文化交流活动、阅读外国文学作品、旅行等方式，来增加对不同文化的接触和理解。

未来，随着全球化的进程加快，商务英语翻译中的文化智能将越来越重要。译者需要不断提高自己的文化智能，以应对复杂多变的跨文化沟通环境。此外，新的技术和工具，如人工智能、大数据等，也可能为提升文化智能提供新的可能性。

六、数据驱动的商务英语翻译研究与实践

在数字化的时代背景下，数据已经成为支持决策、指导研究和实践的重要资源。商务英语翻译作为一种语言活动，同样可以从大数据中获得深入的洞察和启示。数据驱动的商务英语翻译研究与实践，就是运用数据分析技术，从海量的翻译数据中提取信息，以数据为依据进行翻译研究、翻译教学和翻译实践。

在翻译研究中，数据驱动可以为商务英语翻译提供丰富、客观、准确的研究材料。通过对大量商务英语翻译案例的分析，可以发现翻译规律，挖掘翻译问题，推动翻译理论的发展。此外，数据驱动的翻译研究还可以揭示商务英语翻译的市场需求、译员素质、翻译策略等方面的信息，为商务英语翻译的教学和实践提供依据。

在翻译教学中，数据驱动可以帮助教师更准确地了解学生的学习情况，提供个性化的教学方案。通过对学生的学习数据的分析，教师可以发现学生的翻译能力、学习风格、学习进度等信息，提供针对性的指导和反馈。此外，数据驱动的教学还可以让学生直接接触实际的翻译案例，提高学生的实践能力和解决问题的能力。

在翻译实践中，数据驱动可以帮助译者提高翻译效率和质量。通过

对翻译数据的分析，译者可以发现自己的翻译习惯、翻译问题，改进翻译策略。此外，数据驱动的实践还可以帮助译者了解市场需求，提升竞争力。

第二节　未来可能的挑战和对策

一、语言与文化的碰撞：挑战与对策

在跨文化商务沟通中，语言与文化的碰撞无疑是一大挑战。语言是文化的载体，每种语言都深深地烙印了其背后文化的独特性。从商务沟通的角度出发，无论是谈判，营销还是公关，语言与文化碰撞所带来的难题不仅是词汇、语法层面的语言差异，更是对表达背后深层含义、行为习惯、价值观念的理解和诠释。

从语言层面看，不同语言的词汇和语法差异可能导致信息理解的误区。例如，英语中的一些习语和习用语可能在直接翻译为其他语言后会失去原有的含义或者产生不同的理解，这对商务沟通来说可能造成严重的误解。此外，同一词汇在不同的文化背景下可能有不同的内涵，如果不注意区分和理解，可能会引起无意的冒犯。

从文化层面看，不同文化背景下的沟通方式和习惯也存在显著差异。例如，西方文化通常倾向于直接、明确的沟通方式，而东方文化则倾向于含蓄、婉转的表达方式。在商务沟通中，这种差异可能导致双方对于相同事物的理解和反应产生偏差。而在文化价值观上的差异，例如对于时间、权威和个人空间的理解，也会影响到商务沟通的效果。

对于这些挑战，对策可以从以下几个方面进行：

深入理解对方文化：商务英语翻译人员不仅需要掌握源语和目标语的语言知识，更需要深入理解两种语言背后的文化背景。通过学习、观察和体验，全面了解对方的价值观、行为习惯和沟通方式，才能准确理解和传递信息。

灵活运用翻译策略：在处理语言和文化差异时，翻译人员需要灵活

运用各种翻译策略。例如，对于含有特定文化色彩的词汇和表达，可以通过意译、注释、增译等方式进行处理，以保证信息的准确传递。

提升跨文化沟通能力：商务英语翻译人员需要不断提升自己的跨文化沟通能力，包括了解和尊重不同文化的价值观和行为规范，以及有效的沟通和谈判技巧。这需要通过持续的学习和实践来提高。

二、技术进步带来的挑战：机器翻译与人工翻译的争议与解决之道

科技进步的浪潮席卷了各行各业，翻译领域也无法幸免。随着机器翻译技术的不断发展和完善，其在商务英语翻译中的应用越来越广泛，一时间引发了机器翻译与人工翻译的广泛争议。

机器翻译，如神经网络翻译，基于大数据和人工智能的技术，能快速地进行大量文本的翻译，大大提高了翻译效率，降低了翻译成本。然而，机器翻译的问题也比较明显，如缺乏对上下文的理解，无法准确翻译含有双关、比喻等修辞手法的句子，无法处理文化特定的元素等。这些问题在商务英语翻译中尤为突出，因为商务英语翻译不仅需要对语言的精确处理，更需要对商务环境的深入理解和判断。

与此相比，人工翻译虽然在速度和效率上无法与机器翻译相媲美，但其优势也非常明显。首先，人工翻译能够准确理解和处理复杂的语言现象，如口语、俚语、习语等，这在机器翻译中是难以实现的。其次，人工翻译能够理解并传达文本的深层含义，包括作者的意图、语境信息等，保证翻译的质量和准确性。最后，人工翻译可以灵活处理文化特定的元素，通过选择合适的翻译策略，如意译、对等、增译等，实现跨文化的有效沟通。

那么，面对机器翻译与人工翻译的争议，解决之道在哪里呢？实际上，两者并非完全的零和游戏。未来的商务英语翻译可能需要更多的是机器翻译与人工翻译的结合，即人工智能辅助的人工翻译。在这种模式下，机器翻译可以处理大量的、相对简单的翻译任务，提高翻译效率，而人工翻译则可以专注于处理复杂的、需要深度理解和判断的翻译任务，保证翻译的质量和准确性。在此过程中，人工翻译的角色将逐渐转变为翻译的审校和管理，而机器翻译将成为其重要的辅助工具。

此外，商务英语翻译的教育和培训也需要相应地进行调整。除了传统的翻译知识和技能，翻译人员还需要学习和掌握相关的科技知识和技能，如数据处理、人工智能、机器翻译等，以适应未来的翻译市场需求。

三、培训和教育的困境：对未来商务英语翻译人才的需求与对策

在全球化的商务环境中，高素质的商务英语翻译人才需求日益增长。然而，面对新的技术变革和行业发展，培训和教育面临着一系列挑战。

未来的商务英语翻译人才需求更加复杂和多元。他们不仅需要扎实的语言基础，熟悉跨文化沟通的规则，还需要了解商务环境和行业知识，掌握最新的科技知识和技能，如人工智能、数据处理、机器翻译等。但是，现有的教育和培训系统往往无法满足这些需求。一方面，教育和培训内容和方式还停留在传统的框架内，重视语言技能的训练，而忽视了行业知识和科技技能的培养；另一方面，教育和培训机构与行业之间的联系不够紧密，导致教育和培训的内容无法及时反应市场需求，造成了人才供需的错位。

面对这种困境，我们需要重新思考并改革商务英语翻译的教育和培训。对策可以从以下几个方面进行：

更新教育和培训内容：教育和培训内容需要更新和完善，以满足新的人才需求。除了传统的语言技能和跨文化沟通技巧，还应加入行业知识和科技技能的培养。例如，可以设置相关的课程，如商务知识、数据科学、人工智能等，以提供更为全面和实用的知识体系。

加强教育和培训与行业的联系：教育和培训机构需要加强与行业的联系，以了解最新的市场需求，及时调整教育和培训的内容和方式。例如，可以通过实习、项目合作、讲座等方式，增加学生和行业的互动，提供更为实践的学习经验。

采用新的教育和培训方式：教育和培训方式也需要改革，以适应新的教育和培训需求。例如，可以采用混合学习、在线学习、项目学习等方式，以提高教育和培训的效率和质量，同时也可以提供更为灵活和个性化的学习体验。

四、数据隐私和安全在商务英语翻译中的重要性

在未来的跨文化商务沟通和翻译中，数据隐私和安全是一个日益重要的问题。随着信息技术的快速发展和数字化时代的到来，商务英语翻译所涉及的信息传输和处理面临着越来越多的安全风险和隐私威胁。以下是关于数据隐私和安全在商务英语翻译中的重要性的论述：

（一）信息保密和商业机密

保护信息保密和商业机密在商务英语翻译中起着至关重要的作用。商务英语翻译往往涉及各种商业机密和敏感信息的传递，比如合同条款、商务档、财务数据等。如果这些信息被泄露，可能导致重大的商业损失，甚至对公司的声誉产生负面影响。因此，保护这些信息的隐私和保密性对于商务交流的安全性和商业利益至关重要。在这个过程中，译者扮演着一个关键的角色。他们需要严格遵守保密协议和行业标准，确保客户的信息得到妥善处理和保护。这不仅包括译者本人的行为规范，也包括他们所使用的工具和技术的安全性。此外，保密性还需要建立在译者对行业知识的深入理解和专业技能的基础上。这样，他们才能准确地理解和处理复杂的商务信息，避免误解和误传，确保信息的正确性和保密性。

（二）数据传输和存储的安全性

数据传输和存储的安全性也是商务英语翻译中需要重视的问题。在虚拟环境下进行商务英语翻译时，数据的传输和存储安全面临着挑战。网络攻击、数据泄露和黑客入侵等安全威胁对商务英语翻译的信息安全性构成潜在风险。这要求译者必须采取适当的技术措施，如加密传输、安全网络连接和安全存储，以确保数据的机密性和完整性。这不仅要求译者具备一定的信息安全知识和技能，也需要他们有意识地关注和适应信息安全技术的发展和变化。例如，译者可以选择使用高级的加密技术，如公钥基础设施（PKI）和安全套接字层（SSL），来保护数据的传输安全。同时，他们也需要关注和应对各种新型的网络攻击手段，如钓鱼攻击、社会工程等。

（三）法律和合规要求

商务英语翻译中也需要考虑到法律和合规要求对于数据隐私和安全的影响。不同国家和地区对于数据隐私和安全有不同的法律和合规要求。在商务英语翻译中，译者需要了解并遵守相关的法律法规，如欧洲通用数据保护条例（GDPR）等，以确保数据处理和传输符合法律要求，并保护客户和用户的隐私权。这就要求译者不仅需要掌握相关的法律知识，也需要了解各种法律法规对于数据处理和传输的具体要求。同时，他们也需要具备一定的法律风险意识，能够及时识别和处理可能的法律问题。例如，他们可以定期进行法律培训和更新，以确保自己的知识和技能与法律法规的发展保持一致。他们也可以在翻译过程中使用各种法律工具和资源，如法律词典和在线法律咨询，以确保翻译的准确性和合法性。

（四）供应链安全和第三方风险

供应链安全和第三方风险也是商务英语翻译中需要关注的问题。商务英语翻译往往涉及多方合作和合作伙伴，译者需要关注供应链安全和第三方风险。译者应评估和选择可信赖的合作伙伴，并建立安全合作的机制和措施，以确保数据在整个翻译过程中的安全性和保密性。这就要求译者具备一定的风险管理能力，能够识别和评估潜在的安全风险，制定和实施有效的风险控制策略。此外，他们也需要建立和维护与合作伙伴的良好关系，确保合作的顺利进行。例如，他们可以通过定期的沟通和评估，了解合作伙伴的安全状况和能力，提出改进建议和要求。他们也可以通过签订合同和协议，明确各方的责任和义务，确保合作的公正性和公平性。

第三节　面向未来的商务英语翻译实践与教育

一、商务英语翻译实践：行业动态与前沿技术的探索

随着全球化的深入发展，商务英语翻译的需求日益增长，新的行业动态和前沿技术不断涌现。以下是几个影响商务英语翻译实践的重要动态和技术。

（一）人工智能在翻译中的应用

人工智能（AI）的应用正在对许多领域带来深远影响，翻译领域同样也是如此。在过去的几年里，自然语言处理（NLP）和深度学习技术的进步带动了翻译技术的飞速发展，其中最突出的就是机器翻译（Machine Translation，简称 MT）以及神经网络翻译（Neural Machine Translation，简称 NMT）的应用。然而，AI 的翻译技术尽管在某些场合下能提供相当高的翻译质量，但在商务英语翻译中，依然无法替代人工翻译，因为人工翻译能更好地理解文化背景、行业术语和复杂语境。

1. AI 技术在翻译领域的应用

现代 AI 技术在翻译领域的应用主要体现在以下几个方面：

（1）机器翻译：机器翻译技术已经可以提供相对准确的翻译初稿。这些初稿尽管不是完美的，但大多数情况下可以使读者理解原文的大意。对于一些标准化的文本，如说明书、用户手册等，机器翻译的效果尤其出色。

（2）神经网络翻译：神经网络翻译是一种新型的翻译技术，利用深度学习技术在大量的双语语料库上进行训练，逐步提高翻译的质量和效率。与传统的统计机器翻译相比，NMT 的优势在于可以更好地理解和处理语言的复杂性和语义的多样性。

2. AI 翻译技术的限制

但是，AI 的翻译技术并不能全面取代人工翻译，尤其是在商务英语翻译中，其限制主要体现在以下几个方面：

（1）理解文化背景：语言是文化的载体，很多语言表达都深深植根于特定的文化背景中。然而，机器翻译并不能像人类翻译那样理解和处理这些文化因素，因此在翻译一些充满文化色彩的文本时，机器翻译往往会出现问题。

（2）处理行业术语：商务英语翻译中常常涉及大量的行业术语和专业词汇。虽然有些词汇可以在语料库中找到对应的翻译，但更多的术语和词汇需要翻译者根据上下文和专业知识进行准确翻译。这是目前 AI 翻译技术难以完成的任务。

（3）处理复杂语境：商务英语翻译中常常需要处理各种复杂的语境，包括比喻、暗示、词语的多重含义等。这些语境对理解原文和进行准确翻译都提出了高要求。目前的 AI 翻译技术在处理这类问题时还存在很大困难。

以上这些因素都说明，尽管 AI 在翻译领域的应用取得了显著的进步，但在可预见的未来，人工翻译在商务英语翻译中依然不可或缺。尤其是在当前全球化和信息化的背景下，对商务英语翻译的需求越来越大，高质量的翻译服务越来越重要。

（二）云技术和协作平台

云技术和协作平台在商务英语翻译领域的应用正在改变传统的工作模式和流程。全球范围内的翻译人员不再局限于特定的物理位置，他们可以在任何有网络连接的地方进行翻译工作，同时与团队成员进行实时协作。这种方式对于大型商务翻译项目尤为重要，因为这类项目通常涉及多语种，需要大量的翻译人员进行协作。

云技术的特点在于它可以提供高效的存储和处理能力，以及便捷的数据共享和远程访问功能。对于翻译团队来说，这意味着他们可以使用云技术来建立翻译记忆库和术语库，并将这些资源与团队成员进行共享。

在进行翻译工作时，翻译人员可以实时访问这些数据库，查找已经翻译过的词句或特定术语的翻译，从而提高翻译的效率和一致性。此外，翻译人员也可以将新的翻译成果上传到云端，更新翻译记忆库和术语库。

协作平台的作用在于它可以支持团队成员之间的实时协作和通信。翻译团队可以通过协作平台来分配任务，讨论翻译问题，以及共享信息和资源。协作平台的使用不仅可以提高工作效率，而且还可以增强团队之间的协作关系，促进知识和经验的共享。

云技术和协作平台的应用对商务英语翻译具有多重意义。首先，这种方式可以显著提高翻译效率和质量。通过实时共享翻译记忆库和术语库，翻译人员可以更快地找到需要的信息，减少重复工作，同时保持翻译的一致性。其次，这种方式可以提升团队的灵活性和响应速度。团队成员可以根据项目的需要和自己的工作安排，灵活地选择工作时间和地点。此外，通过实时协作和通信，团队成员可以及时解决翻译过程中遇到的问题，从而更好地满足客户的需求。

然而，云技术和协作平台的应用也存在一些挑战和问题。例如，数据安全问题是一大关注点。商务翻译涉及的内容通常涉及敏感的商业信息，如何保护这些信息的安全是一个重要的问题。此外，团队管理和协作也是一个需要考虑的问题。如何有效地管理分布在不同地点的团队成员，如何保持他们的工作积极性和效率，这些都是需要解决的问题。

（三）行业专业化

在全球商务环境的影响下，商务活动变得日益复杂和专业化，涉及许多行业和领域。这种趋势也对商务英语翻译提出了新的要求。商务英语翻译不再仅仅是语言转换的工作，而是需要深入理解源文所涉及的行业背景和专业知识。这使得商务英语翻译逐渐发展为一种专业化的服务。

行业专业化对商务英语翻译的影响主要体现在两个方面：一方面，由于商务活动涉及的内容日益复杂，翻译人员需要具备更深入的行业知识才能准确理解和翻译源文。例如，在翻译法律合同时，翻译人员需要了解相关法律术语和法律框架；在翻译财务报告时，翻译人员需要了解财务术语和会计准则等。

另一方面，由于商务活动的专业性，商务英语翻译也需要更高的专业性。这不仅体现在翻译人员的专业知识和技能上，也体现在翻译流程和质量管理上。例如，翻译团队需要根据项目的具体需求和特性，设计合适的翻译流程和质量控制措施。

在这种背景下，对于具有特定行业背景和知识的翻译人员的需求也在增长。一些大型翻译公司甚至设立了专门的行业翻译部门，负责特定行业的翻译项目。这意味着翻译人员需要不断学习和更新自己的行业知识，以适应不断变化的市场需求。这对翻译教育和培训也提出了新的要求，即需要提供更专业化和针对性的培训课程。

（四）数据驱动的翻译

大数据的概念以及其应用在翻译领域的可能性，正在对该行业产生深远影响。数据驱动的翻译，是指通过收集、整理、分析大量的翻译数据，以提升翻译工作的效率、质量和客户满意度。

在过去，翻译人员通常会依赖于他们的经验和专业知识来进行翻译。然而，这种方法在一定程度上限制了他们对翻译工作的理解和改进。而现在，有了大数据和分析工具，翻译人员可以获取到大量的翻译数据，包括他们的工作量、翻译速度、错误率、客户反馈等。这些数据可以帮助他们更深入地理解翻译工作的各个方面，发现工作中的问题和改进的机会。

例如，通过分析翻译数据，翻译人员可以了解自己在翻译过程中的效率。他们可以根据这些数据，找出影响效率的因素，如翻译的难度、工作环境、工作时间等。然后，他们可以采取一些措施来提高效率，如改善工作环境，调整工作时间，或者使用一些效率工具。

同时，通过翻译数据，翻译人员也可以了解自己的翻译质量。他们可以根据错误率，找出翻译过程中的常见错误，然后通过学习和训练来避免这些错误。此外，他们还可以根据客户反馈，了解自己的翻译是否满足客户的需求，是否达到了客户的期望。

除了个体翻译人员，翻译公司和机构也可以通过翻译数据来改善他们的服务。例如，他们可以分析翻译数据，了解他们的服务在哪些方面做得好，哪些方面需要改进。他们也可以根据数据，制定更有效的翻译策略和流程，以提升整体的服务质量。

在探索行业动态与前沿技术的过程中，商务英语翻译人员需要保持开放和创新的思维，积极学习和掌握新的知识和技能，以适应不断变化的市场需求。同时，他们也需要有批判性思维，理智地看待新技术的利弊，做到在利用新技术提高工作效率的同时，保持对翻译质量和专业伦理的坚守。

二、商务英语翻译教育：课程设计与教学方法的创新

商务英语翻译教育的主要目标是培养学生具备扎实的英语语言技能、良好的跨文化沟通能力和深厚的商务知识基础，从而能够准确、流畅地进行商务英语翻译。为实现这一目标，课程设计与教学方法的创新显得尤为重要。

（一）课程设计

商务英语翻译的课程体系是培养学生在商务领域中进行翻译工作所需的专业知识和技能的基础。然而，随着时代的变迁和全球化的推进，我们需要重新审视和设计这个课程体系，以适应当今商务环境的需求。一个好的课程体系应该以学生的需求和职业发展为导向，结合行业的最新动态和技术，提供全面、系统、实用的教学内容。

商务英语翻译需要学生具备良好的英语听、说、读、写能力。因此，课程应该注重提高学生的语法、词汇、阅读理解和口语表达能力。通过多样化的教学方法，如听力训练、口语对话、阅读理解练习和写作训练，帮助学生提高英语语言能力，并且注重培养学生的商务英语沟通能力。

学生需要了解商务领域的基本概念、流程和实践。课程应该涵盖商务文化、商务礼仪、市场营销、国际贸易、商务法律等方面的内容。学生应该了解不同国家和地区的商务实践和文化差异，以便能够在翻译工作中更好地适应各种商务环境。

学生还需要学习和掌握翻译的基本原理和技巧，包括词汇选择、语言风格调整、语境理解、语法转换等。课程应该提供大量的实例和案例

分析，帮助学生在实践中提高翻译质量和效率。

除了语言和翻译技巧外，文化素养也是商务英语翻译课程的重要内容之一。学生需要了解不同文化背景下的商务交流方式、价值观和行为准则。课程应该培养学生的跨文化意识和敏感性，帮助他们在翻译过程中避免文化误解，并且能够进行有效的文化适应。

（二）教学方法

为了更好地培养学生的综合素质和提高教学效果，商务英语翻译教学方法需要创新和多样化。在教学过程中，我们应注重培养学生的语言技能、文化素养、商务知识、翻译技巧、信息检索能力、团队协作能力等多个方面的能力。

一种创新的教学方法是实践教学。通过模拟翻译项目和实习等方式，让学生亲身体验和参与商务英语翻译的全过程。通过实践，学生可以应用所学知识和技能，培养实际操作能力和解决问题的能力。教师可以设计真实的商务翻译项目，让学生在实际情境中进行翻译实践，帮助他们更好地适应实际工作需求。

另一种创新的教学方法是利用现代信息技术。教师可以借助在线学习平台、交互式教学软件和多媒体资源，提供丰富多样的学习材料和活动。学生可以通过在线学习平台进行自主学习和在线交流，利用翻译软件和工具提高翻译效率和质量。这样的教学方法能够提高教学效率，激发学生的学习兴趣，并帮助他们更好地掌握商务英语翻译技能。

个性化教学也是创新的教学方法之一。教师可以根据每个学生的能力和兴趣，制定个性化的学习计划和教学策略。通过学生能力评估和个别辅导，教师可以了解每个学生的学习需求和水平，并根据不同学生的情况进行有针对性的教学。分组合作、小组讨论和自主学习等教学方式也可以在个性化教学中得到应用，以满足学生的学习需求，促进个人发展。

此外，多样化的教学活动也能够激发学生的学习动机和积极性。讲座、工作坊、研讨会等形式多样的教学活动可以为学生提供与专业人士的互动交流机会，拓宽他们的视野和思维方式。通过这些活动，学生可以接触到行业的最新动态和发展趋势，提高专业素养和职业竞争力。

三、商务英语翻译人才培养：未来方向与战略建议

随着全球化的发展，商务英语翻译的需求也在不断增长。然而，当前的商务英语翻译教育和人才培养仍面临着许多挑战，如课程内容和教学方法的更新滞后，实践教学和实习机会的缺乏，以及学生的综合素质和就业能力的提升。因此，我们必须思考和探索新的人才培养方向和战略，以适应未来的市场需求和社会发展。

（一）加强商务英语翻译的实践教学和实习机会

加强商务英语翻译的实践教学和实习机会对学生的职业发展至关重要。实践是提高翻译技能的最有效方法之一。通过实际操作和参与翻译项目，学生可以真实地了解和体验翻译的全过程，从而提高他们的实际操作能力和解决问题的能力。

为了加强实践教学，课程设计应该注重模拟翻译项目。教师可以设计各种商务翻译任务，如商务文件翻译、商务会议口译、商务谈判翻译等，让学生在模拟的真实场景中进行翻译实践。通过这样的实践，学生可以熟悉各种商务文档和口语交流的特点，培养对不同商务领域的翻译需求的理解和适应能力。同时，教师可以提供指导和反馈，帮助学生改进翻译质量和技巧。

除了模拟翻译项目，实习机会也是非常重要的。通过实习，学生可以在真实的工作环境中接触和处理实际的商务翻译任务。实习机会可以与相关行业的企业、翻译机构或国际组织合作，为学生提供实践机会。在实习期间，学生可以与专业人士合作，了解行业的最新发展和需求，学习实际工作中的技巧和策略。实习经历不仅可以帮助学生积累实际工作经验，还可以拓展他们的人脉资源，提升就业竞争力。

为了提供更多实习机会，学校可以与相关机构建立合作关系，开展实习项目。同时，学校还可以积极开展校企合作，与商务企业合作开展翻译项目或提供翻译服务，为学生提供实践平台。此外，学校可以组织商务翻译实践团队，参与商务会议、展览会等活动，为学生提供更多实

践机会。

为了保证实践教学和实习的效果，学校应该建立健全的指导和评估机制。教师可以提供指导和反馈，帮助学生改进翻译质量和技巧。学校还可以设立实习导师，与实习单位合作，对学生的实习表现进行评估和指导。通过这样的机制，可以确保学生在实践中不断提高，并及时纠正错误和改进不足。

（二）重视商务英语翻译的软技能培养

商务英语翻译不仅需要学生具备语言和翻译技能，还需要培养一系列重要的软技能，如团队协作、项目管理、客户服务、问题解决和批判性思考等。这些软技能在商务翻译中起着至关重要的作用，并对学生的个人发展和职业生涯也非常有用。因此，在教学中，我们应该重视软技能的培养，为学生提供相应的机会和培训。

首先，团队协作是商务翻译中不可或缺的能力。在实际工作中，商务翻译项目通常需要多人合作完成，要求团队成员之间能够有效地沟通和协作。因此，教学中可以组织团队项目，让学生分组合作完成一些实际的商务翻译任务。通过这样的活动，学生可以学会与他人合作、协调工作、解决团队内部的冲突和问题等，提高团队协作的能力。

其次，项目管理能力对于商务翻译非常重要。学生需要学习如何有效地规划、组织和管理翻译项目，确保按时完成并保持高质量。在教学中，可以引入项目管理的理论和实践，并通过案例研究和角色扮演等活动，让学生在模拟的项目管理环境中实践和提升项目管理技能。这样的培养将使学生在实际工作中能够有效地管理商务翻译项目，并提高工作效率和质量。

再次，客户服务是商务翻译中必不可少的一项能力。学生需要学会与客户进行良好的沟通和合作，了解客户的需求，并提供满足客户期望的翻译服务。在教学中，可以通过角色扮演和模拟情境训练，培养学生的客户服务技巧和沟通能力。同时，教师可以提供案例分析和反馈，帮助学生改进客户服务水平。

最后，批判性思考和问题解决能力也是商务翻译中必备的能力。学生需要具备分析和评估翻译问题的能力，并能够提出创造性的解决方案。在教学中，可以通过问题解决挑战、辩论和讨论等活动，培养学生的批判性思维和解决问题的能力。教师可以引导学生提出问题、分析问题、寻找解决方案，并鼓励他们发展独立思考和创新思维。

参考文献

[1] 晁正 . 商务英语翻译与教学研究 [M]. 长春：吉林大学出版社，2020.

[2] 车丽娟，贾秀海 . 商务英语翻译教程 [M]. 北京：对外经济贸易大学出版社，2011.

[3] 冯莉 . 商务英语翻译 [M]. 长春：吉林出版集团有限责任公司，2010.

[4] 傅敬民 . 实用商务英语翻译教程 [M]. 上海：华东理工大学出版社，2011.

[5] 顾渝 . 商务英语翻译 [M]. 北京：对外经济贸易大学出版社，2014.

[6] 郭晓燕 . 商务英语翻译 [M]. 北京：对外经济贸易大学出版社，2017.

[7] 郭艺，于志学 . 商务英语翻译专题研究 [M]. 吉林出版集团股份有限公司，2019.

[8] 蒋甜甜 . 新课改背景下商务英语翻译教学理论与实践 [M]. 北京：中国国际广播出版社，2022.

[9] 李莞婷，夏胜武 . 跨文化交际视阈下的商务英语翻译探究 [M]. 长春：吉林出版集团股份有限公司，2021.

[10] 李俊清 . 商务英语翻译实践 [M]. 成都：电子科技大学出版社，2017.

[11] 李玲玲 . 商务英语与商务英语翻译研究 [M]. 长春：吉林大学出版社，2017.

[12] 李素芬 . 文化视角转换与国际商务英语翻译研究 [M]. 北京：北京理工大学

出版社，2020.

[13] 刘白玉，窦钰婷．商务英语翻译研究 [M]. 武汉：华中师范大学出版社，2012.

[14] 刘炎．商务英语翻译的艺术 [M]. 天津：天津科学技术出版社，2020.

[15] 梅德明．新编商务英语翻译 [M]. 北京：高等教育出版社，2005.

[16] 宁静．功能对等理论下的商务英语翻译研究 [M]. 长春：吉林人民出版社，2022.

[17] 祁岩．商务英语与跨文化翻译研究 [M]. 长春：吉林人民出版社，2020.

[18] 施秀川．商务英语翻译与教学研究 [M]. 北京：北京工业大学出版社，2018.

[19] 王莎．现代商务英语翻译与案例研究 [M]. 西安：西北工业大学出版社，2020.

[20] 翁凤翔．当代国际商务英语翻译 [M]. 上海：上海交通大学出版社，2007.

[21] 武洁．文化视野下的商务英语翻译及实践应用 [M]. 徐州：中国矿业大学出版社，2018.

[22] 邢丽华，杨智新．商务英语翻译理论与实践应用探索 [M]. 北京：新华出版社，2015.

[23] 徐国盛．商务英语翻译理论与实践研究 [M]. 长春：吉林科学技术出版社，2019.

[24] 张萍．商务英语翻译中存在的问题及对策 [M]. 北京：中国商务出版社，2018.

[25] 赵滨，张乐．商务英语翻译 [M]. 长春：吉林大学出版社，2018.

[26] 赵环．商务英语翻译技巧 [M]. 北京：现代出版社，2019.

[27] 朱慧芬．生态视域下的商务英语翻译理论与实践研究 [M]. 北京：北京理工大学出版社，2013.

[28] 成杰，李文玉.跨文化视角下的商务英语翻译策略[J].海外英语，2023（4）：22–24.

[29] 赵婉彤.解析跨文化背景下商务英语信函的特点及翻译技巧[J].品位·经典，2023（3）：81–83.

[30] 肖成章，潘冰冰.跨境电商商务英语翻译的问题与策略[J].英语广场，2022（35）：3–7.

[31] 高楠.跨文化交际视角下商务英语的翻译方法探究[J].科教导刊，2022（29）：47–49.

[32] 李靖航.跨文化视角下商务英语翻译研究[J].海外英语，2022（11）：21–23.

[33] 王鑫.跨文化交际视角下的商务英语翻译研究[J].海外英语，2022（10）：45–46.

[34] 李昆伟.跨文化交际与商务英语翻译研究[J].作家天地，2022（9）：51–54.

[35] 唐慧.跨文化语境下的商务英语翻译对策研究[J].海外英语，2022（3）：72–73.

[36] 易连英.跨文化视阈下的商务英语翻译失误与对策[J].洛阳师范学院学报，2022，41（1）：90–93.

[37] 刘凯琦.跨文化语境下的商务英语翻译策略探析及意义[J].校园英语，2022（2）：184–186.

[38] 杨惠敏.商务英语翻译中的文化差异与应对策略[J].人生与伴侣，2021（39）：38–39.

[39] 班克衡，张坤，李启畅.跨文化语境下的商务英语翻译策略[J].海外英语，2021（17）：170–171.

[40] 孙祝斌 . 跨文化语境下的商务英语翻译研究 [J]. 校园英语，2021（8）：249–250.

[41] 何丽丽 . 跨文化语境下的商务英语翻译策略分析 [J]. 海外英语，2020（22）：47–48.

[42] 刘丽梅 . 跨文化背景下商务英语信函翻译研究 [J]. 英语广场，2020（31）：34–37.

[43] 李苗 . 商务英语翻译中的失误与对策 [J]. 智库时代，2020（6）：194–195.

[44] 孙颖 . 商务专业语言知识对商务英语翻译效度影响的探讨 [J]. 营销界，2019（48）：273–274.

[45] 李慧珍 . 跨文化视角下商务英语翻译研究 [J]. 求学，2019（44）：27–28.

[46] 龚菊芳 . 跨文化语境下商务英语的翻译策略分析 [J]. 新西部，2019（32）：151–152.

[47] 王雪洪 . 浅析跨文化交际视角下的商务英语翻译 [J]. 校园英语，2019（36）：216–217.

[48] 吕亚男 . 电子商务环境下的商务英语翻译探讨 [J]. 校园英语，2019（26）：245.

[49] 姚菲 . 跨文化视角下商务英语翻译分析 [J]. 家庭生活指南，2019（1）：46.

[50] 刘一帆 . 跨文化视角下商务英语翻译障碍及对策研究 [J]. 淮南职业技术学院学报，2018，18（6）：119–120.

[51] 郭冰 . 探析商务英语翻译中跨文化交际的影响 [J]. 考试周刊，2018（95）：107.

[52] 李正梅 . 跨文化视角下的商务英语翻译策略研究 [J]. 英语教师，2018，18（16）：83–85.

[53] 房鸿鹃 . 跨文化交际视角下的商务英语翻译探究 [J]. 校园英语，2018（25）：233.

[54] 洪伟 . 跨文化视角下商务英语翻译教学研究 [J]. 湖北函授大学学报，2018，31（10）：154–155.